양육죄책감과 작별하는
마음챙김 & 자기자비
부모프로그램

양육죄책감과 작별하는 마음챙김&자기자비 부모프로그램

초판 1쇄 발행 2025년 10월 24일

지은이 이경숙
펴낸이 장길수
펴낸곳 지식과감성#
출판등록 제2012-000081호

교정 이주희
디자인 강샛별
편집 윤혜성, 강샛별
검수 주경민, 이현
마케팅 김윤길

주소 서울시 금천구 벚꽃로298 대륭포스트타워6차 1212호
전화 070-4651-3730~4
팩스 070-4325-7006
이메일 ksbookup@naver.com
홈페이지 www.knsbookup.com

ISBN 979-11-392-2842-7(93180)
값 16,700원

• 이 책의 판권은 지은이에게 있습니다.
• 이 책 내용의 전부 또는 일부를 재사용하려면 반드시 지은이의 서면 동의를 받아야 합니다.
• 잘못된 책은 구입하신 곳에서 바꾸어 드립니다.

지식과감성#
홈페이지 바로가기

양육죄책감과 작별하는
마음챙김 & 자기자비 부모프로그램

이경숙 지음

심리상담사가 개발한 부모상담 프로그램

자녀양육 과정에서 겪는 양육죄책감을 감소시켜 심리적 안정감을 회복하는 부모프로그램!

지식과감정

서문

본 서의 저자는 청소년상담복지개발원에서 청소년상담을 시작으로, 국가 및 민간기관에서 청소년, 청년, 성인, 부부, 가족을 대상으로 심리상담전문가로서 꾸준히 활동해 왔다. 지난 18년간 상담 현장에서 다양한 내담자와 마주하며, 개인의 심리적 고통과 회복의 여정을 깊이 이해하고 이를 전문적으로 지원하는 데 헌신하였다.

특히, 상담센터를 10여 년간 직접운영하면서 상담 현장의 실제적인 요구와 변화에 민감하게 대응해 왔으며, 상담자와 내담자 모두가 성장할 수 있는 공간을 마련하기 위해 노력해 왔다. 저자는 상담이 단순히 문제 해결을 넘어, 인간다운 삶을 회복하고 의미를 찾는 여정임을 믿으며, 이를 실천의 원칙으로 삼고 있다.

이 책은 그러한 오랜 경험과 성찰의 결과물로, 심리적 어려움 속에서도 삶의 가능성을 발견하고자 하는 부모들에게 작은 길잡이가 되기를 바라는 마음에서 집필하게 되었다.

상담 현장에서 심리상담을 진행한 경험에 의하면, 많은 학부모들이 뜻대로 되지 않는 자녀에 대한 분노, 자신이 생각하고 있는 자녀양육과 현실과의 차이에서 오는 괴리감, 자녀양육에 관한 부모교육을 받은 후 교육 효과의 불만족에서 오는 실망감 등이 많음을 알 수 있었다. 본 저자는 이러한 호소가 자녀양육의 가치와 목표에 대한 잘못된 인식과 자녀에 대한 올바른 이해의 부족에서 시작된다는 것을 파악하였다. 이들에 대한 도움을 제공하고자 양육죄책감 감소를 위한 마음챙김_자기자비 집단상담 프로그램을 개발하였고, 그 결과 2020년에 박사학위를 취득하였다. 본 서는 저자의 박사학위 논문(〈양육죄책감 감소를 위한 마음챙김_자기자비 집단상담 프로그램(개발 및 효과검증)의 효과〉, 2020)을 요약정리 한 결과물이다.

마음챙김_자기자비 프로그램 목적은 부모가 자녀양육 과정에서 겪는 양육죄책감을 감소시켜 심리적 안정감을 회복하는 것이다. 프로그램의 전략은 자녀를 양육하는 상황에서 양육죄책감을 유발하고 유지시키는 신념 체계를 있는 그대로 수용하고, 고통스러운 순간 자신에게 자기친절로 적응적 자기조절과 정서조절 역량을 증진시키는 것이다. 프로그램 운영은 개인상담과 집단상담 및 부모교육 방식으로 모두 운영될 수 있으며 교정이나 치료보다는 수용과 조망 확대에 초점을 둔 예방적 관점을 취한다.

자기조절 역량을 향상시키는 심리치료적 기제는 Shapiro 등(2006)의 마음챙김의 세 가지 원칙인 의도, 주의, 태도 모형(Intention, Attention, and Attitude model: IAA model)을 기반으로 하였다. 마음챙김 기법으로는 자기조절, 가치명료화, 인지적·정서적·행동적 유연성, 노출효과, 재인식 기법을 활용한다.

정서조절 역량을 향상시키는 접근으로 Gilbert(2009)의 자비중심치료(Compassion Focused Therapy: CFT) 모델을 적용하였다. Gilbert는 감정에 대한 기능의 진화론적인 관점을 적용하여 감정에 대한 위협과 자기보호 시스템, 자원추구와 추동활력 시스템, 진정, 만족 및 안전 시스템 등 세 가지 시스템의 상호조절과 협력하는 방식을 도입하였다.

본 저자가 개발한 프로그램의 모델은 Neff와 Germer(2013)의 마음챙김 기반 자기자비(Mindful Self-Compassion: MSC) 프로그램을 한국 상황에 맞게 재구성한 것으로 총 8회기, 1회 기당 150분 동안 진행된다. 프로그램 활동은 강의보다는 호흡과 명상을 중심으로 수행되는데, 양육자들의 힘겨운 감정을 지각하고 이를 위로하는 훈련이 병행된다. 프로그램 참가자들은 경험을 공유함으로써 자기 자신에 대한 자비와 자녀에 대한 자비를 훈련할 수 있고, 수행과제를 통해 일상생활 속에서 마음챙김과 자기자비를 실천할 수 있다.

마음챙김과 자기자비는 궁극적으로 자기실현적 측면에서 개인이 지각하는 주관적 경험에 기초한 행복감이나 만족감, 즉 심리적 안녕감을 가져온다. 심리적 안정감을 가지게 되면 자율성이 증가하고, 자신을 수용하며, 긍정적인 대인관계를 맺게 되며, 환경에 대한 통제력이 증가한다. 궁극적으로 개인의 성장과 함께 삶의 목적이 달성된다.

본 서에 제시된 프로그램을 습득하게 되면 부모들의 양육죄책감을 줄일 뿐 아니라 심리적 안녕감을 가질 수 있는 마음챙김과 자기자비 방법을 알게 된다. 따라서 본 서는 상담자들이 부모 상담에 활용할 수 있을 뿐 아니라 부모들이 읽으면 도움을 받을 수 있다. 본 서는 총 9장으로 이루어져 있는데, 각 장은 다음과 같은 내용으로 구성되었다.

1장에서는 부모와 상담자가 이 책을 활용하기 위해서 알아야 하는 양육죄책감과 마음챙김_자기자비 및 심리적 안정감에 대한 기본 개념과 이론을 제시하였다. 2장에서는 Neff와 Germer(2013)의 마음챙김 기반 자기자비 프로그램에 대한 국내·외 연구를 제시하였다. 3장에서는 양육죄책감 감소를 위한 마음챙김_자기자비 프로그램의 목표와 전략을 제시하였다. 4장에서는 양육죄책감 감소를 위한 마음챙김_자기자비 프로그램 구성 요소를 이론으로 설명하였다. 5장에서는 마음챙김_자기자비 프로그램 개발 절차 및 최종 프로그램을 제시하였다. 6장에서는 마음챙김_자기자비 프로그램 회기별 지침서와 워크북을 제공하여 상담자가 사용할 수 있도록 하였다. 7장에서는 개발한 마음챙김_자기자비 프로그램 효과를 검증하였다. 8장에서는 마음챙김_자기자비 프로그램의 양적·질적 효과를 제시하였다. 9장의 논의 및 결론에서는 선행 연구와 연구자의 연구 결과를 비교하여 학술적 의의를 논의하고, 연구 결과를 토대로 한 제언을 하였다. 저자는 앞으로도 상담현장과 연구를 잇는 다리 역할을 하며, 보다 많은 이들이 심리적회복과 성장을 경험할 수 있도록 지속적인 노력을 기울이고자 한다.

2025년 10월 청림심리상담센터 대표원장 이경숙

차례

서문 4

1장
이론적 개념

양육죄책감 15
마음챙김과 양육죄책감 17
자기자비와 양육죄책감 19
심리적 안녕감과 양육죄책감 20
양육죄책감, 마음챙김, 자기자비, 심리적 안녕감의 관계 21

2장
마음챙김 기반 자기자비 프로그램
(Mindful based Self-Compassion Program: MSC Program)

Neff와 Germer의 연구 26
Neff와 Germer의 미국 연구 27
Neff와 Germer의 한국 연구 27
Neff와 Germer 연구의 양육죄책감, 심리적 안녕감 프로그램 적용 ... 28

3장

양육죄책감 감소 마음챙김_자기자비 프로그램 목표와 전략

프로그램 목적과 목표 ··· 33
프로그램 전략 ·· 34

4장

양육죄책감 감소 마음챙김_자기자비 프로그램 구성 요소

Neff와 Germer의 마음챙김_자기자비 프로그램 구성 요소 ········ 38
양육죄책감 구성 요소 ··· 39
마음챙김 구성 요소 ·· 40
자기자비 구성 요소 ·· 42

5장

마음챙김_자기자비 프로그램 개발 절차 및 최종 프로그램

프로그램 개발 이론 ·· 46
최종 프로그램 ··· 48

6장

마음챙김_자기자비 프로그램 지침서와 워크북

회기별 내용 54
양육죄책감 감소 부모 집단상담 I 리더용 지침서와 참여자용 워크북 59
    1회 I 리더용 I 마음챙김과 자기자비 63
    1회 I 참여자용 I 마음챙김과 자기자비 71
    2회 I 리더용 I 애정 어린 마음챙김 81
    2회 I 참여자용 I 애정 어린 마음챙김 91
    3회 I 리더용 I 자애명상과 자애메시지 101
    3회 I 참여자용 I 자애명상과 자애메시지 111
    4회 I 리더용 I 자기비난과 자기자비 목소리 119
    4회 I 참여자용 I 자기비난과 자기자비 목소리 127
    5회 I 리더용 I 양육가치와 자비로운 경청 135
    5회 I 참여자용 I 양육가치와 자비로운 경청 145
    6회 I 리더용 I 힘겨운 감정과 화 151
    6회 I 참여자용 I 힘겨운 감정과 화 159
    7회 I 리더용 I 양육죄책감과 양육피로 169
    7회 I 참여자용 I 양육죄책감과 양육피로 179
    8회 I 리더용 I 자기감사와 돌아보기 193
    8회 I 참여자용 I 자기감사와 돌아보기 201

7장

마음챙김_자기자비 프로그램 효과 검증 방법

연구 대상 210
실험 설계 211
연구 절차 212
측정 도구 213
자료 처리 217

8장

마음챙김_자기자비 프로그램 효과

집단/지도자 간 동질성 검사 ·· 220
양적 효과 ·· 221
프로그램 효과의 지속성 ·· 223
양육죄책감에 대한 마음챙김과 자기자비의 매개효과 ······················ 227
질적 효과 ·· 231

9장

논의 및 결론

논의 ·· 240
결론 ·· 248

참고 문헌 ·· 254
부록 ·· 271
    부록 1 | 마음챙김 척도 ·· 272
    부록 2 | 자기자비 척도 ·· 274
    부록 3 | 양육죄책감 척도 ·· 276
    부록 4 | 심리적 안녕감 척도 ·· 278

1장

이론적 개념

우리 사회는 완벽하고 헌신적인 어머니에 대한 기대가 매우 높다. 이러한 기대는 여성들의 내면에 은연중에 내재화되어 있으며(Hays, 1996; Rotkirch & Janhunenn, 2010), 바람직하다고 여겨지는 어머니의 역할과 실제로 자신이 행하고 있는 어머니의 역할 사이에 불일치를 경험할 때 여성들은 죄책감을 느낀다(Higgins, 1987; Rotkirch & Janhunen, 2010).

적절한 죄책감은 자녀를 이해하고 공감하는 태도를 갖게 하지만 지나친 죄책감은 자녀에게 과도하게 잘해 주다가도 자녀가 자신의 뜻대로 행동하지 않거나 훈육이 되지 않을 때 폭발하듯 질책하는 비일관적인 양육행동을 보이게 한다(LeBeau, 2013). 반대로 자녀의 요구를 무엇이든 들어주는 허용적인 양육행동으로 미안한 감정을 보충하려는 경향도 보인다(Rotkirch & Janhunen, 2010). 과도한 양육죄책감은 자신의 양육행동을 비판하며 자기비난을 하거나 반대로 자녀를 처벌한다. 그 결과 어머니로서의 자존감 또한 낮아지게 만들기 때문에(Sutherland, 2010), 적절한 수준의 양육죄책감을 조절할 수 있는 개입이 필요하다(Rotkirch & Janhunenn, 2010).

최근 양육죄책감이나 스트레스 같은 부정적 정서에 대한 대처전략으로 자기조절기능이 주목을 받고 있다(김교헌, 2008; Mitchell, Whittingham, Steindl, & Kirby, 2018). 자기조절능력은 내적 혹은 사회적 기준과 이상, 목표와 일치하도록 행동을 변화시킬 수 있는 개인의 능력이다(Baumeister, Vohs, & Tice, 2007). 자기조절에는 인지조절, 정서조절, 행동조절이 포함되는데, 정서조절은 부모의 양육행동과 양육태도를 결정짓는 중요한 심리적 과정이며(김승민, 박경, 2017), 자기조절 과정의 결정적인 요소이다(Koole, 2009).

정서조절을 통해 자기조절능력을 향상시키는 새로운 접근으로 마음챙김과 자기자비 프로그램이 각광받고 있다(Crandall, Deater-Deckard, & Riley, 2015). 마음챙김은 사고, 정서, 신체감각을 모두 아우르는 자기조절 전략이며(Shapiro, Calson, Astin & Freedman, 2006), 자기자비는 고통의 순간에 자기를 돌볼 수 있는 자기위안과 진정능력으로 타인과의 연결성을 강화시킨다(Neff, 2003). 마음챙김은 상위인지적 과정으로 자기조절능력을 향상시키기 때문에(Kabat-Zin, 2003; Shapiro et al., 2006) 양육 과정에서 발생하는 다양한 문제의 해결을 위해 효과적이다. 마음챙김 중재는 부모의 스트레스를 감소시켜, 양육 과정에서 나타날 수 있는 충동적인 행동을 자제시키며, 양육에 대한 불안이나 부담 같은 부정적 정서에 대한 자기 보살핌 주의(self-nourishing attention)를 강화시킨다(Bögels, Lehtonen & Restifo, 2010).

자기자비(self-compassion)는 고통과 괴로움의 순간에 자신을 진정시키고 돌볼 수 있는 능력이다(Bögels et al., 2014; Germer, 2009; Neff, 2003). 높은 수준의 자기자비를 보이는 부모는 자신의 단점이나 부족함뿐만 아니라 자녀의 실패나 좌절, 부족함 등 인간의 보편적인 불완전함에 대해 자애로운 수용을 한다(Neff, 2011; Neff, & Faso, 2015). 자기자비를 통해 부모는 양육죄책감을 개인적인 결함이 아닌 보편적인 인간의 경험으로 수용하게 된다. 나아가 인생과 자신에 대해 더 넓은 조망을 갖게 됨으로써 자기인식과 조절기능이 향상된다(Sirois, Bögels & Emerson, 2019). 따라서 마음챙김과 자기자비 증진은 양육죄책감을 조절할 수 있는 심리적 역량을 강화시켜 긍정적 양육행동을 촉진하는 계기가 될 것이다.

본 장에서는 양육죄책감, 마음챙김, 자기자비 및 심리적 안녕감에 대한 개념을 이론적으로 설명함과 동시에 마음챙김과 자기자비의 양육죄책감 감소와 심리적 안녕감 증진과의 관련성에 대해 소개하겠다.

양육죄책감

양육죄책감이란 어머니가 자녀를 양육하는 과정에서 현재의 양육행동이 사회적 통념이나 기대에 부응하지 못할 경우 유발되는 부정적 감정으로 양육에 대한 양심의 가책이나 후회, 미안함, 수치심 등을 의미한다(성정원, 박성연, 2011; Rotkirch,

2009). 이러한 부정적인 감정은 반복적이며 일상적인 성격을 특징으로 하는데, 자녀에 대한 책임감을 완수하는 데 실패했다는 생각이 들거나 자녀양육을 실패한 상황에서 더욱 증가된다(Elvin-Nowak, 1999).

영유아를 둔 어머니의 경우, 자녀와 신체적·정서적 유대감을 가지고 강한 책임감으로 양육하고 싶어 하지만 처음으로 어머니의 역할을 하게 되면서 양육을 잘할 수 있을지에 대한 불안을 갖게 된다. 나아가 좋은 어머니에 대한 사회적 기대에 부응하기 위해 비슷한 처지에 있는 양육자와 비교함으로써 열등감을 느끼기도 한다. 특히 영유아기의 자녀들의 경우 자신의 생각을 정확히 표현하지 못하기 때문에 어머니가 민감하게 살펴야 하는데 혹여라도 자녀의 요구를 잘 못 알아차리거나 의사소통에서의 괴리가 일어날 때 죄책감은 더욱 증가된다(LeBeau, 2013).

혹여라도 직업 때문에 어쩔 수 없이 자녀와 분리되어야만 하는 상황이 발생하면 죄책감과 미안함이 더 커진다. 한국의 경우에는 자녀양육이 전적으로 어머니의 역할이라는 전통적 사고가 존재한다. 맞벌이 어머니는 타인에게 자녀를 맡겨야 하는 상황에서 자녀를 질적으로 잘 돌보고 싶지만 함께하지 못하는 것에 대한 미안함, 직장 생활의 피곤함으로 가끔 짜증을 내거나 화풀이를 할 때 부모역할을 제대로 수행하지 못하는 것에 대한 죄책감이 더욱 커진다(장인숙, 2001).

본 서의 저자는 자녀에게 이상적인 어머니가 되어 주지 못할 때 겪는 마음을 양육죄책감이라고 명명하고, 성정원(2011)이 분류한 돌봄부족으로 인한 죄책감, 부정적 양육행동으로 인한 죄책감, 미숙한 부모역할로 인한 죄책감 3가지로 구분하였다. 먼저, 돌봄부족으로 인한 죄책감은 어머니가 자녀와 함께하는 시간이 부족하거나 어머니가 직접 돌보지 못하고 기관에 자녀를 맡김으로 인해 생겨나는 미안함 등 심리적 죄책감을 의미한다. 다음으로 부정적 양육행동으로 인한 죄책감은 자녀에게 신경질을 내거나 화풀이를 하고, 체벌 등 부정적인 양육행동을 하였을 때 겪는 후회와 반성 등 심리적 죄책감을 의미한다. 마지막으로 미숙한 부모역할로 인한 죄책감은 어머니가 부모로서 자녀에게 높은 질의 양육환경을 제공하지 못한 것에 대해 스스로 부모역할이 미숙하다고 여길 때 겪는 수치심 등 심리적 죄책감을 의미한다.

마음챙김과 양육죄책감

마음챙김은 현재의 사건과 경험에 수용적인 주의를 기울여 알아차리는 것, 변화하는 경험의 대상에 대해 주의를 집중하되 어떠한 선입관도 개입하지 않는 순수한 주의(bare attention)를 기울이는 것이다(Brown & Ryan, 2003; 김정호, 2004). 마음챙김을 통하여 사람들은 나쁜 것은 회피하고 좋은 것만 추구하는 심리적 집착에서 벗어나고 외부 환경이나 사회적 인식의 부담에서 벗어나 자신에게 주의를 기울일 수 있다(권석만, 2003). 또한, 비판단적 수용을 통해 자기 자신을 있는 그대로 수용할 수 있고, 자신을 객관적으로 바라볼 수 있는 능력이 향상되며, 특정 목표 달성을 위한 행위보다는 현재 상황에 충실할 수 있다(신진욱, 2008).

진정한 마음챙김은 현재 자신의 경험에 초점적인 주의를 기울여 또렷하게 알아차리려는 동기와 의도를 가지고 바람직한 방향으로 의식수준을 통제할 수 있어야 한다(김교헌, 2008). 마음챙김은 동기나 의도에 따라 많은 영향을 받기 때문에, 수용적이고 개방적인 주의를 기울이고 마음챙김 태도를 유지하기 위해 상위인지 전략과 기술이 필요하다(hapiro, Carlson, Astin & Freedman, 2006). 상위인지 전략은 현재의 상태에 대한 감찰과 현재의 상태를 바람직한 상태에 맞게 통제하는 과정으로 구성된다(김교헌, 2008). 즉, 마음챙김이란 현재 사건과 경험에 대하여 비사변적이고 비판단적으로 있는 그대로 순수하게 수용하고 주의를 기울여 자신이 목표하는 상태에 맞도록 조절하여 알아차리는 과정이며, 이를 도식화하면 [그림 1]과 같다.

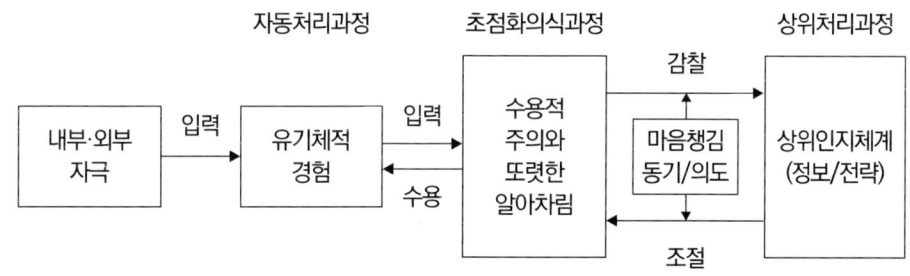

[그림 1] 마음챙김의 과정

최근 해외 연구에서는 양육 스트레스와 아동의 문제행동에 영향을 주는 요인으로 마음챙김이 주목받으면서 마음챙김의 개념이 자녀양육에도 적용되고 있다(Bogels,

Lehtonen, & Restifo, 2010). 마음챙김 양육은 특정한 방식, 즉 의도적으로 현재의 순간에 대해 비판단적인 방법으로 자녀와 양육에 주의를 기울이는 것(Salzberg & Kabat-Zinn, 1997)으로 정의된다. 이러한 마음챙김 양육은 양육의 무의식적 반응성 감소와 인내, 양육의 유연성, 대응성, 일관성, 목표와 가치에 일치하는 양육의 개선을 일으키는 것으로 가정된다. 이는 부모들의 무의식적이고 파괴적인 행동 반복을 중단시키고 보다 효과적인 양육전략을 선택하도록 돕는다(Bogels, Lehtonen, & Restifo, 2010). 나아가 마음챙김 양육은 신뢰와 정서적 공감을 개선시키고 양육 스트레스를 감소시켜(Bogels, 2014), 부모-자녀 관계를 강화시킨다(Duncan et al., 2009). 마음챙김으로 자녀의 욕구를 알아차리고 수용할 수 있는 부모는 부모-자녀 관계에서 보다 지속적인 만족과 즐거움이 유지되는 가족 분위기를 만들 수 있다.

국내의 마음챙김 양육에 대한 연구에서도 마음챙김 명상이 장애아동 어머니의 양육 스트레스 감소에 효과가 있다는 사실이 증명되었다(용홍출, 2012). 어머니의 정서조절능력의 향상은 부모-자녀 간 관계의 정서적 질을 향상시키고, 결국 부모의 정서조절능력이 자녀에게 학습됨에 따라 자녀의 정서조절능력도 향상된다(정중순, 김유숙, 2006).

이와 같이 마음챙김 양육에서는 마음챙김을 통해 양육 과정에서 겪을 수 있는 많은 어려움과 이로 인한 심리적 고통에서 벗어날 수 있다고 주장한다. 마음챙김 양육에서는 양육 과정에서 외부 또는 사회적 인식과 부모의 욕망 등을 배제하고 오직 자녀와 부모 간의 상호작용에 주의·집중함으로써 양육으로 인한 다양한 부정적 정서와 감정, 행동으로부터 자유로워질 수 있다고 설명한다(Bogels, Lehtonen, & Restifo, 2010; Salzberg, & Kabat-Zinn, 1997).

이러한 마음챙김 양육은 가르치거나 배울 수 있으며 실천을 통해 향상시킬 수 있는 역량이다(Duncan et al., 2009). Dumas(2005)는 양육 상황에서의 마음챙김을 부모들이 필요할 때면 의식적으로 켰다 껐다 할 수 있는 하나의 기술이라고 설명한다. 즉, 마음챙김 양육은 무의식적인 역기능적 상호작용을 변화시키고 보다 대안적인 행동을 선택하는 데 사용할 수 있는 방법이다. 이것이 성공적으로 이루어질 때 연습을 통해서 오래된 무의식적인 습관을 무의식적이지만 보다 나은 효과적인 대처방식으로 대체할 수 있다(Dumas, 2005).

실제로 부모들의 마음챙김 양육 수준의 증가를 목적으로 하는 개입의 유용성을 검증한 연구 결과(Bogels, Lehtonen, & Restifo, 2010)가 있다. 마음챙김 양육을 실천하는 부모는 지금 이 순간 일어나고 있는 일들에 대해 가치판단 없이 주의를 기울이기 때문에 아동의 욕구를 잘 파악하게 되고 자신의 감정을 잘 조절할 수 있게 되어 현명한 결정을 내릴 수 있게 된다(Duncan et al., 2009). 이로 인해 양육 스트레스 또한 줄일 수 있다(Bogel et al., 2010).

자기자비와 양육죄책감

자기자비는 현재 겪고 있는 자신의 고통, 즉 힘든 시간과 실패감이 느껴질 때, 스스로에 대한 불만족을 경험하는 순간에 자기 자신에게 자애로운 태도를 취하는 것으로, 이러한 경험을 수용하고 자기 자신에게 친절한 태도를 가지는 것을 의미한다(Neff, 2003a). 자기자비가 높은 사람들은 자기비난에 대한 두려움 없이 자신을 좀 더 명확하게 인지할 수 있는 정서적 안정감이 있다. 자기자비는 자신의 비적응적 사고, 감정, 행동 패턴을 정확하게 지각하고 수정하게 함으로써 성장과 변화를 위한 강력한 동기를 부여한다(Brown, 1999).

자기자비란 자존감과 다르게 자신의 이미지를 기분 좋게 관리하는 것이라기보다는 모든 인간이 강점과 약점을 동시에 가지고 있다는 사실을 인정하고 현재, 지금 이 순간의 경험을 있는 그대로 받아들이는 것이다(Germer, 2009). 따라서 자신의 성공과 실패를 바탕으로 자신의 가치가 결정되는 것이 아니며, 자신의 진정한 가치를 느끼고 지각할 수 있는 존재로서의 자기를 경험의 주체로 놓는 것이다. 즉 자기자비는 자신이 특별하거나 평균 이상일 때 야기되는 좋은 느낌에 의존한다. 이상적 목표나 환경에 자신을 맞춤으로써 행복을 찾으려는 것이 아니라, 자신은 비록 취약하고 불완전하지만 여전히 훌륭하다는 사실을 깨닫고 자신을 돌보며, 타인과 자신을 서로 경쟁하는 관계로 보지 않고 그들과 연결되고 함께하는 과정에서 나를 돌보는 것이다(Neff, 2011).

자기자비는 자기조절 과정에 영향을 미친다. 자기자비가 높은 사람들은 자신의 목표 선택을 좀 더 효과적으로 할 수 있고, 자신의 역할과 책임에 적합한 행동에 참여하고, 그 목표의 도달 정도를 확인하고 조정할 수 있다(Terry & Leary, 2011). 자기자비가 높은 사람은 자신의 행동에 대해 더 많은 책임을 지며 주도권을 가지고 행동하는 경향이 있다(Neff, Rude & Kirkpatrick, 2007).

자기자비는 양육죄책감의 조절 및 대처방법과 관련이 있다. 자녀를 양육하는 어머니들은 양육 과정에서 스트레스 상황에 직면했을 때 자신의 정서에 주의를 기울이고, 정서적 각성의 강도와 지속 기간을 관리하면서, 감정 상태의 본질과 의미를 변화시키는 과정이 필요하다(Thompson, 1994). 이를 위해서는 자기자비를 통해 자신의 정서에 대해 신중하게 파악하여야 한다(Goleman, 2001). 고통스러운 느낌을 회피할 것이 아니라 자기를 좀 더 친절하게 대하고 양육 스트레스를 보편적인 현상으로 생각할 필요가 있다. 그러면 부정적 정서는 좀 더 긍정적인 감정 상태로 전환되고, 자신의 현재 상황에 대해 좀 더 분명하게 이해하여, 적절하고 효과적인 방식으로 변화할 수 있는 행동을 선택할 수 있다. 그렇기 때문에 자신의 사고와 행동을 이끌어 가는 정보를 능숙하게 사용하여 자신의 감정을 모니터링하는 능력은 정서조절에서 중요한 측면이다(Salovey & Mayer, 1990).

자기자비는 긍정적 정서와 정적상관인 관계가 있고 부정적 정서와는 부적상관인 관계가 있는 것으로 보고된다. Choi, Lee와 Lee(2014)는 대학생을 대상으로 사회적 비교 상황 촉발을 조작하여 열등감을 느끼게 만든 조건하에서 자기자비가 높은 참여자들이 긍정적 정서가 증가하는 것으로 보고하였다. 이러한 선행연구 맥락에서 자기자비는 어머니의 양육 과정에서 경험할 수 있는 부정적 정서에 대처하여 이를 감소시키거나 개선할 수 있는 동기를 부여함으로써 부정적 정서를 완화시키고, 양육에 최선을 다하고 있다는 긍정적 정서를 높여 양육죄책감을 조절하는 중요한 요인이 된다.

심리적 안녕감과 양육죄책감

심리적 안녕감은 자녀를 키우는 과정에서 부모들이 경험하게 되는 긍정적인 감정이다. 자녀양육 과정에 있는 부모들이 부정적인 정서에 휩싸이면 심리적 안녕감이 저하된다(양은호, 최혜순, 2011). 자기자비는 특히 수치심이나 자기비판이 높은 집단의 심리적 안녕감을 적절하게 설명하는 개념으로 보고되고 있는데, 내적 상태 의식 수준이 높아 반추 경향이 높은 사람들의 심리적 안녕감이 낮았다(이주연, 2011). 수치심이나 당황, 자기비판이 높은 사람들을 대상으로 한 자기자비 훈련에서 수치심, 열등감을 낮춤으로써 자기자비적인 개입이 보호요인으로 작용된다(Johnson & O'Brien, 2010). 이러한 연구 결과는 높은 사적 자의식을 지닌 사람들이 자기자비 수준이 높아질 경우에 반추나 수치심, 죄책감 등으로 인해 겪을 수 있는 심리적 고통감을 줄이고 심리적 안녕감을 증가시킬 수 있는 가능성을 시사한다.

양육죄책감, 마음챙김, 자기자비, 심리적 안녕감의 관계

양육죄책감은 양육자가 스스로 자신의 행동을 인지하고 평가하는 자기성찰 혹은 자기인식의 과정을 통해 경험하게 되는 정서라는 측면에서, 자신이 처한 양육환경을 이해하고 그 상황에 맞추어 자신의 정서를 조절할 수 있는 역량이 요구된다(Gross & John, 2003). 최근 적응적 정서조절 전략으로 마음챙김과 자기자비 프로그램이 각광받고 있다(Crandall, Deater-Deckard, & Riley, 2015). 마음챙김의 수용적인 주의와 관찰 및 수용의 과정은 위협 및 스트레스하에서 완충작용을 하여 심리적 유연성을 증가시키고, 스트레스 반응성을 감소시킨다(Gratz & Tull, 2010). 마음챙김 상태가 유발되면 자기조절의 효능성을 높일 수 있고(김교헌, 2008), 탈중심화를 통해 조망이 변화되며(Coatsworth, 2010), 부정적인 감정에 대한 감내력이 향상된다(Shapiro, 2006).

이러한 맥락에서 마음챙김은 양육죄책감을 조절할 수 있는 유용한 수단이자 방법이다. 첫째, 양육죄책감의 출발은 어머니 자신이 자녀양육에 관하여 설정한 목표인 이상적인 어머니의 모습과의 차이를 인식한 결과로 나타나는 것이다. 즉, 자신의 양육행동에 대한 자기성찰의 결과 자신의 기대수준에 미치지 못한 것에 대한 심리적 정서인 것이다(Rotkirch, 2009). 따라서 양육죄책감을 조절하기 위해서는 자신의 기대수준을 자신의 현실에 맞게 조정하거나, 기대수준을 맞추고자 하는 욕망을 없애는 것이 중요하다. 양육의 질에 대한 어머니의 기대수준은 자신의 가치와 신념, 사회적 관습과 관행 등 내적 심리와 외부 환경에 영향을 받아 형성된다. 즉, 양육의 질에 대한 기대는 자신의 현재 상황에 대한 충분한 관찰과 이해보다는 자신의 욕망과 외부 환경에 의한 것이다. 양육죄책감을 조절하기 위해서는 기대수준을 자신이 처한 현실에 맞도록 조정할 필요가 있다. 이를 위해 현실과 경험에 대한 세밀한 관찰을 바탕으로 자신의 기대수준을 조정해야 한다. 바로 마음챙김을 통해서 조정이 가능하다. 마음챙김은 외부 상황에 집중하기보다는 현재 자기 경험과 역량 등 자신에 대한 객관적 관찰을 통해 자신의 내면 상태를 조절할 수 있는 역량을 제공한다(박성현, 2006). 따라서 어머니는 양육의 질에 대한 기대수준을 조절하여 그 수준에 미치지 못하였다는 불안과 자책감 등에서 벗어날 수 있다.

둘째, 양육죄책감은 어머니가 현재 자녀에게 제공하는 양육환경과 질이 불안정하기 때문에 자녀의 미래에 부정적으로 작용할 것이라는 양육의 결과에 대한 부정적 인식에서 출발한다. 예를 들어 맞벌이 어머니의 경우 타인양육에 대한 죄책감이 매우 큰 것으로 보고되고 있다(Sutherland, 2010). 이는 타인양육이 자녀의 정서발달에 부정적으로 작용할 것이라는 인식에서 발생하는 것이다. 그러나 타인양육 자체가 부정적인 결과를 초래하는 것이 아니라 타인양육의 질이 부정적 결과를 초래하는 것이다(백지혜, 조복희, 2010). 이러한 양육죄책감을 조절하기 위해서는 타인양육과 같은 현재 어머니가 처한 현실과 양육환경에 대해 편견 없이 수용하는 것이 중요하다. 마음챙김은 이러한 편견을 조절하고 지금의 현실에 최선을 다할 수 있는 심리적 역량을 높여 주는 방안으로 인식되고 있다. 마음챙김 수련은 부정적인 정서를 있는 그대로 완전하게 수용하게 하고(신진욱, 2008; 장현갑, 2013), 지금 현재 자신의 행동을 있는 그대로 수용하게 함으로써 미래의 부정적 결과에 대한 불안이나 조급한 심리상태에서 벗어날 수 있는 역량을 키울 수 있는 기회를 제공한다. 따라서 마음챙김은 어머니가 현재 자녀에게 제공하는 양육환경과 질이 자녀의 미래에 부정적으로 작용할 것이라는 부정적 인식을 조절할 수 있는 역량을 높인다.

셋째, 어머니의 양육죄책감은 어머니가 자녀와 함께 가정에 있어야 한다는 왜곡된 성 역할에 대한 인식에서 발생한다(McDonald et al., 2005). 성 역할에 대한 인식은 사회적 관습에서 생긴 잘못된 가치관에서 비롯된다. 이는 어머니의 경제활동 참여가 지속적으로 증가하고 있는 현실에서 남성이 가정생활에 보다 충실하게 참여해야 한다는 인식이 증가하고 있음에도 불구하고 어머니의 양육책임감이 그대로 유지되는 원인이기도 하다(Sutherland, 2010). 이러한 양육죄책감을 조절하기 위해서는 양육에서 어머니와 아버지의 구분 없이 두 사람 모두 자녀에게 동일한 부모라는 인식을 바탕으로 서로의 협동양육이 필요함을 인식해야 한다. Bogels, Lehtonen과

Restifo(2010)는 마음챙김이 부부 공동양육을 촉진하는 효과가 있음을 주장하였다. 그들의 연구에서 마음챙김은 여성과 남성의 성 역할에 대한 일반적인 사회의 관습에서 벗어나 현시점에서 자신이 자녀를 양육할 책임을 진 부모라는 현실을 수용하고 그 역할에 맞는 행동을 추동하는 의식을 높여 준다고 하였다. 즉, 마음챙김은 지금 이 시점에서 자신의 역할에 대해 인식할 수 있는 역량을 높임으로써 최적의 행동을 유발하는 기능을 한다.

자기자비는 좌절 상황에서 부모가 자신의 부정적 감정에 대한 수용과 자비적인 태도를 취할 수 있도록 하여 적응적인 감정조절능력을 촉진시킨다(Moreira et al., 2015; Neff, 2011; Neff & Faso, 2015). 자기자비를 통해 부정적 상황에 대한 평가 방식이 긍정적으로 바뀌고, 자기가치감을 높여 자신에 대한 부정적 평가를 하지 않게 됨으로써 양육죄책감을 조절하기 때문이다(김승민, 박경, 2017). 자기자비를 통해 부정적 정서를 수용하고 감내하는 능력이 증진되고 정서조절 능력이 향상되면 양육죄책감을 다룰 수 있게 된다(Berking & Lukas, 2015).

자기자비는 자신과 타인을 돌보고 그들이 생존하고 번영할 수 있는 가능성을 증가시켜 주고자 하는 동기적, 정서적, 인지행동적 역량으로 훈련을 통해 개발할 수 있다(Gilbert & Procter, 2006). 이러한 자기자비는 다음의 세 가지 개인 정서 시스템의 상호작용으로 발생한다.

첫째, 위협을 감지하는 불안, 분노, 혐오와 같은 감정을 불러일으키는 위협과 자기보호 시스템(threat and self-protection system). 둘째, 살아남고 번영하기 위해 필요한 자원을 찾도록 안내하고 동기를 부여하며 긍정적 감정을 불러일으키도록 하는 유인하고 자원을 추구하는 시스템(incentive and resources seeking system). 셋째, 평화로운 감정을 불러일으키며 불안, 분노, 혐오, 우울과 같은 위협에 바탕을 둔 정서와 장려 시스템(emotion and incentive system), 즉 과도한 욕구를 조절하여 균형을 회복시키는 진정과 만족 시스템(soothing and contentment system)의 상호작용으로 발생한다(Gilbert, 2009).

자기자비는 양육에 대한 자책감과 분노, 우울 등의 부정적 정서에 대한 보호기제로 작용한다. 따라서 자기자비는 양육죄책감으로 인한 분노와 우울 등의 부정적 정서에 대처하기 위해 보다 효과적인 양육방법을 찾고, 이를 이행하고자 하는 동기를 유발시켜 부정적 정서에 대처할 수 있을 것이다. 양육죄책감은 좋은 어머니 이데올로기에서 비롯되는데(Rotkirch, 2009), 자기자비는 이러한 과도한 양육에 대한 욕구를 조절하고 어머니 자신의 양육 상황과 균형 있는 양육 목표를 선택하도록 유인함으로써 양육죄책감의 근본적인 원인을 제어할 수 있을 것이다.

따라서 사고, 정서, 신체감각을 모두 아우르는 정서조절 전략인 마음챙김과 고통의 순간에 자기를 돌보는 자기위안과 진정 전략인 자기자비는 양육죄책감을 줄이는 효과적인 방법론이 될 것이다.

마음챙김과 자기자비 훈련을 통해 양육 상황에서 요구되는 감정, 인지, 행동과 관련된 조절능력을 향상시킴으로써 양육죄책감을 줄이고 심리적 안녕감을 높일 수 있다. 이유는 마음챙김을 통해 타인의 감정과 사고에 대한 이해가 증가하고 공감능력이 발달되면서 부모-자녀 관계의 질이 향상되기 때문이다. 더 나아가 자기자비 훈련을 통해서 자신을 위로하고 위안을 주고 스스로를 진정시키는 기능이 향상된다. 이는 부모가 아이를 달래고 위로하면서 형성되는 정서조절체계로서 안정애착을 획득하는 과정으로 충분히 좋은 양육환경에 근접할 수 있게 한다. 궁극적으로 습득된 마음챙김과 자기자비 기술은 심리적 안녕감을 높이는 장기적인 효과를 갖고 부정적인 측면의 세대 간 전이를 단절시킴으로써 자녀의 삶을 변화시키는 기제가 된다.

결론적으로 마음챙김과 자기자비는 양육 과정에서의 필수적인 실행기능의 향상, 심리적 안녕감의 향상, 안정적인 애착의 획득, 부모의 고통이 세대 간 전이되는 것을 단절하거나 예방하는 효과 등 안정적이고 건강하고 적응적인 양육에 중요한 기능들을 촉진할 수 있을 것이다.

2장

마음챙김 기반 자기자비 프로그램
(Mindful based Self-Compassion Program: MSC Program)

본 저자의 양육죄책감 감소 마음챙김_자기자비 프로그램은 Neff와 Germer(2011, 2013)는 마음챙김 기반 자기자비(Mindful based Self-Compassion: MSC) 프로그램을 기본으로 한다. Neff와 Germer는 MSC 프로그램을 개발하여 2011년과 2013년 2회에 거쳐 프로그램의 효과성을 검증하였다. Neff와 Germer가 개발한 마음챙김 기반 자기자비 프로그램은 이후 Bluth 등(2016) 연구, Karakasidou와 Stalikas(2017)의 연구, 강재연과 장재홍(2017)의 연구, 허정(2017)의 연구, 이종수(2017)의 연구로 다양한 분야에서 확대 검증되었다.

Neff와 Germer의 연구

총 8주 차로 이루어진 MSC 프로그램은 마음챙김으로부터 시작하여 자기자비의 기술을 배우고, 마음챙김과 자기자비를 통합하여 힘겨운 감정을 조절하고 대인관계 속에서 자비심을 실천하는 과정을 포함하고 있다. 프로그램은 일상에서 자기자비 능력을 촉진시킬 수 있는 호흡과 자애명상, 감정적 고통의 순간에 자신에게 친절하게 대하고 연민을 주는 기법과 글쓰기를 배우게 된다.

마음챙김에 기반한 자기자비 프로그램은 양육 과정에서 부정적인 감정을 느끼는 부모에게 마음챙김을 통해 자신을 진정시키고 돌보는 힘을 길러 준다. 그 결과 전반적인 삶의 만족도가 향상되고, 양육 과정에서의 부정적인 정서적 문제를 덜 호소하고, 자신과 타인에 대한 자비심과 돌봄 기능이 향상된다(Neff & Germer, 2013).

Neff와 Germer의 미국 연구

Bluth 등(2016)의 10대를 위한 친구 만들기 프로그램(Making Friends with Yourself Program: MFY Program)은 Neff와 Germer(2013)의 MSC Program(2013)을 6회기로 줄여 14세부터 17세까지의 학생 34명을 대상으로 6주간 주 1회 90분씩 프로그램을 실행하였다.

Karakasidou와 Stalikas(2017)는 Germer와 Neff(2013)가 개발한 마음챙김 기반 자기자비 프로그램(Mindful based Self-Compassion: MSC)이 긍정적 정서 확대에 도움이 된다는 것을 확인하였다. Karakasidou와 Stalikas(2017)의 프로그램은 주 1회씩 6주간, 1회기 2시간씩 실시된다. 프로그램 참여자가 통제집단보다 긍정적 정서는 높아진 반면, 부정적 정서는 감소한 것으로 나타났다. 또한 우울, 불안 및 스트레스가 감소하였으며, 긍정적 정서는 자기자비와 심리적 안녕감 간에 매개 역할을 하는 것으로 보고하였다.

Neff와 Germer의 한국 연구

강재연과 장재홍(2017)은 Neff와 Germer(2013)의 마음챙김 기반 자기자비 프로그램을 기초로 자기비판 성향이 강한 대학생을 대상으로 마음챙김_자기자비 집단상담 프로그램을 개발하고 그 효과를 검증하였다. 허정(2017)은 대인관계에 문제가 있는 대학생을 대상으로 마음챙김_자기자비 프로그램을 실시하고, 이것이 대인관계 문제와 연민적 사랑, 용서 그리고 공감에 미치는 영향을 살펴보았다. 이종수(2019)의 연구는 20~40대 여성을 대상으로 수치심 조절 프로그램을 개발하고 그 효과를 검증하였다. 이종수는 Neff와 Germer(2016)의 MSC 프로그램(2016)과 Brown(2007, 2012, 2015)의 수치심 연구, 김정호(2016, 2018)의 마음챙김 실습방안을 참고하여 프로그램을 수정·보완하였다.

Neff와 Germer 연구의 양육죄책감, 심리적 안녕감 프로그램 적용

　부모교육 프로그램은 부모에게 정서적 어려움이 있거나 부모역할에 대한 자신감이 낮을 때 학습한 것들을 실제로 적용하는 데 어려움을 겪는다. 부모의 불안이나 걱정, 과거의 죄책감은 자녀문제를 편파적으로 보게 하고 자녀에 대한 비판이나 통제로 이어지기 때문이다(Weinfield, Ogawa, & Egland, 2002). 그런 점에서 마음챙김과 자기자비는 적응적인 정서조절 능력의 향상을 통해 긍정적인 자기감을 획득함으로써 과거에 대한 반성과 죄책감에서 벗어나 자신을 수용하고 현재에 집중하게 한다. 특히 Neff와 Germer(2011, 2013, 2016)가 개발한 마음챙김 기반 자기자비 프로그램(Mindful based Self-Compassion: MSC)은 미국과 한국에서 다양한 대상으로 실험 검증된 효과적인 프로그램이다.

　양육 프로그램에서 마음챙김과 자기자비를 핵심적인 요소로 강화시키는 것은 단순히 증상의 완화가 아니라 고통과 관계 맺는 방식의 변화를 추구하고 삶의 변화를 이끄는 것을 주된 관점으로 하기 때문이다(Germer & Neff, 2013). 자녀와의 관계에서 습관화되고 조건화된 양육행동을 의식적인 멈춤과 알아차림을 통해 마음챙김 하고, 부정적인 감정에 매몰되기보다는 거리를 두고 상위인지적 각성을 촉진시키면 전반적인 자기조절능력을 향상시킬 수 있다(Böels et al., 2014; Duncan et al., 2009).

　마음챙김과 자기자비 훈련이 갖고 있는 중요한 치료적 요소인 자신과 타인에게 친절하게 대하기, 고통을 삶의 일부분으로 받아들이기, 현재에 집중할 수 있고 자신의 욕구나 정서 상태를 알아차리도록 하는 자기자비와 마음챙김은 부모-자녀 관계의 질을 개선시키는 것과 더불어 그 이상의 예방 효과가 기대된다(Germer & Neff, 2013). 이러한 접근은 기존의 부모교육 프로그램이 갖는 한계, 즉 부모-자녀 의사소통 기술 향상, 자녀의 행동수정 기술 학습, 자녀발달에 대한 이해 증진 교육, 분노 관리 훈련 등 부모-자녀 갈등과 자녀의 부정적 증상 감소와 치료에 직접적인 목표를 두는 것과 차이점을 가진다(김승민, 박경, 2017). 따라서 마음챙김 기반 자기자비 프로그램은 기존의 다른 부모교육 프로그램과 철학적 관점에서 차이가 있다고 볼 수 있다.

　이상과 같이 Neff와 Germer의 마음챙김_자기자비 프로그램에 기반한 Bluth 등(2016), 강재연, 장재홍(2017), 허정(2017), 이종수(2019) 등의 프로그램 주제 영역 및 활동 내용을 정리한 것은 [표 1]과 같다.

[표 1] 마음챙김_자기자비에 기반한 프로그램

연구자	대상	회기	시간	프로그램 주제 영역 및 활동내용
Neff & Germer(2011)	성인	8회기	120분	• 일반 성인을 대상으로 마음챙김 훈련, 자기자비 기술을 익혀 힘겨운 감정을 조절하는 기술이다. 대인관계에서 자비심을 실천할 수 있도록 돕는다. • 활동내용으로는 호흡과 명상, 글쓰기를 통해 마음챙김과 자기자비를 함양하는 내용으로 구성하였다.
Neff & Germer(2013)	성인	8회기	120분	• 일반 성인을 대상으로 강의보다는 호흡과 명상을 통해 정서조절 역량 강화, 대인관계에서 상대에게 친절하고 지지하는 마음을 강화시키는 방법을 배우도록 구성하여 프로그램 효과를 실증적으로 입증하였다.
Bluth 등(2016)	청소년 14~17세	6회기	90분	• 14~17세 청소년 32명을 대상으로 친구 만들기 프로그램 MFY(Making Friends with Yourself)를 개발하였다. 강의보다는 글쓰기나 그림 그리기, 토론, 영상 활용, 짧은 명상으로 구성하였다.
강재연, 장재홍(2017)	대학생	6회기	120분	• 자기비판 성향이 높은 대학생을 대상으로 집단프로그램을 개발하여 그 효과를 검증하였다.
허정(2017)	대학생	8회기	120분	• 대인관계에 문제가 있는 대학생을 대상으로 대인관계 문제와 연민적 사랑, 용서 그리고 공감에 미치는 영향을 살펴보았다.
이종수(2019)	여성 20~40대	8회기	120분	• 20-40대 여성들을 대상으로 수치심을 조절할 수 있는 수치심 프로그램을 개발하고 그 효과를 검증하였다. • 1주에 2회기를 4시간 동안 진행하였다.

3장

양육죄책감 감소 마음챙김_자기자비 프로그램 목표와 전략

　본 저자의 양육죄책감 감소를 위한 프로그램은 마음챙김과 자기자비를 바탕으로 심리치료적 기제를 기반으로 구성되었다. 양육죄책감의 원인은 양육에 대한 부모의 기대와 현실 간의 차이로부터 시작하여 자녀 성장에 대한 불안감으로 진화한다. 이러한 양육죄책감은 자신과 자녀에 대한 분노로 외현화되어 부모와 자녀 간의 관계에 부정적인 영향을 미치게 된다. 이를 조절하기 위해서는 적응적 정서조절 전략이 필요하며, 이는 마음챙김과 자기자비의 심리치료적 기제의 활성화가 중요하게 작용한다. 따라서 프로그램의 구성은 마음챙김과 자기자비에 대한 내용을 모두 포함하여야 하며, 이를 증진시키기 위해 구체적인 목표를 단계별로 설정하고 세부적인 활동과 내용으로 구성하였다.

　구성 요소로는 자녀들을 키우면서 느끼는 어려움, 서로의 경험 및 정보를 공유하는 과정이 부모교육에 포함됨으로써, 자신만이 잘못한다는 생각에 고립되지 않고 다른 부모와의 어려움과 상호 간 어려움이 연결되어 있다는 인식을 배양하도록 해야 한다. 이는 자기자비의 하위요인 중 '보편적 인간성'을 통해 양육죄책감을 자신만의 문제가 아니라 보편적인 문제로 인식하게 하여 그 심각성을 낮추는 효과가 있다. 자녀를 양육하는 과정에서 부딪치는 현실적인 문제들에 대해 자녀발달 단계가 비슷한 다른 부모들과 동질감을 느끼며, 서로를 위로하는 과정에서 자연스럽게 타인자비가 증진될 것이다. 또한, 다른 부모들이 경험한 자녀와의 다양한 문제점을 공유함으로써 자녀에 대한 이해와 자비의 증진 효과가 있다.

　이렇게 부모들이 자신을 수용하고 자비로워져서 편안한 심리상태가 된다면 자녀들을 대하는 마음과 행동도 좀 더 여유롭고 관대해질 것이므로 자녀와의 관계에 긍정적인 영향을 줄 수 있다. 부모와 자녀의 상태를 있는 그대로 알고 서로에게 자비롭게 대할 수 있다면 어떤 문제라도 해결할 수 있을 것이며, 자신을 통제하기 힘들 때나 스스로 해결점을 찾지 못할 때 유용하게 활용될 수 있다. 많은 부모들이 자녀에 대해 지나친 기대와 욕심을 가지기도 하지만 근본적으로는 몸과 마음이 건강한 아이로 키우는 것이 자녀양육에 있어 최대의 과제이자 관심사이다. 그러므로 자녀의 존재에 대한 자비로운 마음과 자녀의 의견을 수용하는 마음의 자세가 무엇보다 중요하다. 따라서 자기자비와 마음챙김 명상이 매우 도움이 될 것이다. 자기자비 명상과 마음챙김 명상을 동시에 훈련하는 것은 쉬운 일이 아니지만 실습과 일상생활에서의 실천을 통해 익숙하게 된다면 가능할 것이다. 이를 위해 매 회기별 과제를 제시하여 참여자가 일상생활에서 자기자비와 마음챙김을 실천하도록 한다. 본 프로그램은 일상생활에서의 실천을 강조하며, 프로그램 효과를 높이기 위해 공통의 관심사를 가진 부모들이 SNS를 통하여 서로 소통하는 것을 권한다.

프로그램 목적과 목표

본 프로그램의 궁극적인 목적은 어머니들의 양육죄책감을 감소시키고 심리적 안녕감을 증진하는 데 있다. 자녀 양육 과정에서 발생하는 갈등, 과도한 기대와 그로 인한 화, 실망, 자녀 양육에 있어 부족하다는 자기비판적 인식 등으로 인해 형성되는 부정적 정서를 완화하고, 심리적 불안을 조절하여 심리적으로 안정된 상태에서 긍정적이고 바람직한 자녀양육을 실천하도록 돕는 데 주된 의의가 있다.

어머니들이 자녀 양육 과정에서 경험하는 돌봄부족, 부정적 양육행동, 미숙한 부모역할로 인한 죄책감을 조절 할 수 있는 심리적 역량을 증진한다, 양육죄책감을 완화함으로써 긍정적인 양육태도를 함양한다. 어머니들이 심리적 안정을 유지하면서 자녀와의 관계에서 바람직한 상호작용을 실천할 수 있도록 지원한다. 나아가 건강한 가족관계 형성과 자녀의 발달에 긍정적인 영향을 미치는 양육환경 조성을 촉진하는 데 목표가 있다.

이러한 목표 달성을 위해서는 무엇보다 어머니들이 자신이 처한 양육환경을 이해하고 자녀에 대한 깊은 애정과 이해를 바탕으로 양육 상황에 맞추어 자신의 정서를 조절할 수 있는 역량이 필요하다. 즉, 부정적 정서에 대한 인지적 처리 과정을 통해 사건에 대한 해석을 변화시키는 적응적 정서조절 역량이 필요하다. 적응적 정서조절 역량은 마음챙김과 자기자비 수행을 통해 개발할 수 있다. 즉, 마음챙김으로 부정적인 상황에서 자신의 신념이나 가치, 사회적 가치 등을 배제하고 있는 그대로의 상황을 수용하고 긍정적인 초점으로의 변경과 재평가를 통해 부정적 정서에 대한 감내력과 유연성을 증가시켜야 한다. 또한, 자기자비로 부정적 감정에 대한 수용과 자비로운 태도를 취하며, 부정적 상황에 대한 평가 방식을 긍정적으로 변화시키고, 자기가치를 높여야 한다. 따라서 본 프로그램의 목적은 어머니들의 심리적 안녕감과 양육죄책감 조절을 위해 마음챙김과 자기자비를 수행할 수 있는 역량을 증진하는 데 있다.

프로그램 전략

양육자의 양육죄책감 감소와 심리적 안녕감 향상을 위한 적응적 자기조절과 정서조절 전략으로 마음챙김과 자기자비를 어떠한 전략으로 프로그램에 녹여야 하는지를 검토하였다.

프로그램 참여자들에게 양육 과정에서의 불편한 감정과 죄책감에 대해 허심탄회하게 이야기하고 마음챙김과 자기자비를 훈련해야 할 필요성에 대해 설명한다. 이때 마음챙김을 처음 해 보는 참가자들에게 오감을 통해 일상에서 마음챙김을 증진할 수 있는 방법을 익히게 하는 것은 중요한 교육 요소이다. 특히, 자녀와의 일상에서 겪는 스트레스와 관련된 몸의 감각과 반응을 탐색하는 훈련은 양육 문제상황에서 자신과 타인을 대하는 태도 차이를 인식하고, 이를 통해 마음챙김_자기자비 훈련의 필요성을 더욱 느끼게 해 줄 것이다.

양육죄책감은 자녀에 대한 이해 부족으로 인한 과도한 기대로, 즉 현실과의 불일치로 발생한다. 만족스럽지 못한 자녀에 대한 기대는 분노로 외현화되거나 성장에 대한 불안감으로 진화한다. 이는 자녀에 대해 왜곡된 기대에 대해 정확히 인식하고, 자녀에 대한 자비심을 바탕으로 비판단적이고 객관적인 시각으로 자녀를 평가한다면 개선될 수 있는 문제이다. 자녀에 대한 정확한 이해와 자각을 통해 자녀에게 바라는 목표를 수정하고 비판단적 수용과 자기친절을 통한 균형감 회복이 필요하다. 더불어 힘겨운 감정의 수용과정을 이해하고 만나는 방법을 습득함으로써 일상에서의 실천동기를 높인다. 이때 화의 기능적 측면과 이면의 감정, 왜곡된 믿음, 결핍된 욕구를 이해하고 화와 만나는 방법을 습득함으로써 일상에서의 실천동기를 높일 수 있다.

양육죄책감은 불완전한 양육환경을 제공했다는 것에 대해 자녀에게 미안한 감정으로부터 기인되는 실망과 분노, 불안 등 힘겨운 감정이다. 양육자가 이러한 힘겨운 감정을 극복하지 못하면 자기처벌이나 자녀와의 관계 단절 등 부정적인 결과를 초래한다. 자신의 내면에 있는 자애심과 자비심을 발견하는 것은 힘겨운 감정을 극복할 수 있는 역량이 자기 안에 있다는 것을 확인하는 용기를 제공해 준다. 참가자는 자기비난의 내용을 탐색하고 자신에 대해 비난하기보다는 스스로에게 친절할 수 있고, 자비로운 경청을 통해 자녀를 이해하고 자녀에 대한 자비심을 높일 수 있다. 이때 필요한 것이 자애와 자비를 변별하고 자애명상을 통해 수행방법을 익히며, 자신과 자녀를 위한 자애메시지를 발견하는 것이다. 이렇게 함으로써 자기비난을 하게 되는 자녀 양육 상황을 탐색하고, 자기비난의 근원적 동기를 이해하며 이면의 자기자비 목소리를 발견한다. 자비편지 쓰기는 자기비난 이면의 자기자비 목소리를 발견하고 강화하는 데 도움이 된다.

자기자비 목소리를 수용하게 되면 양육에 대한 긍정적 인식이 생기고 양육의 가치를 재발견할 수 있는 단계로 나아간다. 참가자들이 자신의 양육가치를 발견하고 구현하기 위해 어떤 노력을 해야 할지 점검한다. 좌절 상황에서 대처하기 위한 자기자비는 자녀와의 깊은 유대감을 형성하고 자비로운 경청을 일상에 적용하게 해 준다.

본 프로그램은 양육죄책감의 원인을 탐색하고, 보편적 인간성을 바탕으로 그 원인이 양육죄책감을 발생시킬 만큼 중요하지 않다는 점을 알아차리고, 자녀에 대한 이해를 통해 자신의 양육으로 인해 부정적 결과를 초래할 수 있다는 불안감을 극복할 수 있는 자기조절과 자기자비 훈련 내용으로 구성되었다. 또한, 양육에 대한 참된 가치를 인식하고, 양육 과정에서 경험한 긍정적 경험을 자각하여 새로운 목표 설정을 유도하였다.

참가자들은 프로그램 참여를 통해 자녀를 키우면서 느끼는 어려움, 서로의 경험 및 정보를 공유한다. 이때 자신만이 양육을 잘 못하고 있다는 생각에 빠지지 않고 다른 참가자와 동일한 어려움으로 상호 간 연결되어 있다는 인식을 배양한다. 이는 자기자비의 하위요인 중 '보편적 인간성'을 통해 양육죄책감을 자신만의 문제가 아니라 보편적인 문제로 인식함으로써 그 심각성을 낮추는 효과가 있다. 자녀를 양육하는 과정에서 부딪치는 현실적인 문제들에 대해 자녀발달 단계가 비슷한 다른 부모들과 동질감을 느끼며, 서로를 위로하는 과정에서 자연스럽게 타인자비가 증진될 것이다. 또한, 다른 부모들이 경험한 자녀와의 다양한 문제점을 공유함으로써 자녀에 대한 이해와 자비의 증진 효과가 있다.

부모들이 자신을 수용하고 자비로워져서 편안한 심리상태가 된다면 자녀들을 대하는 마음과 행동도 좀 더 여유롭고 관대해질 것이므로 자녀와의 관계에 긍정적인 영향을 줄 수 있다. 부모와 자녀의 상태를 있는 그대로 알고 서로에게 자비롭게 대할 수 있다면 어떤 문제라도 해결할 수 있을 것이며, 자신을 통제하기 힘들 때나 스스로 해결점을 찾지 못할 때 유용하게 활용될 수 있다.

많은 부모들이 자녀에 대해 지나친 기대와 욕심을 가지기도 하지만 근본적으로는 몸과 마음이 건강한 아이로 키우는 것이 자녀양육에 있어 최대의 과제이자 관심사이다. 그러므로 자녀의 존재에 대한 자비로운 마음과 자녀의 의견을 수용하는 마음의 자세가 무엇보다 중요하다. 이러한 방법론으로 자기자비 명상과 마음챙김 명상을 동시에 훈련하는 것은 쉬운 일이 아니지만 실습과 일상생활에서의 실천을 통해 익숙하게 된다면 가능할 것이다.

이를 위해 프로그램 참여자들에게 매 회기별 과제를 제시하여 일상생활에서 자기자비와 마음챙김을 실천하도록 하는 것이 중요하다. 프로그램을 진행할 때 SNS를 통하여 참여자와 진행자 간 실시간 의사소통이 가능하도록 한다면 프로그램의 효과를 더 증폭시킬 수 있을 것이다.

그동안의 프로그램이 삶에서, 자녀를 양육하는 과정에서 경험하는 부정적 경험이나 고통스러운 감정에 초점을 두고 마음챙김과 자기자비를 수행하는 방법을 안내해 왔다면, 실시간 의사소통을 통해 삶에서 경험하는 긍정적인 경험을 음미하고 감사할 기회를 가지며 이를 통해 일상에서 긍정적 경험을 자각하고 감사할 수 있는 마음을 증진하도록 안내된다. 또한 그동안 프로그램에 참여하면서 경험한 감각적 체험, 감동, 깨달음, 변화 등에 초점을 두도록 안내함으로써 마음챙김과 자기자비가 자신의 삶뿐 아니라 자녀 양육에 장기적으로 긍정적인 영향력을 발휘할 수 있는 방법임을 받아들일 수 있게 조력하고, 향후 참여자들이 일상생활 속에서 마음챙김과 자기자비 수행을 계속 이어 가도록 독려하는 데 중점을 둘 필요가 있다.

4장

양육죄책감 감소 마음챙김_자기자비
프로그램 구성 요소

　본 서의 저자는 Neff와 Germer(2013)의 MSC 프로그램을 크게 변경하지 않는 범위에서 양육죄책감 감소를 위한 마음챙김_자기자비 프로그램의 내용을 조직하였다. 양육죄책감, 마음챙김, 자기자비의 구성 요소는 프로그램에서 회기의 주제, 회기별 목표, 활동 내용을 조직하는 근거가 된다.

Neff와 Germer의 마음챙김_자기자비 프로그램 구성 요소

　Neff와 Germer의 마음챙김_자기자비 프로그램은 2011년과 2013년 2차례 개발되었다. 2011년에 개발된 마음챙김_자기자비 프로그램은 일반 성인을 대상으로 마음챙김 훈련, 자기자비 기술을 익혀 힘겨운 감정을 조절하는 기술, 대인관계에서 자비심을 실천할 수 있도록 돕는 내용으로 구성되었다. 2011년 프로그램 내용을 주차별로 소개하면 다음과 같다.
　1주 차는 「마음챙김과 자기자비의 발견」을 주제로 명상과 활동을 통해 마음챙김과 자기자비를 느껴보도록 구성되어 있다. 2주 차는 「마음챙김 연습」으로 다정한 호흡법과 걷기를 통하여 마음챙김으로 고통을 관찰하는 방법을 배운다. 3주 차는 「자애훈련」으로 자기자비의 기본이 되는 자신을 사랑하는 마음을 키우는 것으로 호흡을 통한 명상과 실습으로 구성되었으며, 4주 차는 「자비심 개발 훈련」으로 명상과 실습을 통해 자기 내부에서 자애의 소리를 발견하는 단계이다. 5주 차는 자신의 핵심가치를 발견하고 구체화하기 위한 깊이 있는 삶의 단계로 「자비심 주고받기」 실습으로 구성되어 있다. 6주 차는 힘겨운 감정을 다루기 위해 「마음챙김과 자기자비를 활용」하는 방법을 실습하는 단계이며, 7주 차는 대인관계에서 발생하는 힘겨운 감정에 대한 「수용과 돌봄」의 단계이다. 마지막으로 8주 차는 「삶을 포용하는 단계」로 자신의 삶에서 긍정적인 면을 감사하는 마음으로 통합하는 단계이다.

2013년에 업그레이드 된 Neff와 Germer의 마음챙김_자기자비 프로그램은 일반 성인을 대상으로 하여 강의보다는 호흡과 명상을 통해 정서조절 역량 강화, 대인관계에서 상대에게 친절하고 지지하는 마음을 강화시키는 방법을 배우도록 구성하여 프로그램 효과를 실증적으로 입증하였다. 2013년 프로그램의 내용을 주차별로 소개하면 다음과 같다. 1주 차에는 「자기자비」에 대한 전반적인 소개와 경험하기, 2주 차에서는 「마음챙김」에 대한 기초적인 지식과 경험하기로 구성되었다. 3주 차에는 삶의 다양한 측면에서 「자기자비의 적용」에 대해 논의하고, 4주 차에서는 참가자들이 내적으로 「자비로운 목소리」를 낼 수 있도록 하는 내용으로 구성되었다. 5주 차에서는 자신의 「핵심가치」에 따라 생활하는 것이 중요함을 강조하며, 6주 차에는 힘겨운 「감정을 조절」하는 능력을 향상시키는 내용으로 구성하였다. 7주 차에는 「대인관계 속에서 자기자비를 실천」하는 방법에 관한 내용으로 구성하였으며, 마지막 8주 차에서는 자신의 「긍정적인 면과 감사의 마음」으로 삶의 방식을 이어 나가는 방법으로 구성하였다.

양육죄책감 구성 요소

양육죄책감 감소를 위해 필요한 마음가짐과 실천은 마음챙김과 자기자비의 심리적 치료기제를 적용하여 자기조절과 적응적 정서조절을 기반으로 실행할 수 있다. 양육죄책감 감소를 위해 자기조절과 적응적 정서조절 전략이 필요한 이유는 다음과 같다.

양육죄책감은 부모가 생각하는 이상적인 자녀양육과 현실 간의 괴리에서 출발한다. 따라서 양육죄책감 감소는 현실을 있는 그대로 수용하는 자세로부터 출발한다. 즉 현재 부모가 처한 상황에서 자녀에게 이상적인 양육환경을 제공하지 못한다는 인식에서 출발하여야 하는 것을 의미한다. 더 나아가 현재의 양육에 관한 문제를 정확하게 관찰하고 이를 수용하는 자세가 요구된다. 이러한 수용의 자세를 높이기 위해서는 자기조절을 통한 비판적 주의를 바탕으로 객관적으로 상황에 대하여 주의를 집중하는 자세가 필요하다.

양육죄책감은 직장 생활 또는 기타 사유로 충분한 양육환경이나 제대로 된 교육을 시키지 못한 것에 대한 미안한 감정에서 더욱 증폭된다. 이는 부모가 제공하는 불완전한 양육환경이 자녀의 성장에 부정적으로 작용할 것이라는 결론을 내리기 때문이다. 이러한 불안감을 감소시키기 위해서는 불안한 감정에 정면으로 마주하여 자신이 현재 상황에서 양육에 최선의 노력을 다하고 있다는 긍정적 인식으로 초점을 변경해야 한다. 또한 현재의 자녀 양육방법이 자녀 성장에 긍정적이라는 타인의 인정을 통해 불안감이 해소될 수 있다. 이를 위한 방법으로 자신에 대한 자기자비와 함께 보편적 인간성 증진을 통해 불안과 위협에 대처하는 보호 시스템을 활성화시킬 필요가 있다.

양육죄책감은 자녀에 대한 이해 부족이나 부정적 평가로도 발생한다. 이는 자녀와의 관계에 갈등요소로 작용함으로써 처벌이나 밀어냄 등의 애착손상이나 정서적 단절 등의 부정적 결과로 이어진다. 따라서 부모는 자녀에 대한 자비심을 바탕으로 자녀에 대한 긍정적인 이해심을 높여야 한다. 이를 위해 현재 자녀의 문제점을 이해하고, 자녀에 대하여 비판단적이며 객관적인 시각으로 자녀를 평가함으로써 자녀와의 관계를 긍정적으로 유지할 수 있다.

궁극적으로 부모가 자신이 제공하는 자녀양육에 대한 의미와 가치를 발견하고 실천할 방안을 모색하는 태도가 필요하다. 또한 잘못된 양육방식을 계속 고수하고 있다면 이를 개선하는 방안을 적극적으로 모색함으로써 현재 상황에서 최선의 양육환경을 제공하고 있다는 자부심을 높이는 것도 필요하다. 이를 위해서는 양육자의 심리적 유연성을 높이고, 환경에 대한 적응력을 키우고, 자녀양육에 필요한 자원을 적극적으로 탐색하고 이를 획득할 수 있는 대안을 모색하려는 마음의 자세가 중요하다.

마음챙김 구성 요소

양육죄책감 조절을 위한 마음챙김의 심리치료적 기제는 Shapiro 등(2006)이 마음챙김 정의의 세 가지 원칙에서 제시한 의도(Intention), 주의(Attention), 태도(Attitude) 모형(Intention, Attention, and Attitude model: IAA model)을 기반으로 하였다. Shapiro 등(2006)이 제시한 IAA 모델은 마음챙김이 의도를 가지고 특정한 방식으로 현재 순간을 비판단적으로 주의를 집중하는 것이다(Kabat-Zinn,

1994). 심리치료적 메커니즘은 의도와 주의 그리고 태도가 동시에 발생하는 자기조절의 과정이라고 설명한다.

여기서 목적을 갖는 것은 의도의 측면이고, 비판단적으로 현재 순간에 주의를 집중하는 것은 주의의 측면, 특정한 방식으로 임하는 것은 태도의 측면을 반영한다(박성현, 민희정, 2019). 이 세 가지 요소들이 마음챙김 훈련과정에서 상호 영향을 주면서 동시에 작용하여 자기조절 효과로 나타난다. Shapiro 등(2006)은 마음챙김 훈련 효과는 자기조절(self regulation), 가치명료화(values clarification), 인지적, 정서적, 행동적 유연성(cognitive, emotional, and behavioral flexibility), 노출효과(exposure)의 네 가지 직접적인 메커니즘과 이를 포괄하는 상위 메커니즘(meta mechanism)인 재인식(reperceiving)에 기반을 둔다고 설명한다.

자기조절은 내외적 경험에 대한 비판단적 주의를 배양함으로써 경험과의 연결감(connection)을 회복하게 하고 경험을 조절(self regulation)하는 역량을 강화함으로써 내외적 경험과의 단절에서 오는 심리적 장애를 회복하는 데 도움을 준다(Shapiro et al., 2006).

가치명료화는 자기 자신이 가지고 있는 진정한 의미와 가치를 인식하고 분명하게 갖는 것으로 이를 통해 자신을 위한 진정한 의미와 가치를 발견하고 신뢰할 수 있도록 돕는다(Shapiro et al., 2006).

인지적, 정서적, 행동적 유연성은 경험에 대한 과도한 동일시로 일어나는 경직되고 반사적인 반응을 억제하고, 환경에 보다 적응적이고 유연한 반응을 끌어내는 데 도움이 된다(Shapiro et al., 2006).

노출효과는 불편하고 부정적인 내적 경험을 숨기지 않고 노출시킴으로써 그러한 감정을 두려워하거나 피할 필요가 없으며 결국 부정적 감정이 사라지는 경험(Segal., Williams, & Teasdale, 2002)을 하게 한다. 이러한 경험은 부정적 정서에 대한 공포 반응과 회피 행동을 제거한다(Baer, 2003).

상위 메커니즘인 재인식은 사고, 감정, 충동 등과 같은 의식으로부터 거리를 두고 자신의 경험을 더욱 객관적이면서도 명료하게 바라보는 것으로(Shapiro et al., 2006) 자기중심적 관점에서 타인중심적 관점으로의 인식 전환을 말한다(박성현, 민희정, 2019).

자기자비 구성 요소

자기자비는 양육을 할 때 생기는 부정적인 감정을 조절하지 못할 때 또는 대인관계에서 부정적인 감정의 적응적 조절능력을 넘어설 때 경험하는 부정적인 감정과 고통에 대해서도 효과적이다(Neff, 2012; Neff & Beretvas, 2013; Yarnell & Neff, 2013). 자기자비의 하위요인은 자기친절(self-kindness)과 보편적 인간성(common humanity), 마음챙김(mindfulness)이다. 이러한 3가지 요인을 통해 양육자는 양육의 실패나 실수를 경험하거나 또는 이상적인 양육 기준에 도달하지 못하더라도 자신을 비난하지 않고 고통을 의도적으로 축소하지 않게 된다. 그들은 이러한 일이 삶의 과정에서 누구에게나 발생할 수 있다는 인식을 바탕으로 자연스럽게 자신을 수용하고 격려함으로써 고통을 객관적으로 바라볼 수 있는 능력을 배양할 수 있다(Neff & McGehee, 2011). 이렇듯 양육자는 자기자비를 통해 자녀에 대한 이해와 자비로운 태도를 가짐으로써 자녀의 발달과 자녀와의 관계에 긍정적인 영향을 미칠 수 있다(Geurtzen et al., 2015; Neff & McGehee, 2010; Tanaka, et al., 2011).

자기자비의 심리치료적 기제는 Gilbert(2009)의 자비중심치료(Compassion Focused Therapy: CFT) 모델에서 확인할 수 있다. Gilbert(2014)는 감정에 대한 기능을 진화론적인 관점에서 설명하였다. 인간의 감정은 위협-자기보호 시스템, 자원추구-추동활력 시스템, 진정-만족 및 안전 시스템 등 3개 시스템이 상호 조절하고 협력하는 방식으로 작동한다.

Gilbert(2014)의 CFT 모델에서 자기자비 치유 메커니즘을 구성하는 시스템 중 첫 번째 위협-자기보호 시스템은 위협을 빠르게 감지하고 대처할 수 있는 능력을 제공하는 감정조절 시스템이다. 이 시스템은 우리에게 불안이나 증오, 혐오감 같은 폭발적인 감정에 대하여 경계심을 갖게 하며 위협에 대처할 수 있는 행동을 취하도록 한다. 또한, 이 시스템은 자신이 사랑하는 사람이나 친구, 구성원에게 위협이 가해졌을 때에도 활성화된다. 위협 시스템이 작동하면 우리 마음의 모든 기능은 안전과 보호라는 목적을 달성하기 위해 주의, 생각, 추론, 행동, 정서, 동기, 심상, 상상 등 모든 것이 위협에 초점을 맞춘다.

다음으로 자원추구-추동활력 시스템은 생존과 번영을 위해 필요한 자원을 찾도록 안내하고 동기를 부여하고 장려하는 긍정적인 감정을 제공해 준다. 세 번째 진정-만족 및 안전 시스템은 양육자로 하여금 진정과 휴식 그리고 평화로운 느낌을 일으켜 균형을 회복하도록 도와준다. 진정-만족 및 안전 시스템은 자비와 매우 밀접하게 관련되어 있을 뿐 아니라 애정이나 친절과도 연관되며, 안녕감을 느끼는 데 필수적이기 때문에 자비 명상을 통해 활성화되는 핵심 시스템으로 간주한다. 궁극적으로 자기자비 치유 메커니즘을 구성하는 시스템을 균형 있게 발달시킴으로써 심리적 치유가 가능하도록 훈련하는 것이다.

양육죄책감을 조절하기 위해서는 수용, 계획 다시 생각하기, 긍정적 초점 변경, 긍정적 재평가, 조망 확대를 통한 적응적 정서조절 전략이 필요하다(Garnefski et al., 2002; Gross, 2008). 이때 수용(acceptance)은 자신이 경험한 것을 받아들이고 일어난 일에 대해서 스스로 단념하는 사고로, 현실을 수용한다는 것은 상황을 받아들이려는 일종의 시도이며, 기능적인 대처방법이다(Garnefski et al., 2002).

계획 다시 생각하기(refocus on planning)는 자신이 경험한 부정적인 사건을 어떻게 다루고 상황을 변화시킬지에 대한 방법을 적극적으로 생각하는 것으로, 자신이 할 수 있는 최선의 것을 생각하거나 상황을 변화시킬 방법에 대해 생각하는 것을 포함한다(Garnefski et al., 2002). 긍정적 초점 변경(positive refocusing)은 실제 경험한 사건을 긍정적으로 생각해 보는 것이다. 이미 사건은 일어났지만 지금 상황에서 자신이 할 수 있는 것은 무엇이고 이와 같은 상황을 변화시킬 방법이 있는지 생각해 보는 것이다(Carver et al., 1989).

긍정적 재평가(positive reappraisal)도 이와 마찬가지로 이미 경험한 일에 대해 긍정적으로 생각해 보는 것인데, 긍정적 초점 변경과 다른 점은 그 사건이 자신에게 어떤 긍정적인 측면이 있는지 자신의 삶에 비추어 의미를 부여하는 것으로, 부정적인 사건에도 그 상황으로부터 배울 것이 있다고 생각하는 것이다(Carver et al., 1989). 조망 확대(putting into perspecitve)는 사건 자체의 심각성을 덜 강조하는 것으로, 자신이 경험한 사건이 다른 사건과 비교했을 때 심각한 것이 아니며 사건이 더 크게 확대되지 않고 그나마 이만해서 다행이라고 생각하는 것이다(Garnefski et al., 2002).

이상과 같이 Neff와 Germer의 마음챙김_자기자비 프로그램 구성 요소에 기반한 본 저자의 양육죄책감 감소 마음챙김_자기자비 프로그램의 목적과 목표 및 전략을 정리한 것은 [그림 2]와 같다.

목적	양육죄책감 발생 원인에 대한 인식의 변화	부정적인 정서에 대처하기	양육에 대한 긍정적 인식의 확립
목표	■ 왜곡된 기대 인식 ■ 자신의 상황 인식 ■ 목표 수정	■ 부정적 정서의 관찰 ■ 부정적 정서의 대처 ■ 문제를 보는 관점 변화	■ 양육의 가치 발견 ■ 양육죄책감 조절 ■ 긍정적 인식 변화
정서 조절 전략	■ 수용 ■ 계획 다시 생각하기	■ 수용 ■ 조망 확대 ■ 긍정적 초점 변경	■ 긍정적 초점 변경 ■ 긍정적 재평가 ■ 계획 다시 생각하기
정서 조절 기제	■ 자기조절 ■ 유연성 ■ 보호 시스템 활성화	■ 재인식 ■ 자기조절 ■ 노출효과 ■ 보호 시스템 활성화 ■ 진정 시스템 활성화	■ 가치명료화 ■ 유연성 ■ 추가와 획득 시스템 ■ 진정 만족 및 안전 시스템
프로그램 제안점	■ 현재 자각과 비판단적 수용 능력 배양 ■ 자기친절을 통한 균형감 회복	■ 자기자비 명상을 통한 자기친절 함양 ■ 탈중심화와 보편적 인간성 증진 ■ 자기수용을 바탕으로 자신과 자녀 이해 ■ 자비의 마음 나누기	■ 참된 양육가치 발견 ■ 수용과 자기자비를 바탕으로 양육죄책감 조절 ■ 긍정적 경험 상기와 감사의 마음 함양

프로그램 단계별 구성 요소

마음챙김과 자기자비의 이해와 경험	자기자비와 타인자비의 실천	양육죄책감 조절
■ 자기자비의 이해와 명상을 통한 체험 ■ 마음챙김의 이해와 명상을 통한 체험 ■ 마음챙김과 자기자비의 차이점 발견	■ 자애심과 자비심의 발견 ■ 자애의 명상과 메시지 ■ 자기비난의 이해와 탐색 ■ 자비로운 경청하기	■ 자녀양육에 대한 참된 가치 발견하기 ■ 자녀 이해 증진 ■ 힘겨운 감정과 화의 수용과 극복 ■ 양육죄책감 원인 탐색과 허용 ■ 긍정적 경험 자각 수행

[그림 2] 마음챙김_자기자비 프로그램의 목적과 목표 및 전략

5장

마음챙김_자기자비 프로그램
개발 절차 및 최종 프로그램

본 장에서는 본 연구의 프로그램 개발모형과 최종 프로그램 구안 과정에 대해 설명하였다.

프로그램 개발 이론

프로그램이란 어떤 특정한 목표를 이루기 위해 체계적으로 조직화된 활동이다(Royse, Thyer, Padgett, & Logan, 2006). 이때 프로그램 개발모형은 프로그램을 개발하는 과정 중 단계적으로 진행해 나가야 할 절차를 명확하고 체계적으로 제시해 주는 개념적 틀로서 중요한 역할을 한다(김진화, 정지웅, 1997). 김창대 등(2017)은 변창진(1994)과 박인우(1996), Sussman(2001)의 모형을 참조하여 각 모형의 장점을 통합하고 단점을 보완하여 종합적으로 제시한 프로그램 개발모형을 다시 4단계로 정리하여 제시하였다. 그들의 저서에서 제시한 모형은 프로그램 목표 수립, 구성, 예비연구, 실시 및 개선의 4단계로 구성되어 있다.

1단계인 목표 수립 단계는 프로그램 대상자들에게 보다 적합하고 그들의 직접적인 요구를 반영한 프로그램을 제작하기 위한 단계로 프로그램의 기획, 요구 조사, 수정계획안 수립, 프로그램 목적과 목표 정립, 프로그램의 이론적 모형 설정이 포함되어 있다. 2단계는 프로그램을 일차적으로 구성하는 프로그램 구성 단계이다. 프로그램의 목적 및 내용에 대한 이론적인 검토, 프로그램에 포함된 활동 수집, 각 활동의 효과·수용성·흥미 등 여러 측면에서 잠정적 평가를 한다. 그 후 그 평가 결과에 대한 활동, 내용, 전략을 선정하고, 경험적으로 확인하여 프로그램을 구성하는 과정으로 되어 있다. 3단계는 예비연구 단계로 일차적으로 구성된 프로그램을 소수의 대상에게 실시하고, 평가하여 그 결과에 따라 프로그램을 수정 및 보완을 하는 단계이다. 마지막 실시 및 개선의 4단계에서는 예비연구를 통해 수정 및 보완된 프로그램을 실시하고 효과를 평가하여 그 결과를 토대로 프로그램의 완성도를 지속적으로 높일 수 있도록 수정하는 단계이다.

마음챙김_자기자비(MSC) 프로그램 개발 과정은 주로 프로그램 기획, 내용 구성, 실행, 평가의 4단계를 기준으로 개발 및 평가되었다. 마음챙김_자기자비(MSC) 프로그램의 모태가 되었던 Neff와 Germer(2013)는 MSC 프로그램 역시 프로그램의 목적과 내용 구성, 실행, 평가의 4단계를 적용하여 연구하였으며, Bluth 등(2016)도 청소년을 대상으로 대인관계 개선을 위한 MSC 프로그램 개발을 목적과 내용 구성, 실행, 평가의 4단계로 구성하여 진행하였다. 본 저자 역시 프로그램 기획단계, 프로그램 구성단계, 예비프로그램 실시단계, 프로그램 평가단계의 4단계를 적용하였다.

프로그램 개발 1단계는 프로그램을 기획하는 단계로 이 단계는 개발하고자 하는 프로그램의 방향과 목적을 설정하고, 프로그램의 이론적 기반과 프로그램 구성을 위한 시사점을 도출하는 단계이다. 프로그램의 이론적 토대는 양육죄책감 조절을 위한 핵심 기제를 고찰하고, 기존 MSC 프로그램의 내용을 고찰하여 양육죄책감 감소를 위한 프로그램 구성 방향을 도출하였다.

프로그램 개발 2단계는 프로그램 구성의 단계로 1단계에서 도출한 프로그램 구성 시사점을 바탕으로 프로그램 목표를 설정하며, 양육죄책감을 조절하기 위한 전략과 심리치료적 기제와 이를 적용하기 위한 프로그램 제안점을 도출하고, 프로그램의 단계별 구성 요소를 바탕으로 양육죄책감 조절을 위한 집단상담 프로그램의 세부 활동 및 내용을 구성하는 단계이다. 또한 이 단계에서 예비프로그램 실시를 위한 지침서도 개발하였다.

3단계는 예비프로그램 실시단계로 예비프로그램 실시를 위한 진행자를 섭외하고, 참여자를 모집하여 예비프로그램을 실시하는 단계이다. 이 단계에서 예비프로그램을 시행하면서 동시에 프로그램에 대한 평가도 함께 진행하여 프로그램을 수정·보완하도록 함으로써 최종 프로그램을 구성하였다.

마지막 4단계는 프로그램 시행 및 평가의 단계로서 본 프로그램 시행을 위한 진행자와 참여자 선정, 프로그램 시행, 효과 검증의 단계로 진행하였다. 본 연구의 프로그램 개발모형은 [그림 3]과 같다.

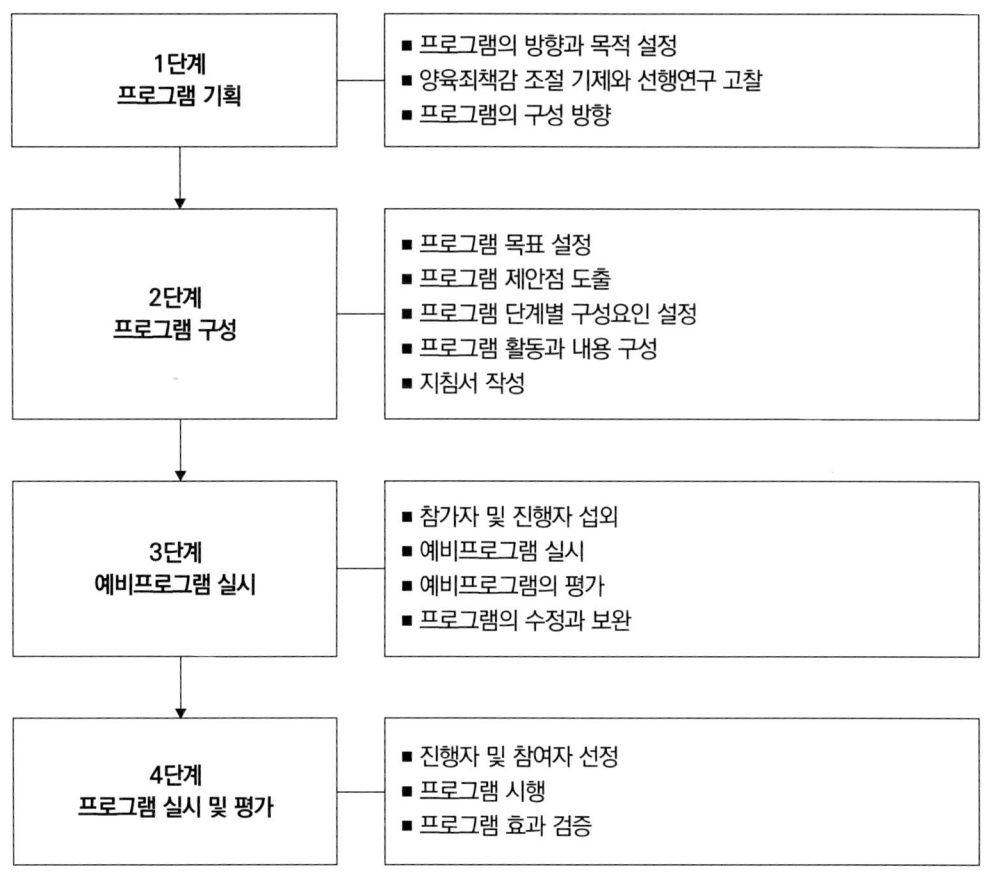

[그림 3] 양육죄책감 프로그램 개발모형

최종 프로그램

프로그램 개발 절차에 따라 구성된 양육죄책감 감소를 위한 집단상담 프로그램의 효과성 여부와 진행상의 문제점 등을 알아보기 위하여 예비프로그램을 실시하였다. 예비프로그램 참가자 모집은 2019년 6월 10일부터 21일까지 경기도 H건강가정지원센터에서 기관의 게시판과 맘 카페 3곳, 유치원 10곳의 온·오프라인 게시판에 홍보하였다. 예비프로그램은 2018년 8월 10일부터 31일까지 총 4주간(1주 2회기) 실시되었다. 프로그램에 자발적으로 참여하기를 희망한 12명이 예비프로그램에 참여했으나, 프로그램 중간에 개인 사정으로 3명이 탈락하고 9명이 마지막까지 프로그램을 이수하였다. 수료자 9명 중 5명은 프로그램 1회기에서 8회기까지 모두 출석한 사람들이다.

예비프로그램에 대한 평가는 모든 회기에 출석한 수료자 5명과 전문가 5명으로 이루어져 총 10명이 참여하였다. 평가에 참여한 전문가는 MSC 프로그램에 참여한 경험이 있는 상담전문가 1명, 자기자비 프로그램 개발 경험이 있는 상담전문가 1명 그리고 집단상담 및 학부모 상담전문가 2명, 프로그램 주 진행자 1인 등 총 5명이다. 평가의 내용은 프로그램의 내용에 대한 이해와 프로그램의 장점과 개선해야 할 점이다.

예비프로그램 평가 결과를 반영하여 프로그램을 수정·보완한 후 최종 프로그램을 확정하였다. 최종 프로그램은 Neff와 Germer(2013)의 MSC 프로그램을 크게 변경하지 않는 범위에서 어머니의 양육죄책감을 감소하는 데 중점을 두었다. 최종 프로그램은 총 8회기로 다음 [표 2]에 회기의 주제, 회기별 목표, 활동내용을 제시하였다.

[표 2] 마음챙김_자기자비 프로그램

회기	구분	목표 및 주요 활동
1회기 마음챙김과 자기자비	목표	1. 프로그램 참여 목적 및 기대를 명료화하고 집단규칙을 이해할 수 있다. 2. 자기 및 자녀 소개를 통해 구성원 간 친밀감을 형성할 수 있다. 3. 자녀양육 문제상황에서 자신과 타인을 대하는 태도 차이를 인식하고, 이를 통해 마음챙김_자기자비의 필요성을 이해할 수 있다. 4. 마음챙김_자기자비의 개념 및 자기자비의 구성 요소에 대해 이해할 수 있다. 5. 위로의 손길 실시 방법을 습득하고 일상에 적용할 수 있다.
	주요 활동	■ 프로그램 목적 및 집단 진행자 소개 ■ 함께하는 집단 에티켓 안내 ■ 참여 계기, 자녀 입장에서 바라본 자기소개, 자녀의 대표적 특징 소개하기 ■ 실습과 전체 나눔: 자녀문제 관련하여 자기자비-타인자비 차이 돌아보기 ■ 강의: 자기자비의 생리학, 자기자비의 3가지 구성 요소 ■ 실습과 전체 나눔: 위로의 손길 ■ 강의: 일상의 자기자비 활동 안내 ■ 전체 소감 나눔 ■ 과제 안내: 위로의 손길 수행 후 SNS 밴드에서 경험 나누기

회기	구분	목표 및 주요 활동
2회기 마음챙김과 자기자비 수행	목표	1. 마음챙김과 자기자비의 차이 및 관계를 명료하게 이해할 수 있다. 2. 오감을 통해 일상에서 마음챙김을 증진할 수 있는 방법을 익히고 일상에 적용할 수 있다. 3. 자녀와의 일상 알아차리기 명상을 통하여 자녀와의 일상에서 겪는 스트레스와 관련된 몸의 감각과 반응을 탐색할 수 있다. 4. 마음챙김과 자기자비의 부수 효과인 역류를 이해하고 대처방법을 익힐 수 있다.
	주요 활동	■ 지난 시간 모임 및 지난주 수행과제에 대한 소감 나눔 ■ 강의: 마음챙김_자기자비의 역할 및 관계, 차이점 안내 ■ 실습과 조별나눔 – 마음챙김 1: 오감을 통한 마음챙김 – 마음챙김 2: 애정 어린 호흡 명상을 통한 자녀와의 일상 알아차리기 ■ 강의: 뇌의 기본적 시스템은 생존체계: 마음챙김의 필요성 / 마음챙김 및 자기자비 수행 시 주의 사항: 역류효과 이해하기 ■ 실습과 조별나눔: 역류효과 다루기 및 돌멩이 마음챙김 ■ 전체 소감 나눔 ■ 과제 안내: 자녀와의 일상 알아차리기 명상
3회기 자애명상과 자애메시지	목표	1. 자애와 자비를 변별하고 타고난 자애심과 자비심을 발견할 수 있다. 2. 집단구성원들과 자애와 자비를 함께 나누면서 자애심과 자비심 발견할 수 있다. 3. 자애명상을 통해 수행방법을 습득할 수 있다. 4. 자신과 자녀를 위한 자애메시지를 발견할 수 있다.
	주요 활동	■ 지난 시간 모임 혹은 지난주 수행과제에 대한 소감 나눔 ■ 강의: 자애와 자비에 대한 개념 및 다른 점 ■ 실습과 조별 나눔: 자애심과 자비심 발견하기 ■ 강의: 자애메시지를 포함한 자애수행의 필요성 ■ 실습과 조별 나눔: 나와 자녀를 위한 자애명상 / 나와 자녀를 위한 자애메시지 발견하기 ■ 전체 소감 나눔 ■ 과제 안내: 나와 자녀를 위한 자애명상
4회기 자기비난과 자기자비 목소리	목표	■ 마음챙김_자기자비 수행단계를 중간 점검을 통하여 자신의 수행단계를 알 수 있다. ■ 자기비난을 하게 되는 양육 상황에서의 자기비난의 근원적 동기에 대해 이해할 수 있다. ■ 실습을 통해 자기자비 목소리를 발견할 수 있다. ■ 자비편지 쓰기 수행과제를 통해 자기자비 목소리를 발견할 수 있다.
	주요 활동	■ 지난 시간 모임 혹은 지난주 수행과제에 대한 소감 나눔 ■ 마음챙김_자기자비 수행과정 중간 점검 전체 나눔 ■ 강의: 자기비난의 기능적 측면 및 부정적 효과 ■ 실습과 조별 나눔: 자녀 양육상황에서의 자기비난 및 자기자비 목소리 발견하기 ■ 전체 소감 나눔 ■ 과제 안내: 나를 위한 자애명상 및 자기자비 편지 쓰기

회기	구분	목표 및 주요 활동
5회기 양육가치와 자비로운 경청	목표	1. 현재 양육가치를 점검하며 이면의 동기를 이해함으로써 참된 양육가치 발견의 필요성 인식을 할 수 있다. 2. 참된 양육가치의 구현 및 좌절 상황 대처를 위한 자기자비 필요성 인식하고 실천동기를 높일 수 있다. 3. 자녀와의 깊은 유대감을 형성하는 데 자비로운 경청의 필요성을 인식하고 실천동기를 높일 수 있다.
	주요 활동	■ 지난 시간 모임 혹은 지난주 수행과제에 대한 소감 나눔 ■ 강의: 양육가치 정의, 필요 및 목표와 개념 비교 등 ■ 실습과 조별 나눔: 참된 양육가치 발견하기 ■ 강의: 자비로운 경청의 필요성 ■ 실습과 조별 나눔: 자비로운 경청 방법 ■ 전체 소감 나눔 ■ 과제 안내: 자기 주고받기 호흡 명상
6회기 힘겨운 감정과 화	목표	1. 힘겨운 감정의 수용과정을 이해하고 만나는 방법을 습득함으로써 일상에서의 실천동기를 높일 수 있다. 2. 화의 기능적 측면과 이면의 감정, 왜곡된 믿음, 결핍된 욕구를 이해하고 화와 만나는 방법을 습득함으로써 일상에서의 실천동기를 높일 수 있다.
	주요 활동	■ 지난 시간 모임 혹은 지난주 수행과제에 대한 소감 나눔 ■ 강의: 힘겨운 감정을 수용하고 만나는 방법 ■ 실습과 조별 나눔: 힘겨운 감정을 만나는 방법 ■ 강의: 화의 기능적 측면과 부정적 효과 ■ 실습과 조별 나눔: 화를 만나는 방법 ■ 전체 소감 나눔 ■ 과제 안내: 힘겨운 감정(화) 만나기 명상
7회기 양육죄책감과 양육피로	목표	1. 양육죄책감을 이해하고 만나는 방법을 습득함으로써 일상에서의 실천동기를 높일 수 있다. 2. 양육피로를 이해하고 만나는 방법을 습득함으로써 일상에서의 실천동기를 높일 수 있다.
	주요 활동	■ 지난 시간 모임 혹은 지난주 수행과제에 대한 소감 나눔 ■ 강의: 양육죄책감 개념 / 기능적 측면 / 과도한 양육죄책감이 문제가 되는 이유(수치감 동반, 부정적 핵심믿음의 작용) / 자기자비의 해독제의 역할 ■ 실습과 조별 나눔: 양육죄책감을 만나는 방법 ■ 강의: 양육피로의 원인 및 증상 ■ 실습과 조별 나눔: 양육피로와 만나는 방법 ■ 전체 소감 나눔 ■ 과제 안내: 양육죄책감 및 양육피로 만나기 명상

회기	구분	목표 및 주요 활동
8회기 자기감사와 돌아보기	목표	1. 긍정적 경험 자각 수행의 필요성을 명료하게 이해할 수 있다. 2. 긍정적 경험을 자각하고 음미하는 방법을 익혀 일상에 적용할 수 있다. 3. 긍정적 자질 발달에 기여한 자신과 다른 존재에 대해 감사하는 경험을 통해 일상에서의 감사실천 동기를 높일 수 있다. 4. 프로그램 참여 과정을 최종적으로 점검하고 자녀양육을 비롯한 삶에 마음챙김과 자기자비가 미치는 긍정적 영향력을 확인함으로써 추후 일상에서 이를 지속적으로 실천하려는 동기를 이야기할 수 있다.
	주요 활동	■ 지난 시간 모임 혹은 지난주 수행과제에 대한 소감 나눔 ■ 강의: 긍정적인 경험 자각 수행의 필요성 ■ 실습과 조별 나눔: 긍정적 경험 자각 ■ 강의: 자기감사의 필요성 ■ 실습과 조별 나눔: 자기감사 ■ 프로그램 참여 과정의 최종 점검 ■ 사후검사 실시 및 추후 모임 안내 ■ 전체 소감 나눔 ■ 과제 안내: 지금까지 수행해 온 명상 중 선택하여 추후 모임까지 밴드활동

6장

마음챙김_자기자비 프로그램
지침서와 워크북

　최종 프로그램의 전체 회기는 8회기로 일주일에 1회, 1회기 시간은 2시간 30분으로 진행된다. 리더용 지침서는 집단을 운영하는 리더를 위한 회기별 가이드라인을 시간 순서대로 한 장의 표로 요약한 것이다. 리더용 지침서에 포함된 내용은 회기주제, 운영방법, 참여인원, 집단목표, 준비물, 활동내용(도입활동, 주요활동, 마무리 활동)과 준비물 및 수행과제 등을 정리한 것이다. 그 밖의 세부 내용은 회기별로 집단상담의 전체 과정이 어떻게 이루어지는지 리더가 사용할 수 있도록 상세히 설명하였다.

　참여자용 워크북에는 매 회기 활동에 필요한 강의 내용과 수행 기록지를 첨부하여, 집단 참여자들이 프로그램에 참여하는 동안 매일 자신의 과제수행 사항을 점검할 수 있도록 하였다. 아래에 1회기부터 8회기까지의 내용을 간략하게 요약하였다. 또한, 리더용 지침서와 참여자용 워크북을 차례로 제시하여 독자들이 필요한 경우 유용하게 사용할 수 있도록 하였다.

회기별 내용

1회기

　1회기는 참여자들이 집단 참여의 기대를 안고 처음으로 함께 만나는 자리이다. 프로그램에 대한 구조화가 이루어지는 시간이며, 이 과정에서 첫인상이 형성되는 시간이기도 하다. 집단 리더는 참여자들의 기대에 대해 확인하고, 프로그램의 목표와 운영 방식을 명확히 밝힘으로써 참여자들에게 현실적 기대와 참여동기를 부여한다. 또한 참여자 스스로 자녀 문제와 관련된 자기자비의 상태를 돌아보면서, 스스로 과도한 양육죄책감을 경험하였는지를 점검하도록 한다. 특히 본 프로그램에서는 Neff와 Germer(2013)의 프로그램과는 달리 마음챙김을 도입하여 양육죄책감의 감각을 내 몸에서 어떻게 느끼는지 탐색하도록 돕고, 양육죄책감의 문제가 나의 삶에 어떠한 영향을 미치는지 안내한다. 이는 프로그램의 참여 목적을 분명히 하고, 양육죄책감 문제를 다루기 위한 동기 수준을 높이기 위함이다.

2회기

2회기는 참여자들이 마음챙김에 집중해서 훈련하는 회기로 마음챙김과 자기자비의 역할과 관계, 차이점에 대한 내용으로 구성되었다. 특히 마음챙김_자기자비 프로그램의 3대 명상 중 하나인 애정 어린 호흡을 배우고 명상하는 시간을 할애하였다. 명상 시간은 후반 회기로 갈수록 첫 회 3분에서 시작하여 다음에는 5분, 8분, 15분으로 시간을 점차 늘려가도록 하였다. 또한, 마음챙김 과정에서 부딪히는 저항이나 자기자비에 따른 역류효과는 성장을 위해 반드시 거쳐야 할 과정임을 이해하도록 조력하고, 그 대처방법을 익힘으로써 일상에서 마음챙김 및 자기자비를 보다 안전하고 효과적으로 수행할 수 있도록 하였다. 자녀의 일상 알아차리기 명상은 참여자들에게 양육죄책감에 대한 감각을 키우고, 자기자비를 실천할 수 있는 좋은 도구임을 강조하였다.

3회기

3회기는 참여자들이 타고난 자애심과 자비심을 발견하는 시간을 갖고, 자녀가 사랑스러웠던 순간을 떠올리고, 자신과 자녀에 대한 자애명상을 함으로써 자신과 자녀를 위한 자애명상 수행의 필요성을 깨닫도록 한다. 또한, 양육에 대한 부담감과 죄책감에서 한 걸음 물러나 건강한 양육을 위해 자신과 자녀의 필요, 욕구를 각자의 입장을 고려하면서 살펴보도록 한다. Neff와 Germer의 프로그램에서는 자애명상과 자애메시지 발견하기의 대상을 자신과 타인(상대방)으로 구분하여 실시하였으나, 부모와 자녀로 실습함으로써 이를 통해 양육죄책감을 해소할 수 있는 마음가짐과 방법을 익힐 수 있도록 한다.

4회기

4회기는 참여자들이 그동안 마음챙김과 자기자비 수행과정을 점검하고, 자신의 수행단계를 중간 점검하여 마음가짐을 새롭게 할 기회를 제공한다. 또한, 자녀와의 양육과정에서 자기비난의 상황을 살펴보고, 그 행동의 근원적 동기를 깨닫도록 한다. 이때 그러한 행동이나 자기비난이 자신과 초기 양육자와의 관계에서 비롯된 것일 수도 있다는 점을 생각해 볼 기회를 제공하는 것이 중요하다. 이 동기들이 선의에서 비롯되었으나 부정적 결과를 가져온다는 데 주목하도록 조력하고, 그동안 귀 기울이지 못했으나 자기비난의 이면에는 자기자비의 목소리가 있음을 발견하고, 여기에 초점을 맞춰 자기자비 편지를 작성함으로써 자기 안의 자기자비 목소리를 선명하게 인식할 수 있도록 한다.

5회기

5회기는 현재 양육가치를 점검하며 이면의 동기를 이해함으로써 참된 양육가치를 발견해야 할 필요성을 인식한다. 양육가치의 구현 및 좌절 상황에 대처하기 위한 자기자비의 필요성을 인식하고 실천동기를 높여서 자녀와의 깊은 유대감을 형성시킬 때 자비로운 경청이 필요하다는 사실을 인식하고 일상에 적용하도록 한다. 그 방법으로써 깊이 있는 삶으로 가기 위해, 고통 속에서 우리 삶의 중심을 가지고 사는 데 중요한 핵심가치를 발견하고, 핵심가치에 부합하는 데 방해하는 요인을 탐색하고 자비로운 경청의 방법을 실습하도록 한다. 핵심가치는 본 프로그램이 자녀양육죄책감에 대한 프로그램임을 고려하여 양육가치로 하였다. 양육죄책감 감소를 위해 자녀 양육상황에서 전화위복 경험과 자비로운 경청의 태도를 강조하여 자비 주고받기 호흡명상을 통해 인간의 보편성을 경험하도록 한다.

6회기

6회기는 참여자들의 심리적 고통을 가중시키고 있는 양육죄책감에 중점을 둔다. 양육죄책감의 기능적 측면, 과도한 양육죄책감이 부모와 자녀에게 미치는 영향 등에 대한 이해를 높이고 양육죄책감에 대한 대처동기를 높이도록 구성하였다. 이에 양육자의 힘겨운 감정을 수용하는 과정을 이해하고 이를 다루는 방법을 습득하도록 한다. 특히 힘겨운 감정 중에서도 참여자들의 심리적 고통을 가중시키고 있는 양육죄책감에 중점을 둔다. 이를 위해 양육죄책감의 기능적 측면과 과도한 양육죄책감이 부모와 자녀에게 미치는 영향 등에 대한 이해를 높이고, 양육죄책감에 대한 대처동기를 제고

할 필요가 있다. 또한 과도한 양육죄책감에 대한 자기자비의 해독적 효과에 대한 이해를 높임으로써 마음챙김과 자기자비를 통해 양육죄책감을 마주하려는 동기를 제고하고 이에 대처하는 방법을 습득하도록 한다.

7회기

7회기는 관계에서 단절과 연결의 고통에 대처할 수 있도록 돕는 데 중점을 둔다. 자녀와의 관계에 초점을 두고 단절되었을 때 경험하기 쉬운 '화'와 그 밑에 감춰진 상처받기 쉬운 다른 감정들, 부정적이고 왜곡된 믿음, 기저의 핵심적인 결핍된 욕구를 이해할 수 있도록 한다. 화를 인정하고 받아들이며 만나는 방법을 습득하도록 도움으로써 일상에서 자녀와의 관계에서 부지불식간에 화를 내고 후회하는 일을 줄일 수 있도록 돕고 자녀와의 단절감을 줄이면서 보다 안전하고 평화로운 연결을 맺을 수 있도록 조력한다. 또한 자녀와의 관계에서 공명에 따른 공감피로 및 애착피로를 이해할 수 있도록 안내하며, 이를 줄이기 위해 일상에서 자기자비 활동을 늘리고 평정심과 함께하는 자기자비 수행의 필요성을 깨닫도록 한다.

8회기

8회기는 자녀를 양육하는 과정에서 경험하는 부정적 경험이나 고통스러운 감정에 초점을 두고 마음챙김과 자기자비를 수행하는 방법을 안내한다. 본 회기에서는 삶에서 경험하는 긍정적인 경험을 음미하고 감사할 기회를 가지며 이를 통해 일상에서 긍정적 경험을 자각하고 감사할 수 있는 마음을 증진하도록 한다. 또한 그동안 프로그램에 참여하면서 경험한 감각적 체험, 감동, 깨달음, 변화 등에 초점을 두도록 하고 마음챙김과 자기자비가 자신의 삶뿐만 아니라 자녀양육에 장기적으로 긍정적인 영향력을 발휘할 수 있는 방법임을 받아들일 수 있게 조력하고, 향후 참여자들이 일상생활에서 마음챙김과 자기자비 수행을 계속 이어가도록 독려하는 데 중점을 두었다.

> 마음챙김_자기자비

양육죄책감 감소 부모 집단상담

리더용 지침서
참여자용 워크북

마음챙김_자기자비

양육죄책감 감소 프로그램

- **1회** 마음챙김과 자기자비
- **2회** 애정 어린 마음챙김
- **3회** 자애명상과 자애메시지
- **4회** 자기비난과 자기자비 목소리
- **5회** 양육가치와 자비로운 경청
- **6회** 힘겨운 감정과 화
- **7회** 양육죄책감과 양육피로
- **8회** 자기감사와 돌아보기

마음챙김_자기자비

양육효능감 향상 부모 집단상담

용어 이해하기

마음챙김(Mindfulness): 지금 이 순간 내가 무엇을 '경험'하고 있는가?
지금 이 순간에, 순간순간 펼쳐지는 경험에 대해 판단 없이, 일부러 주의를 기울여 알아차리는 것

― 존 카밧진

자기자비(Self-Compassion): 지금 이 순간 내게 무엇이 '필요'한가?
우리가 고통을 당할 때 마치 사랑하는 사람을 돌보듯이 우리 자신을 돌보는 것
(자기자비는 ① 자기친절, ② 인간 경험의 보편성, ③ 마음챙김을 포함하는 개념)

― 크리스틴 네프

수용(Acceptance)
지금 여기에서 일어나는 경험에 대해 적극적이고 비판단적으로 받아들이는 것

― 스티븐 헤이즈

자비(慈悲, Compassion 혹은 Mercy)
모든 존재들이 고통에서 자유롭기를 바라는 소망
(고통을 벗어나고, 없애는 것을 바라는 것이 아님)

― 달라이 라마

자애(慈愛, Loving-Kindness)
모든 존재들이 행복하기를 바라는 소망

― 달라이 라마

1회

마음챙김과 자기자비 (리더용)

주제	원리 이해	운영 방법	강의, 명상실습, 나눔	인원	10명 내외
목표	\- 프로그램 참여 목적 및 기대의 명료화, 리더 및 참여자 간 신뢰있고 친밀한 관계 형성 - 자녀양육 시 문제상황에서의 자신과 타인을 대하는 태도 차이 인식 - 마음챙김_자기자비의 필요성 인식 및 개념, 구성 요소의 이해 - 위로의 손길 습득 및 일상 적용을 위하여 위로의 손길 명상 - 위로의 손길 명상 등 한 주간 과제수행의 중요성 및 수행방법 이해 및 밴드활동 안내				
준비물	워크시트, 필기구/강의용 파워포인트 자료, 노트북, 프로젝터, 명찰, 질문지, 질문지 모음판				

	내용	준비물
활동 내용	■ 도입활동 ◎ 프로그램 목적 및 진행자 소개/함께하는 에티켓 안내 - 안전하고 편안한 분위기를 위한 참여자세 관련 의견 나눔 - 집단규칙 소개	명찰 용지 (워크시트) 실습 및 나눔
	■ 주요활동 ◎ 자기 및 자녀 소개 - 참여계기, 자녀 입장에서 바라본 자기소개, 자녀의 대표적 특징	파워포인트 강의자료 (토의)
	◎ 자녀문제 관련 자기자비-타인자비 차이 돌아보기 실습: 자기자비의 필요성 인식 - 자녀문제로 힘들어하는 친구에 대한 자신의 태도 및 표현 탐색 - 자녀문제로 힘든 상황에서 자신을 대하는 태도 및 표현 탐색	실습 및 나눔 (워크시트)
	휴식	
	◎ '자기자비란 무엇인가' 강의 - 자기자비의 생리학 - 자기자비의 3가지 구성 요소	파워포인트 강의자료
	◎ 위로의 손길 실습 - 자신에게 가장 편안함과 따스함을 주는 손길 탐색 - 위로의 손길 실습 경험 나눔	실습 및 나눔
	◎ 일상의 자기자비 활동 안내 - 5가지 측면(신체적, 정신적, 감정적, 관계적, 영적 측면)에서의 일상적 자기자비 활동 이해	실습 및 나눔 (워크시트)
	■ 마무리 활동 - 전체 소감 나눔 - 과제 안내: 위로의 손길 - 평가지 작성	워크시트 참조
기타	위로의 손길 명상 안내문 녹음 및 과제 수행을 위한 밴드활동 안내	워크시트

I. 목표

첫째, 프로그램의 참여 목적 및 기대를 명료화하고 집단 규칙을 이해한다.
둘째, 자기 및 자녀 소개를 통해 구성원 간 친밀감을 형성한다.
셋째, 자녀양육 문제상황에서 자신과 타인을 대하는 태도 차이를 인식하고, 이를 통해 마음챙김_자기자비의 필요성을 이해한다.
넷째, 마음챙김_자기자비 개념 및 자기자비의 구성 요소에 대해 명확하게 이해한다.
다섯째, 위로의 손길 실시방법을 습득하고 일상에 적용한다.

II. 준비사항

1. 준비물: 워크시트, 필기구/강의용 파워포인트 자료, 노트북, 프로젝터, 명찰, 질문용지(포스트잇), 질문용지 모음판
2. 자리배열: 리더를 중심으로 둥글게 앉기

III. 이 시간의 의미

1회기는 참여자들이 각자의 기대를 안고 처음으로 함께 만나는 자리이다. 즉, 프로그램에 대한 구조화가 이루어지는 시간이며 이 과정에서 서로 첫인상이 형성되는 시간이기도 하다. 따라서 리더는 참여자들의 기대가 어떠한지 확인하며 프로그램의 목표와 운영 방식을 명확히 밝힘으로써 참여자들이 현실적 기대와 참여동기를 갖도록 조력한다.

프로그램 참여자들은 사전검사를 통해 과도한 양육죄책감을 호소한 사람들로서 자녀의 문제행동에 자신이 기여하는 바가 높다고 스스로를 비난하는 경우가 대부분일 것이다. 따라서 부모가 양육 시 겪는 죄책감이나 자기비난이 일반적이고 자연스럽다는 것을 알도록 조력하고, 자기비난이나 양육에 대한 부담감을 내려놓고 자녀와 진정

으로 연결되기에 마음챙김_자기자비가 긍정적 역할을 할 수 있음을 안내함으로써 본 프로그램에 대한 참여동기를 제고하는 것이 본 회기의 목표라 할 수 있다.

Ⅳ. 진행과정

 도입활동

◎ **프로그램 목적 소개(10분)**
① 프로그램 참여자들(전자설문을 통해 사전검사를 마침)이 도착하는 대로 편안한 자리에 착석하도록 안내한다. 시간이 되면 마음챙김_자기자비 기반 양육효능감 향상 부모 집단상담 프로그램(양육죄책감의 감소라는 목적을 그대로 노출할 경우 효과성 검증에 영향을 미칠 수 있으므로 편의상 유사한 목적을 제시하였음)이 시작됨을 알린다. 이때 집단상담 프로그램이나 명상 경험이 있는지 여부를 파악하고 모두 초심자의 마음으로 기쁘고 적극적으로 참여해 주기를 안내한다.
② 1회차 모임에서는 어떤 내용을 다룰지 진행순서를 안내한다.

◎ **함께하는 에티켓: 집단규칙 관련 나눔 및 안내(5분)**
① 참여자들에게 '우리가 서로 안전하게 느끼며 편안하게 참여하기 위해서 어떤 자세나 태도가 필요한지'를 질문하고 생각해 보게 한다.
② 참여자들이 쉽게 떠올리지 못할 때는 "여기서 나눈 이야기들은 비밀로 공유하고 당연히 녹음은 삼가며 다른 곳에서는 이야기하지 않는 것이 필요하겠죠~ 또 어떤 자세가 필요할까요?"라고 안내하여 보다 쉽게 떠올려 보게 한다.
③ 여기에 대해 참여자들이 2~3가지 제안을 하면, 그 내용과 겹치지 않는 다른 사항들에 대해서 덧붙인다.
   - 규칙의 예시(워크시트 참조): 각자 명상 수행속도가 다르므로 다른 사람의 수행에 관심을 두기보다 자기수행에 집중하기 / 명상 초기에는 긍정적 경험이 클 수 있으나 예기지 못한 감정과 욕구를 경험하게 되면서 힘겨운 순간들을 대면할 수 있음을 고려하기 / 다른 사람이 발표할 때는 서로 다름을 존중하고 비판단적 태

도를 보이기 / 자신의 감정과 생각에 책임을 지며, 서로 나눔을 할 때도 질문을 삼가고 듣는 데 집중하기 / 발표 시 과거 경험은 길게 이야기하지 않고 현재 이 순간 알아차린 것을 충실하게 표현하기 / 자신의 감정을 항상 모니터링하고 알아차려서 지나치게 감정이 올라올 때는 잠시 다른 데로 주의를 돌리거나 혹은 자리에서 벗어나 잠시 편안하게 쉬기 / 본 프로그램이 원활하게 운영되도록 궁금한 사항은 바로바로 질문하지 말고 별도로 제출하기 / 이 자리에서 배운 바를 일상에서 자주 실천하면서 일종의 습관을 형성하기 등

❋ 주요활동

◎ **자기 및 자녀 소개(35분)**
① 자기 및 자녀소개를 작성하고(5분) 모든 참여자가 돌아가면서 발표한다(1인당 약 2~3분). (30분)

◎ **자녀문제 관련 자기자비-타인자비 차이 돌아보기(자기자비의 필요성) 실습(20분)**
① 먼저 눈을 감고 친한 친구나 소중한 사람이 자녀의 일로 괴로워하고 고통스러워할 때(예: 자녀가 유치원에서 문제행동을 해서 곤란한 상황을 겪을 때) 참여자가 취할 수 있는 태도와 표현을 생각해 보게 한 후 워크시트에 작성하게 한다. 다시 눈을 감고 그와 같은 상황을 자신이 겪는다고 가정할 때 자신에게 드는 생각이나 감정을 떠올려 보게 한 후 워크시트에 작성하게 한다(5분).
② 3명이 돌아가면서 어떤 두 입장에 대해 어떤 이야기가 나왔는지 서로 이야기를 나누게 한다(각 2분, 총 6분).
③ 조별 나눔을 마친 이후에는 전체적으로 집단원들에게 질문하여, 다른 사람과 자신에게 대하는 태도가 같았던 사람과 달랐던 사람을 손을 들게 해서 조사한다. 만약 자신과 다른 사람에게 대하는 태도가 달랐다면 어떻게 달랐는지도 조사한다. 즉, 다른 사람에게는 친절하고 자비롭게 대하면서 자신에게는 보다 엄격하게 대하는지 아니면 다른 사람보다 자신에게 더 친절하고 자비롭게 대하는지, 혹은 둘 다 똑같이 대하는지 알아본다. 이렇게 조사하다 보면 공통적으로 많은 사람들이 다

른 사람에게 더 자비롭고 자신에게는 자비로 대하기를 더 어려워한다고 설명한다. 이는 우리나라뿐 아니라 서구문화에서도 마찬가지인데 본 프로그램 개발자의 한 사람인 네프(Neff)의 연구 결과에서도 다른 사람에게 보다 자비로운 태도를 보이는 경우가 약 78%, 다른 사람보다 자신에게 더 자비로운 태도를 보이는 경우가 약 6%, 똑같은 태도를 보이는 경우가 약 16% 정도였음을 소개한다(3분). 왜 이런 현상이 나타나는지에 대한 원인은 이후 시간에 알아보기로 한다(휴식에 들어간다, 10분).

◎ 자기자비란 무엇인가: 자기자비의 생리학 및 구성 요소 강의(10분)

① 일반적으로 자신에게 자비롭게 대하기 어려운 이유를 뇌생리학을 통해 설명한다. 즉, 심리적 고통과 위험이 감지되면 가장 먼저 뇌의 편도체 영역에서 위협-방어시스템이 활성화된다. 뇌의 편도체 영역의 특징상 위협을 감지할 때 fight, flight, freeze의 반응과 관련된 몸 상태를 만들어 내며 자기비판은 그중 fight와 관련된 내적 방어반응에 해당된다. 이러한 방어반응들은 우리 몸과 마음에 스트레스를 주며 만성화되면 심신의 건강에 심각한 영향을 줄 수 있음을 설명한다.

② 반면 포유류는 어린 새끼가 오랜 기간의 성장기를 거치기 때문에 포유류만의 보호시스템이 진화되어 왔는데, 이러한 보호 시스템이 작동하면 사랑의 호르몬과 엔도르핀이 방출되고 스트레스가 줄고 안정감이 증가된다. 따라서 자신에 대한 자비를 증가시키기 위해서는 이러한 포유류 보호 시스템을 작동시키는 '접촉'이 필요하며, 이를 위해 1회 프로그램 후반에 '위로의 손길'과 '부드러운 목소리'를 배우게 될 것임을 안내한다.

③ 이에 앞서 뇌의 생리적 시스템과 자기자비의 3가지 구성 요소가 어떻게 맞물리는지를 설명한다.

첫째, 심리적 위협상황에서 편도체의 위협-방어시스템이 작동되면 '자기비판'을 하게 되고 이에 따른 부정적 생각들이 꼬리에 꼬리를 무는 것을 '반추'라고 하며 이러한 사고 과정의 결과 스스로를 '고립'시키며 지나치게 문제와 고통에 매몰되는 '과잉동일시' 현상이 일어남을 설명한다. 둘째, 이에 '마음챙김'을 통해 그 감정들을 알아차리고 자신에게 그러한 감정들이 있음을 인정, 허용하면서 거리를 두고 대상화하다 보면 '그 경험의 인류보편성'을 깨달을 수 있고, 이때 포유류의 보호시스템이 작동될 수 있도록 '자기친절'로 자신을 대하는 것이 자기자비임을 안내한다.

④ 참여자들로 하여금 자기자비의 생리학에 근거하여 양육과 관련된 자기비난의 형성 원리를 이해하게 하고 이러한 자기비난의 악영향을 이해하도록 안내한다. 이를 통해 마음챙김_자기자비 수행의 필요성을 인식하도록 돕는다.

◎ 위로의 손길 실습(20분)
① 참여자들에게 가장 편안한 자세에서 눈을 감은 후에 심호흡을 하며 한 손, 혹은 두 손을 가슴 위에 올려놓고 그 감각을 알아차리도록 안내한다. 이후 손으로 자신의 여러 신체 부위를 탐색하며 자신에게 가장 편안함과 위로를 주는 신체 부위와 손길을 찾게 하고 이에 충분히 머물도록 안내한다(7분).
② 위로의 손길을 경험하면서 알아차린 것과 경험한 감각경험을 함께 나눈다(13분).

◎ 일상의 자기자비 활동 안내(10분)
① 자신을 돌보고 행복을 추구하는 체계로 뇌를 활성화시키는 방안으로 자기자비를 일상에서 수행하도록 안내한다. 일상에서 스트레스를 받거나 힘겨울 때마다 그 사실을 알아차리고 자기자비를 실천할 수 있는 방법들을 5가지 측면을 통해 살펴본다. 이를 위해 신체적으로 돌보는 행동, 불안하거나 스트레스 상황에서 마음을 돌보는 행동, 마음이 괴로울 때 자신을 위로하며 편안하게 하는 행동, 자신이 행복할 수 있게 관계를 맺는 행동, 영적으로 자신을 돌보기 위해 할 수 있는 행동들을 예를 들어 설명하고 일상에서 필요할 때 얼마든지 활용할 수 있음을 안내한다.

마무리 활동

◎ 소감 나눔(25분)
① 첫 회기 참여 소감을 전체적으로 자유롭게 나누게 한다. 이를 통해 본 회기에서 새롭게 배우거나 알게 된 것을 공유한다.

◎ 한 주간 수행과제 안내(5분)
① 위로의 손길을 필요한 순간순간에 수행과제로 실시하도록 안내한다.

② 매일 어떻게 진행했는지 자유롭게 기록하되 그 경험 속에서 알아차린 사항이나 경험한 감각체험을 기록해 오도록 안내한다. 메일로 과제수행 기록지를 전송하기로 한다.

프로그램의 첫 회기이므로 다소 긴장되고 딱딱한 분위기로 진행될 수 있다. 따라서 리더는 기쁘고 충만한 마음으로 집단원에게서 관찰한 긍정적이고 기분 좋은 측면들을 표현하고 마무리한다.

1회

마음챙김과 자기자비 (참여자용)

함께하는 에티켓

1. 집단에 참여하면서 알게 된 다른 사람의 이야기에 대해 밖에서는 비밀로 유지하며, 집단 안에서는 녹음을 하지 않기

2. 이전에 관련된 프로그램에 참여한 경험이 각기 다르고, 프로그램을 소화하는 속도가 다르므로 다른 사람의 수행에 관심을 두기보다 자기수행에 집중하기

3. 명상 초기에는 긍정적 경험이 클 수 있지만 계속해 나갈 경우, 예기치 못한 감정과 욕구를 발견하게 되면 힘겨운 순간들을 대면할 수 있다는 점을 고려하기

4. 항상 자신을 돌보기
  (예: 지나치게 감정이 올라올 때는 잠시 다른 데로 주의를 돌리거나 자리에서 벗어나 잠시 편안하게 쉬기)

5. 다른 사람이 발표할 때는 서로 다름을 존중하고 비판단적으로 경청하기

6. 서로 이야기를 나눌 때 상대방에게 질문이나 조언을 삼가고 경청하는 데 집중하기

7. 자기의 경험을 이야기할 때는 과거 경험을 길게 이야기하기보다는 현재 이 순간 알아차리거나 경험한 것을 충실하게 발표하기

8. 프로그램이 원활하게 진행될 수 있도록 궁금한 사항은 바로 질문하기보다 별도로 제출하기

9. 프로그램에서 배운 바를 일상에서 자주 실천하면서 일종의 습관을 만들기

10. 프로그램의 원활한 진행을 위해 협조하기
    (예: 프로그램 시작 5분 전까지 입실하기)

자기소개

1. 우리 자녀를 소개합니다(대표적 특징 한가지로 설명).

   _____
   _____
   _____
   _____

2. 자녀 입장에서 본 자신에 대해 소개해 주세요.

   _____
   _____
   _____
   _____

3. 상담에 참여하게 된 계기는?

   _____
   _____
   _____

큰딸은 5살에 수줍음이 많고 혼자서 노는 걸 지루해하지 않아요. 둘째 아들은 3살에 매우 활달하고 낯선 사람한테도 잘 안겨요.

큰딸이 저를 볼 때 강하고 무서운 엄마로 생각할 것 같아요. 왜냐하면 전에 저를 마귀할멈이라고 부른 적이 있어요.

둘째는 나를 만만한 엄마로 볼 것 같아요. 저만 보면 장난치고 놀리는 일이 많아요.

참여 계기는 프로그램 홍보를 보니까 자녀의 행동을 보면서 자신을 비난하는 사람에게 도움이 된다고 해서 저 같다고 생각했고, 도움을 받고 싶어서 참여하게 되었습니다.

자기자비 & 타인자비

1. 친한 친구나 가까운 사람의 자녀가 평소 집에서 하던 행동을 학교나 유치원, 학원에서 해서 문제가 된 상황 때문에 고민하는 모습을 보였다면 옆에서 당신은 어떤 말과 행동으로 그 사람을 대할까요?

   (직접 작성하지 않고 조별로 이야기 나눕니다.)

2. 만약 내 자녀가 평소 집에서 하던 행동을 학교나, 유치원, 학원에서 해서 문제가 된 상황에 처했다면 나는 어떤 생각을 하게 되고 어떤 감정을 갖게 될까요?

   (직접 작성하지 않고 조별로 이야기 나눕니다.)

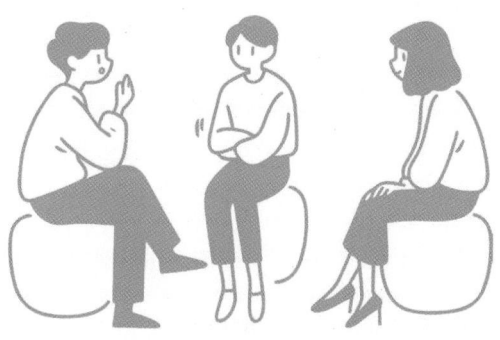

위로의 손길

뇌의 포유류 돌봄시스템이 활성화되도록 돕는 대표적인 접촉 방법은 '부드러운 목소리'와 '위로하는 손길'입니다. 위로의 손길은 우리가 일상에서 기분이 좋지 않을 때 혹은 스트레스를 받을 때 자신의 몸 어딘가에 손을 올려놓는 방법입니다.

눈을 천천히 부드럽게 부분적으로 감거나 완전히 감으십시오. 심호흡을 두세 번 하면서 가장 편안한 자세로 앉습니다.

이제 자신의 가슴 위에 한 손 혹은 두 손을 부드럽게 올려놓습니다. 숨을 들이쉬고 내쉴 때 가슴이 솟았다가 내려가는 것을 느낍니다.

손바닥에서 느껴지는 부드럽고 따스한 느낌에 주의를 두십시오.
이제 천천히 가슴 위에서 손을 내려 자신의 신체 여러 부위를 부드럽게 접촉해 보십시오. 몸의 어느 부위에 손을 얹는 것이 마음이 안심되고 위로가 되는지 살펴보세요.

예를 들어 한 손은 가슴 위에, 또 다른 손은 배 위에 올려놓으셔도 좋고 두 손으로 얼굴을 부드럽게 감싸도 좋습니다. 이제 자유롭게 탐색하세요.

마음이 편안해지는 부위에다 손을 부드럽게 올려놓거나 마치 어린 아기를 달래듯 토닥이시거나 사랑스러운 반려동물을 쓰다듬듯이 부드럽게 쓰다듬으면 됩니다. 자신이 진실로 친절하고 따뜻한 지지를 받는 것처럼 느껴지는 접촉방식을 선택하십시오.

이제 천천히 눈을 뜹니다.

일상의 자기자비 활동: 5가지 측면의 실천방법

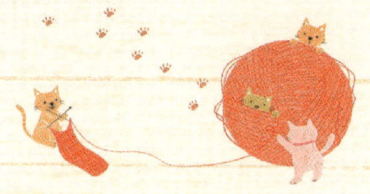

1. 신체적으로 – 돌보기

   어떤 방식으로 신체적으로 돌보고 있습니까? 몸에 누적된 긴장과 스트레스를 내보내는 데 도움이 되는 새로운 방법들을 생각해 봅시다. (예: 따스한 목욕, 차 마시기, 운동, 마사지 등)

2. 정신적으로 – 스트레스를 감소시키기

   스트레스 상황에 있을 때 어떻게 자신의 마음을 돌보고 있습니까? 생각들이 보다 원활하게 오가도록 어떠한 전략을 사용하나요? (예: 책을 읽으며 영감 얻기, 영화를 보며 즐거움과 재미를 충족하기, 명상하기, 혼자 여행하기 등)

3. 감정적으로 – 자신을 편안하게 하기

   어떻게 감정을 돌보고 있습니까? 이를 위해 시도해 보고 싶은 새로운 어떠한 것이 있습니까? (예: 음악 듣기, 요리하기, 일기 쓰기, 청소하기, 반려동물과 산책하기 등)

4. 관계적으로 – 다른 사람과 연결하기

   자신에게 진정한 행복을 가져다주는 다른 사람들과 언제 어떻게 관계를 맺습니까? 사람들과의 관계에서 친밀감을 높이는 데 어떠한 방법이 좋겠습니까? (예: 친구들과 만나서 이야기 나누기, 함께 운동경기 관람하기 등)

5. 영적으로 – 돌보기

   영적으로 돌보기 위해서 무엇을 합니까? 만일 자신의 영적 측면을 소홀히 해 왔다면 영적 생활을 하기 위해 어떤 일을 해 볼 수 있을까요? (예: 기도하기, 숲길 걷기, 다른 사람이나 동물 돕기 등)

한 주간 수행은 어떻게!

우리 뇌의 돌봄시스템이 좀 더 활성화되길 바라면서, 우리가 좀 더 행복해지길 바라면서 마음챙김과 자기자비 수행의 '습관'을 만들기 위해 매일 실습할 것을 권장합니다!

새롭게 습관을 만든다는 것은 쉽지 않고 시간이 걸리는 일이기도 합니다.

마치 초중고 때 하던 숙제처럼 받아들이고 억지로 한다면 오래가지도 못할 것입니다. 더구나 수행을 못해서, 수행을 하고 싶지 않아서 자신을 비난하는 마음이 든다면 아예 하지 않는 게 나을 수도 있습니다.

자기를 비난하지 않고 친절한 마음으로 자신에게 '괜찮아~ 괜찮아~ 그냥 해 보자'고 권하면서 '지금 바로 내게 필요한 것이 뭘까? 위로의 손길? 아니면 마음챙김?' 하고 질문하면서 시도해 보시길 권합니다.

그럼, 수행은 어떻게 할까요?

○ 그냥 하루 심호흡을 한번 해 보는 것부터 시작하세요.

○ 그런대로 기분이 괜찮고 조금이라도 여유가 있는 순간에 '노는 것처럼 가벼운 마음으로' 시작해 보세요.

○ 명상 녹음을 활용하세요.

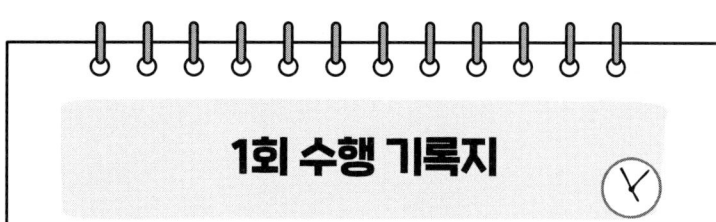

* 프로그램에 참여하는 동안 매일 자신의 과제수행 사항을 점검하여 매 회기 이후 ① 날짜별로 수행했던 방법에 ✓ 표시를 하시고 ② 수행하면서 경험한 것을 작성하고 다음 회기에 리더에게 제출합니다.

회기: _____ 성함: _____

수행방법(날짜)	/	/	/	/	/	/	/	/
위로의 손길								
내용 작성	수행하면서 깨달은 점, 감각적 경험 작성하기								
작성 예시	(모임을 마치고 집으로 돌아가는 길, 차 안에서) 자신에게 위로의 손길을 보내면서 1회차 모임 참여 시간에 긴장되었던 순간을 돌아보며 몸의 감각에 주의를 기울이니까, 나를 불편하게 만든 생각이 무엇인지 알아차렸고 긴장되었던 목덜미가 부드러워짐.								
1일 차 (모임 당일)									
2일 차									
3일 차									
4일 차									
5일 차									
6일 차									
7일 차									
8일 차 (모임 당일)									
기타									

2회

애정 어린 마음챙김 (리더용)

주제	마음챙김_자기자비 수행 및 역류 대처	운영 방법	강의, 명상실습, 나눔	인원	10명 내외
목표	- 마음챙김과 자기자비의 차이 및 관계 이해 - 오감을 통한 마음챙김 훈련 수행 및 일상 적용 - 마음챙김을 통한 자녀와의 일상 관련 몸의 감각 및 반응 탐색 - 마음챙김 및 자기자비의 부수효과(역류) 이해 및 대처방법 습득				
준비물	워크시트, 필기구, 돌멩이/강의용 파워포인트 자료, 노트북, 프로젝터, 명찰, 질문지, 질문지 모음판				

	내용	준비물
활동 내용	■ 도입활동 ◎ 지난 시간 모임 및 지난주 수행과제에 대한 소감 나눔	명찰
	■ 주요활동 ◎ 마음챙김_자기자비의 역할 및 관계 강의 - 마음챙김과 자기자비의 역할 및 관계, 차이점 안내	파워포인트 강의자료
	◎ 오감을 통한 마음챙김 실습 - 시각-청각-후각-미각-촉각 마음챙김 실습 수행 및 나눔 - 일상의 마음챙김 활동 안내	실습 및 나눔 (워크시트 참조)
	◎ 마음챙김 2: 애정 어린 호흡 명상을 통한 자녀와의 일상 알아차리기 실습 - 호흡명상을 통한 자녀와의 일상 알아차림 수행 및 조/전체 나눔	실습 및 나눔 워크시트
	휴식	
	◎ 뇌의 기본적 시스템은 생존체계!: 마음챙김의 필요성 - 명상 시 마음이 떠도는 현상과 인간 뇌의 생존체계에 대한 이해 연결 - 뇌의 생존체계 비활성화를 위한 마음챙김 실천의 필요성	파워포인트 강의자료
	◎ 마음챙김 및 자기자비 수행 시 주의 사항: 역류효과 이해하기	
	◎ 역류효과 다루기 강의 및 돌멩이 마음챙김 실습 - 역류 다루기: 이름 붙이기, 위로의 손길, 중립적 자극의 활용 - 중립적 자극의 활용: 돌멩이 마음챙김	실습 및 나눔 돌멩이 (워크시트 참조)
	■ 마무리 활동 - 전체 소감 나눔 - 과제 안내: 자녀와의 일상 알아차리기 명상 - 평가지 작성	워크시트 참조
기타	자녀와의 일상 알아차리기 명상 안내문 녹음 및 밴드활동 안내	워크시트

I. 목표

첫째, 마음챙김과 자기자비의 차이 및 관계를 명료하게 이해한다.
둘째, 오감을 통해 일상에서 마음챙김을 증진할 수 있는 방법을 익히고 일상에 적용한다.
셋째, 자녀와의 일상 알아차리기 명상을 통하여 자녀와의 일상에서 겪는 스트레스와 관련된 몸의 감각과 반응을 탐색한다.
넷째, 마음챙김과 자기자비 수행에 따른 부수효과인 역류효과를 이해하고 대처방법을 익힌다.

II. 준비사항

1. 준비물: 워크시트, 필기구/강의용 파워포인트 자료, 노트북, 프로젝터, 명찰, 질문용지(포스트잇), 질문용지 모음판
2. 자리배열: 리더를 중심으로 둥글게 앉기

III. 이 시간의 의미

2회기는 참여자들이 마음챙김과 자기자비에 대해 보다 깊은 이해할 수 있는 기회를 가지며, 이를 바탕으로 마음챙김에 집중해서 훈련하는 회기이다. 이를 위해 마음챙김과 자기자비의 역할, 관계, 차이점에 대한 이해를 돕고 오감을 통한 마음챙김 활동을 통해 마음챙김을 몸으로 직접 익힐 수 있도록 조력한다. 또한 참여자들이 그동안 자녀와의 일상을 아무 생각 없이 흘려보내 왔던 것을 멈추고, 애정 어린 호흡을 하면서 마음챙김으로 일상을 보다 생생하게 탐색할 기회를 제공하고 일상에서 겪는 스트레스와 관련된 몸의 감각과 반응을 알아차리도록 돕는 것이 중요하다.

마음챙김과 자기자비 수행을 할 때 따라오는 부수적 효과인 역류효과는 성장을 위

해 반드시 거쳐야 할 과정임을 이해하도록 조력하고 그 대처방법을 익힘으로써 일상에서 마음챙김 및 자기자비를 보다 안전하고 효과적으로 수행할 수 있도록 도울 필요가 있다.

Ⅳ. 진행과정

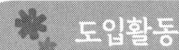 도입활동

◎ 지난주 수행과제에 대한 소감 나눔(20분)
① 프로그램 참여자들이 도착하는 대로 편안한 자리에 착석하도록 안내한다. 시간이 되면 양육효능감 향상 부모 집단상담 프로그램(양육죄책감의 감소라는 목적을 그대로 노출할 경우 효과성 검증에 영향을 미칠 수 있으므로 편의상 유사한 목적을 제시하였음)의 2회차 모임이 시작됨을 알린다. 2회차인 오늘 모임에서는 어떤 내용을 다룰지 진행순서를 안내한다.
② 지난 시간 혹은 수행과제를 하면서 경험한 것을 함께 나눈다(1인당 2~3분, 18분).

주요활동

◎ 마음챙김_자기자비의 역할 및 관계 강의(5분)
① 마음챙김과 자기자비에 대한 이해를 높이기 위해 마음챙김과 자기자비의 역할 및 관계가 어떠한지 안내한다. 이기심이나 자기합리화가 아닌 자기자비를 행하기 위해서는 마음챙김이 기반이 되어야 하며, 마음챙김을 안전하게 수행하려면 자기자비가 뒷받침되어야 함을 알도록 돕는다.
② 마음챙김과 자기자비의 차이(초점, 의도점, 활성화되는 뇌 영역)에 대해 안내함으로써 마음챙김과 자기자비에 대해 보다 명료하게 이해하도록 돕는다. 첫째, 마음챙김은 경험 자체에, 자기자비는 경험하는 사람에 초점을 둔다. 둘째, 마음챙김은 지금 이 순간의 경험을 알아차리고 수용하는 데, 자기자비는 자기자각을 친절하게 가져

가는 데 의도가 있다. 셋째, 마음챙김을 하면 이성을 관장하는 뇌 부위가, 자기자비를 하게 되면 정서를 관장하는 뇌 부위가 활성화되는 차이가 있음을 안내한다.

◎ 오감을 통한 마음챙김 훈련 실습(15분)
① 마음챙김은 생각을 통해 세상을 알아차리는 것이 아니라 오감을 통해 현재 순간을 직접 경험하는 것임을 이해할 수 있도록 시각-청각-후각-미각-촉각에 차례로 주의를 기울여 현재 순간을 경험하게 한다. 또한 마지막 촉각을 체험하는 데 발바닥 명상을 수행하도록 안내하면서 머리가 복잡할 때 이를 전환하는 데 좋은 마음챙김 방법임을 설명한다.
② 발바닥명상을 통한 감각체험으로 발의 표면이 얼마나 작은지, 발이 몸을 지탱하기 위해 얼마나 애를 쓰고 있는지 그리고 감사의 마음으로 이 사실을 알아차리도록 안내한다. 오감을 통한 마음챙김이나 발바닥명상을 하는 과정에서 경험한 것과 알아차린 것이 무엇인지 함께 나눈다.
③ 마지막으로 일상에서 쉽게 마음챙김 활동을 실천할 수 있는 방법을 안내한다. 즉, 아침에 하는 여러 가지 정기적 활동 중 하나를 택하고 그 활동과 관련된 감각경험을 온전하게 탐색하고 현재 순간에 머물러 볼 것을 권장한다.

◎ 애정 어린 호흡 명상을 활용한 자녀와의 일상 알아차리기 실습(30분)
① 마음챙김 훈련의 일환으로 애정 어린 호흡 명상을 하면서 오늘 아침 자녀와 함께 한 일상(예: 자녀에게 아침을 먹이고 챙겨서 다른 사람에게 맡기거나 학교나 유치원을 보내는 과정)을 떠올려 보게 하고 그 순간의 경험을 알아차리고 마음챙김 하도록 이끈다. 이를 위해 위로의 손길을 스스로에게 보내면서 오늘의 일상을 마치 CCTV를 통해 들여다보듯 한 장면, 한 장면 떠올려 보게 하고 그 순간의 생각이나 감정, 몸의 감각을 알아차리고 이를 손님을 맞이하고 돌려보내듯이 마음챙김 하도록 안내한다.
② 명상을 하면서 알아차린 점, 감각경험 등을 함께 나눈다(이때, 참여인원이 많다면 조별 나눔을 실시한다). 이를 마친 후 쉬는 시간을 10분 갖는다.

◎ 마음챙김 훈련의 필요성: 뇌의 기본체계는 생존체계! 강의(10분)

① 명상을 한 참여자들은 마음이 하염없이 떠도는 경험을 보고하는 것이 대부분인데, 리더는 이에 대해 명상할 때 마음이 떠도는 것은 매우 자연스러운 현상으로 진화과정에서 인간이 쉴 때 뇌의 생존체계가 활성화되도록 구조화되어 있기 때문임을 설명한다. 이때, 생존체계의 3가지 특징, 첫째, 자기감각의 형성, 둘째, 자아가 과거에서 미래로 떠돎, 셋째, 행복한 경험보다 문제에 초점을 두는 특징을 설명한다.

② 따라서 평소 행복감을 느끼려면 생존체계가 비활성화되도록 마음챙김 훈련이 필요함을 안내한다.

◎ 마음챙김 및 자기자비 수행 시 주의 사항: 역류효과 이해하기(5분)

① 자기자비를 수행할 때, 갑자기 괴롭고 힘든 마음이 발생할 수 있는데 이러한 역류효과에 대해 설명한다. 자기자비 수행에 따른 역류효과는 자기자비 수행으로 떠올리고 싶지 않았던 해묵은 기억이 자극을 받아 나타나는 감정으로 신경계가 균형을 맞추기 위해 자기자비와 반대되는 감정을 활성화하는 현상임을 안내한다.

◎ 역류효과 다루기 강의 및 돌멩이 마음챙김 실습(25분)

① 역류가 나타나면 일차적으로 이를 알아차리고 허용하고 사라지길 지켜보는 마음챙김으로 대응하게 한다. 그렇게 해도 역류가 너무 강할 경우 몇 가지 다른 방법들로 대처하도록 안내한다.

② 다른 대처방법으로는 첫째, 역류라고 이름을 붙이고, 가장 강한 감정에도 이름을 붙인다. 이와 같이 이름 붙이기 방법은 뇌 과학 연구에 따르면 편도체의 활성화를 약화시켜 스트레스 반응 유발 가능성을 낮추는 방법임을 설명한다. 둘째, 감정이 어느 신체 부위에 머무르는지 알아차리고 위로의 손길을 수행한다. 그런데도 여전히 스트레스를 느낀다면 중립적 자극에 주의와 초점을 두고 몰두하는 방법이 도움됨을 설명한다.

③ 중립적 자극을 알아차리고 머무는 방법의 하나로 '돌멩이 마음챙김'을 경험하도록 안내한다.

마무리 활동

◎ **전체 소감 나눔(25분)**

① 2회기 참여 소감을 자유롭게 전체가 발표할 수 있게 한다. 본 회기를 통해 새롭게 배우거나 알게 된 것을 공유한다.

◎ **한 주간 수행과제 안내(5분)**

① 자녀와의 일상 알아차리기를 수행과제로 실천해 보기로 하고, 그 밖에도 발바닥 마음챙김이나 돌멩이 마음챙김 등의 활동은 자율적으로 시행해 보도록 권유한다.

> 이번 주에는 자녀와의 일상 알아차리기 명상을 수행해 보길 권합니다. 또 필요를 느끼신 다면 오늘 경험한 발바닥 마음챙김, 돌멩이 마음챙김을 수행해 보셔도 좋겠습니다. 수행 할 활동이 많다고 느끼시는 분들도 계시겠지요~ 안타깝게도 프로그램에 참여하는 것은 어떻게 해 나가는지 그 방법을 알게 되는 것일 뿐 생존체계의 뇌가 돌봄체계의 뇌로 전환 되려면 꾸준히 실천해 보는 것이 답이다~ 라고 말씀드려야 할 것 같아요. 처음엔 막막하 시겠지만 가볍게~ 즐기듯이~ 하시다 보면 정말 새롭게 알게 되거나, 생각지도 못했던 특 별한 경험을 하는 순간이 올지도 모릅니다. 자기라는 미지의 세계를 탐험한다는 마음으 로 수행과제에 임해 주시면 좋겠어요.

② 메일로 자녀와의 일상 알아차리기 명상 음성파일을 밴드에 올리고 경험 나누기를 권유한다.

수행과제: 자녀와의 일상 알아차리기 명상 (안내문)

　우리가 마음속에 떠오른 온갖 상념에 매몰되어 빠져 있으면 어느새 나 혼자 세상에서 동떨어진 고립감이나 소외감을 느끼기 쉬운데, 상념에서 빠져나오도록 도와주는 대표적 방법이 명상입니다. 명상의 기초적 방법은 숨을 느끼는 거예요. 숨이 들어오고 나갈 때 몸이 어떻게 느껴지는지 주의를 기울이는 것입니다. 왜냐하면 숨은 현재 쉬는 것이기 때문이에요. 숨에 집중하다 보면 생각에서 빠져나와 현재에 머물게 됩니다. 숨을 편안하게 쉴수록 숨이 깊어질수록 나도 모르게 갖고 있던 압박감이나 긴장이 눈 녹듯이 완화되고 어느새 평안한 마음이 조금씩 차오를 것입니다.

　이제부터는 자녀의 일상 알아차리기 명상을 시행하겠습니다. 먼저 명상을 잘 할 수 있을까 하는 생각이나 불편함, 어색함을 모두 내려놓고 명상하는 동안 몸이 편안~하고 지지받을 수 있는 자세를 찾습니다. 그런 다음 눈을 부드럽게 부분적으로 혹은 완전히 감습니다. 심호흡을 두세 번~ 천천히 편안하게 해 봅니다. (20초) 호흡을 하면서 불필요한~ 스트레스나 몸의 긴장을 내려놓습니다. 만일 원한다면 한 손을 가슴 위에 또는 다른 위로가 되는 자리에 올려놓습니다. 이것은 단순히 자각이 아니라 애정 어린 자각을~ 호흡과 우리 자신에게 가져온다는 사실을 상기시키기 위한 것입니다. 명상을 하는 동안 손을 그대로 놓아도 되고 언제라도 손을 편안하게 내려놓아도 좋습니다. (5초 침묵) 이제 자신의 몸에서 호흡이 느껴지는 곳에 주목해 봅니다. (5초 침묵) 숨을 들이쉬는 몸을 느끼고 숨을 내쉬는 몸을 느낍니다. (10초 침묵) 들숨으로 몸 안에 생기가 어떻게 불어넣어지는지 날숨으로 몸이 어떻게 이완되는지 알아차려 봅니다. (10초 침묵) 이제 호흡이~ 흘러 들어오고 흘러 나가는 그 리듬을 알아차립니다. (5초 침묵) 잠시 동안 호흡의 자연스러운 리듬을 느끼기 위하여 시간을 갖습니다. (30초 침묵) 이제부터는 오늘 아침에 잠에서 깬 이후 일어난 일들을 천천히 떠올려 봅니다. 자녀를 깨우고 밥을 먹이고 이것, 저것을 챙긴 후에 다른 사람에게 맡기거나, 유치원이나 학교 혹은 학원에 등원시키는 과정에서 어떠한 일들이 있었는지 떠올려 봅니다. 또 지금 명상을 하는 시간이 밤늦은 시간이라면 자녀가 집으로 돌아온 이후의 일상에 대해서도 하나하나 떠올려 봅니다.

떠올리는 장면마다 따라오는 몸의 감각, 생각, 감정을 알아차리고 판단 없이 바라봅니다. 마치 손님이 왔다 가는 것처럼 감각, 생각, 감정을 알아차리고 흘려보냅니다. 다시 호흡으로 돌아옵니다. 혹시 너무 힘겨운 경험이 떠오를 경우 따스하고 친절한 손길로 자신을 어루만집니다. 자신에게 위로의 손길을 주면서 떠오르는 생각이나 감정을 맞아들이고 사라지는 것을 허용합니다. (30초) 혹여 호기심 많은 어린아이나 강아지처럼 마음이 이리저리 떠도는 것이 느껴진다면, 이는 자연스러운 현상임을 인정합니다. 그리고 다시 호흡으로 돌아와서 들숨과 날숨에 집중합니다. (5초) 이제 다시 자녀와의 오늘 하루 동안 있었던 일상을 마치 CCTV로 들여다보듯 하나하나 떠올립니다. 장면마다 떠오르는 몸의 감각, 생각, 감정을 알아차리고 반가운 손님을 환송하듯이 흘려보냅니다. (40초) 이제 호흡에 대한 주의를 부드럽게 내려놓습니다. (5초 침묵) 그리고 자신의 경험 속에 고요히 앉습니다. (5초 침묵) 자신이 느끼고 있는 것이 무엇이든 기꺼이 느끼도록 하고 그저 있는 그대로의 자신이 되도록 허용합니다. (2분) 천천히 그리고 부드럽게 눈을 뜹니다. (땡~땡~~~~) (3초 침묵)

2회

애정 어린 마음챙김 (참여자용)

오감을 통한 마음챙김 훈련 — 발바닥 마음챙김

우리의 뇌는 두 가지를 동시에 집중할 수 없기 때문에 수많은 생각이 떠올라 마음이 이리저리 떠돌 때, 몸의 감각에 집중하기 시작하면 마음이 현재로 돌아오게 됩니다. 그래서 발바닥 마음챙김은 현재 이 순간의 몸의 감각을 알아차리는 데 효과적인 방법 중 하나입니다.

눈을 감고 심호흡을 두세 번 합니다. 들숨, 날숨에 집중합니다. 그리고 일어서서 바닥에 맞닿아 있는 발바닥을 느낍니다.

앞뒤, 좌우로 살짝 움직여 봅니다. 이에 따라 발바닥에 가해지는 무게나 감각의 변화를 알아차립니다.

이번에는 무릎으로 조그마한 원을 그리며 돌리다 보면 발바닥에서 일어나는 감각의 변화가 느껴집니다. 마음이 떠도는 것을 알아차릴 때 그저 다시 발바닥을 느끼는 것으로 돌아옵니다.

만일 원한다면, 발바닥의 감각들이 변하는 것을 알아차리고 천천히 걷기 시작할 수 있습니다.

한쪽 발을 들 때, 앞으로 그 발을 옮길 때 그리고 바닥에 발을 내려놓을 때의 발바닥 감각의 변화에 주의를 기울입니다.

이번에는 다른 쪽 발을 들 때, 그 발을 앞으로 옮길 때, 바닥에 내려놓을 때의 발바닥 감각의 변화에 주의를 기울입니다.

이렇게 걷다 보면 발의 표면이 얼마나 작은지, 발이 당신의 몸을 지탱하기 위해 얼마나 열심히 노력하는지 알아차립니다. 고마움과 감사함을 가지고 이 사실을 알아차립니다.

이제 눈을 뜨고 자신의 자리로 돌아옵니다.

자녀와의 일상 알아차리기

이제부터 실시하려는 명상은 마음챙김_자기자비 명상의 3가지 공식적 방법 중 하나인 애정 어린 호흡 명상을 활용하여 마음챙김을 훈련하려고 합니다. 애정 어린 호흡을 하면서 오늘 자녀와의 일상을 돌아볼 것입니다.

애정 어린 호흡 명상은 지금 이 순간에, 순간순간 펼쳐지는 경험에 대해 주의를 기울여 알아차리되, 애정과 친절함을 담아 자각하는 방법을 익히는 데 목적이 있습니다.

모두 편안한 자세로 앉고 눈을 부분적으로 감거나 아주 감습니다. 두세 번 크게 심호흡을 합니다. 호흡을 통해 몸 안에 공기가 들고 나가는 것을 알아차립니다. 자연스럽게 숨을 내쉬면서 공기가 몸 안으로 흘러들어오고 나갈 때 몸의 어떤 곳을 거치는지 알아차립니다. 몸의 움직임에 따라 신체 부위들이 어떤 느낌으로 지각되는지 그

변화하는 모습을 판단 없이 바라봅니다. 마치 파도가 일렁이는 바다처럼 몸의 미세한 움직임을 알아차립니다.

이제 들숨이 되고 날숨이 되어 봅니다. 그저 호흡이 되어 봅니다.

이제부터는 오늘 아침에 잠에서 깬 이후 일어난 일들을 천천히 떠올려 봅니다. 자녀를 깨우고 밥을 먹이고 이것, 저것을 챙긴 후에 다른 사람에게 맡기거나, 유치원이나 학교 혹은 학원에 등원시키는 과정에서 어떠한 일들이 있었는지 떠올려 봅니다.
떠올리는 장면마다 따라오는 몸의 감각, 생각, 감정을 알아차리고 판단 없이 바라봅니다. 마치 손님이 왔다 가는 것처럼 감각, 생각, 감정을 알아차리고 흘려보냅니다. 다시 호흡으로 돌아옵니다.

혹시 너무 힘겨운 경험이 떠오를 경우 따스하고 친절한 손길로 자신을 어루만집니다. 자신에게 위로의 손길을 주면서 떠오르는 생각이나 감정을 맞아들이고 사라지는 것을 허용합니다.

다시 호흡으로 돌아와서 들숨과 날숨에 집중합니다. 이제 천천히 눈을 뜹니다.

역류효과가 나타났을 때 대처하는 방법

역류란 신선한 공기와도 같은 자기자비를 마음속에 흘려보내다 보니 오래 묵은 감정이 밀려 올라오거나, 신경계의 대립과정 효과로 자기자비와는 반대되는 감정이 올라오는 현상을 말합니다.

역류효과가 나타나면 다음과 같은 방법들로 대처합니다.

역류가 일어나면 이를 알아차리고, 현재 이 순간을 있는 그대로 인정하고 허용하는 '마음챙김'으로 주의를 기울입니다.

위로의 손길로 자신을 계속 어루만지면서 역류에 따른 마음의 고통을 누그러뜨립니다.

"아, 이런 게 역류구나" 하고 이름을 붙입니다. 그리고 가장 강하게 느껴지는 감정(예, 슬픔, 분노 등)에 이름을 붙입니다. 이러한 감정의 보편성을 인정하고 허용하면서 위로의 손길을 계속합니다.

이런 방법으로도 쉽게 역류효과가 가라앉지 않는다면 중립적 자극에 주의와 초점을 둡니다. 예를 들어 복잡한 머리에서 가장 멀리 떨어져 있는 발바닥으로 마음챙김을 합니다.

이 밖에도 외부의 중립적 자극(예: 돌멩이)에 몰두해 봅니다.

그러다 보면 마음이 현재에 머물며 어느새 고통과 상념에서 벗어나 한결 누그러질 것입니다.

돌멩이 마음챙김

마음이 괴로울 때 '평소 어떠한 감정도 불러일으키지 않는 중립적 자극에 몰두하면' 상념에서 벗어나 마음이 현재에 머물며 편안해집니다.

자신에게 중립적 자극이 되는 것은 무엇이든 좋습니다. 여기에서는 돌멩이를 예로 들겠습니다.

우선 돌멩이 하나를 꺼내 들고 편안한 자세를 취하고 두 눈을 부분적으로 감거나 완전히 감습니다. 숨을 두세 번 크게 들이마시고 내쉽니다. 잠시 들숨을 느끼고 날숨을 느낍니다.

오직 호흡만을 느낍니다.

다시 눈을 뜨고 돌을 주의 깊게 관찰합니다.

돌의 색깔이나 각도, 굴곡 부위에 빛이 비치는 방식을 알아차립니다. 그렇게 한참을 돌의 모양새를 즐깁니다.

이제 두 눈을 감고 돌과 접촉하면서 감각적으로 어떻게 느껴지는지 탐색합니다. 돌의 표면이 부드러운지 혹은 거칠게 느껴지는지, 혹은 따스한지 혹은 차가운지 느껴봅니다.

눈을 다시 뜨고 돌에 주의를 기울이며 몰입합니다. 아름다운 돌을 만지는 경험 속에 흠뻑 빠져 봅니다. 그러다 보면 어느새 이 순간 과거나 미래에 대한 생각이나 후회, 걱정을 하고 있지 않음을 알아차립니다.

자기 자신이 현재 이 순간에 머물고 있음을 알아차립니다.

앞으로도 옷 주머니나 가방 주머니에 돌을 간직하고 있어도 좋겠습니다. 그리고 언제든지 부정적 감정에 휩싸일 때마다 돌멩이를 꺼내 손가락으로 어루만집니다.

돌멩이를 만지는 감각을 느끼며 즐깁니다. 현재 순간에 머뭅니다.

2회 수행 기록지

* 프로그램에 참여하는 동안 매일 자신의 과제수행 사항을 점검하여 매 회기 이후 ① 날짜별로 수행했던 방법에 ✓ 표시를 하시고 ② 수행하면서 경험한 것을 작성하고 다음 회기에 리더에게 제출합니다.

회기: _____ 성함: _____

수행방법(날짜)	/	/	/	/	/	/	/	/
위로의 손길								
내용 작성	수행하면서 깨달은 점, 감각적 경험 작성하기							
작성 예시	(명상) 오늘 하루 자녀와의 일상을 돌아보니 당시에는 미처 주의를 두지 못한 자녀의 표정, 말들이 선명하게 떠올랐고, 아, 그때 그런 얘길 같이 해 주었으면 좋았겠구나~ 하는 생각도 떠올랐음. 명상을 해 보니 자녀의 놓친 모습을 알게 되는 기회가 되었음.							
1일 차 (모임 당일)								
2일 차								
3일 차								
4일 차								
5일 차								
6일 차								
7일 차								
8일 차 (모임 당일)								
기타								

3회

자애명상과 자애메시지 (리더용)

주제	자애 이해 및 자애메시지 발견하기	운영 방법	강의, 명상실습, 나눔	인원	10명 내외
목표	- 자애와 자비의 개념 및 다른 점 이해 - 다른 사람과 자애와 자비를 함께 나누면서 자애심과 자비심 발견 - 자애명상 수행방법 습득 - 자신과 자녀를 위한 자애메시지 발견					
준비물	워크시트, 필기구/강의용 파워포인트 자료, 노트북, 프로젝터, 명찰, 질문지, 질문지 모음판				

	내용	준비물
활동 내용	■ 도입활동 ◎ 지난 시간 모임 혹은 지난주 수행과제에 대한 소감 나눔	명찰
	■ 주요활동 ◎ 자애와 자비에 대한 개념 및 다른 점 강의	파워포인트 강의자료
	◎ 자애심과 자비심 발견하기 - 자신과 상대방에 대한 자애심과 자비심 경험하기	실습 및 나눔 (워크시트 참조)
	휴식	
	◎ 자애메시지를 포함한 자애수행의 필요성 강의 - 언어가 미치는 힘 안내 - 자애메시지 수행방법 안내	파워포인트 강의자료
	◎ 나와 자녀를 위한 자애명상 실습 - 사랑스러운 순간의 자녀 → 자녀와 나 → 나를 위한 자애명상	실습 및 나눔
	◎ 나와 자녀를 위한 자애메시지 발견하기 실습 - 자녀 및 자신에게 정말 필요한 것은 무엇인지 탐색 - 자녀 및 자신이 정말 듣기를 갈망하는 말은 무엇인지 탐색	실습 및 나눔 (워크시트)
	■ 마무리 활동 - 전체 소감 나눔 - 과제: 나와 자녀를 위한 자애명상 및 자애메시지 수행 안내 - 평가지 작성	워크시트 참조
기타	나와 자녀를 위한 자애명상 안내문 녹음 및 수행기록을 위한 밴드활용	워크시트

I. 목표

첫째, 자애와 자비를 변별하고 타고난 자애심과 자비심을 발견한다.
둘째, 자애명상을 통해 수행방법을 익히며, 자신과 자녀를 위한 자애메시지를 발견한다.

II. 준비사항

1. 준비물: 워크시트, 필기구/강의용 파워포인트 자료, 노트북, 프로젝터, 명찰, 질문용지(포스트잇), 질문용지 모음판
2. 자리배열: 리더를 중심으로 둥글게 앉기

III. 이 시간의 의미

3회기에서는 참여자들이 타고난 자애심과 자비심을 발견하는 시간을 갖고, 자녀가 사랑스러웠던 순간을 떠올리고 자신과 자녀에 대한 자애명상을 함으로써 자신과 자녀를 위한 자애명상 수행의 필요성을 깨달을 필요가 있다. 또한 양육에 대한 부담감, 죄책감을 내려놓고 건강한 양육을 하기 위해, 자신과 자녀의 필요, 욕구를 각자의 입장을 고려하면서 살펴보도록 안내한다. 이를 통해 진정 자녀를 위하고 자신을 위하는 자애메시지가 무엇인지 깊이 숙고하고 이를 발견하고자 노력하는 것이 매우 중요하다는 점을 깨닫도록 조력할 필요가 있다.

Ⅳ. 진행과정

❋ 도입활동

◎ 지난 시간 모임 및 지난 주 수행과제에 대한 소감 나눔(20분)
① 프로그램 참여자들이 도착하는 대로 편안한 자리에 착석하도록 안내한다. 시간이 되면 마음챙김_자기자비 기반 양육효능감 향상 집단프로그램(양육죄책감의 감소라는 목적을 그대로 노출할 경우 효과성 검증에 영향을 미칠 수 있으므로 편의상 유사한 목적을 제시하였음)의 3회차 모임이 시작됨을 알린다.
② 지난 시간 모임 혹은 지난주 수행과제를 하면서 경험한 것을 함께 나눈다(1인당 2~3분, 약 15분).
③ 3회차인 오늘 모임에서는 어떤 내용을 다룰지 진행순서를 안내한다.

지도자 TIP

명상을 처음 해 본 참여자들의 경우, 지난주 수행과제였던 자녀와의 일상 알아차리기 명상을 하다 보면 마음의 배회를 불편한 마음으로 보고하기 마련인데, 이에 대해 설명을 보충함으로써 추후 지속적으로 명상을 수행해 보도록 권할 필요가 있다. 충실하게 명상하고 싶지만 마음이 떠도는 일은 매우 자연스럽고 누구에게나 일어나는 일이므로 이로부터 좀 더 자유로워지기 위해 명상을 계속 나가도록 안내한다.

❋ 주요활동

◎ 자애와 자비에 대한 개념 및 다른 점 강의(10분)

① 오늘 프로그램에서 중점을 두고자 하는 자애명상에 대해 소개하고, 자애명상을 통해 자신만을 위한 자애메시지를 발견하는 작업을 하게 됨을 안내한다.
② 자애와 자비의 정의를 비교하여 밝히고, 자애와 자비가 둘 다 선한 의지의 표현이나 자애는 모든 존재의 행복을 기원하는 소망이라면, 자비는 모든 존재가 고통에서 자유롭길 바라는 소망임을 안내한다.

◎ 자애심과 자비심 발견하기 실습(35분)

① 자애가 어떠한 것인지를 자비와 비교하여 이해할 수 있도록 직접 발견하는 기회를 갖는다.
② 두 사람씩 짝을 지어 마주 보고 앉게 한다. 우선 눈을 번갈아 감은 상태에서 상대방에 대한 자애심을 교대로 느껴 보고 서로의 눈을 바라보면서 그 마음을 전할 수 있도록 인도한다. 이를 위해 자애심과 관련해서는 상대방을 무한한 잠재력이 있는 사랑스러운 어린아이로 상상하면서 지지해 주고 싶은 마음, 즉 타고난 자애심을 발견하도록 안내한다.
③ 다음에는 눈을 번갈아 감은 상태에서 상대에 대한 자비심을 교대로 느껴 보고 서로의 눈을 바라보면서 그 마음을 전할 수 있도록 인도한다. 이를 위해 자비심에 관해서는 상대방을 오랫동안 갖은 어려움과 외로움, 마음의 고통을 겪어 온 어린아이로 상상하면서 이 아이를 돕고 싶고 지지해 주고 싶은 마음, 즉 타고난 자비심을 발견하도록 안내한다.
④ 실습과정에서 알아차리거나 경험한 것이 무엇인지 함께 나눈다. 이때, 전체 집단원이 7명 이상이면 조 나눔 중심으로 진행하고, 6명 이하라면 전체 나눔으로 진행하는 것이 시간 활용에 유용할 수 있다.
⑤ 마음챙김이 머리를 일깨우기 위한 것이라면, 자애나 자기자비는 가슴을 일깨우기 위한 작업이며, 우리 모두는 가슴 안에 자비와 자애의 샘이 있어서 그저 떠먹기만 하면 된다고 안내한다. 만약 이 작업을 하면서 지금 자애심과 자비심을 발견하지 못했다 해도 지금은 단지 인지하지 못하고 있을 뿐이며 각자 시간 차이가 있을 뿐

으로 자신에게 자애와 자비가 있음을 믿고 계속 수행해 나가면 이에 대한 인식이 점차 커질 것임을 안내하며 마무리한다(쉬는 시간 10분을 갖는다).

◎ **자애메시지를 포함한 자애수행의 필요성 강의(10분)**
① 언어가 우리의 삶에 미치는 힘에 대해 안내하면서 '자신을 향해 반복하는 메시지'가 발휘할 힘을 생각하게 돕는다. 이를 통해 자애메시지를 수행할 필요성을 강조한다.
② 자애메시지를 수행하는 방법은 먼저 자녀가 가장 사랑스러웠던 순간을 떠올려 자애메시지를 수행하고, 그다음 자녀와 자신, 마지막으로 자신을 향한 자애 순서로 진행됨을 안내한다.

◎ **나와 자녀를 위한 자애명상 실습(20분)**
① 먼저 사랑스러운 순간의 자녀의 이미지를 떠올리게 한 후 자녀에게 자애의 메시지(예: 우리 아이가 행복하기를, 우리 아이가 편안하기를 등)를 보내도록 인도한다. 그런 다음 자녀와 자신을 함께 떠올리고 자애의 메시지를 보내고 자신에게 주의를 돌린 후 자신에게 자애의 메시지를 보내도록 인도한다.
② 자애명상을 통해 경험했거나 알아차린 것을 조별로 나눌 수 있도록 안내한다.

◎ **나와 자녀를 위한 자애메시지 발견하기 실습(30분)**
① 먼저 참여자들은 '자신과 자녀를 위한 자애메시지 발견하기'에 대한 워크시트를 펼친다.
② 리더는 '자신과 자녀를 위한 자애메시지 발견하기' 워크시트에 적힌 내용을 안내한다. 새로운 자애메시지를 찾는데 너무 구체적이기보다 보편적인 것으로, 물질보다는 정신적인 가치로 선택하며, 현재를 부정하고 미래에 초점을 두는 긍정적 암시보다는 소망, 바람과 같은 표현을 선택하도록 안내한다.
③ 모두 눈을 감게 하고 먼저 '자녀에게 정말 필요한 것은 무엇인가?'라는 관점에서 자녀에 대한 자애메시지를 찾고 다음으로 '내게 필요한 것은 무엇인가?'라는 관점에서 자신에 대한 자애메시지를 찾게 한다.

④ 이번에는 먼저 '자녀가 정말로 듣기를 갈망하는 말은 무엇인가?'라는 관점에서 자녀에 대한 자애메시지를 찾게 하고 다음으로 '내가 정말로 듣기를 갈망하는 말은 무엇인가?' 하는 관점에서 자애메시지를 찾게 한다.
⑤ 자애메시지를 발견하는 프로그램을 경험하면서 어떤 것을 알아차렸고 깨달았는지, 신체적 감각이 어떠했는지 경험한 내용을 조별로 나누게 한다.

❋ 마무리 활동

◎ 한 주간 수행과제 안내(5분)

① 자녀와 자신을 위한 자애명상과 자애메시지 발견하기를 매일 30분 이상 실시할 것을 권유한다. 가능하다면 필요하다고 느낄 때마다 이전 시간에 수행하던 방법들도 같이 수행해 볼 것을 권유한다.
② 매일 어떻게 진행했는지, 그러한 수행과정을 통해 무엇을 알아차렸고 어떤 감각적 체험을 했는지 기록하도록 안내한다. 메일로 자신과 자녀를 위한 자애명상 음성파일을 밴드에 올린다.

◎ 전체 소감 나눔(20분)

본 회기를 통해 새롭게 배웠거나 알게 된 것에 대한 경험을 전체 나누기 한다.

수행과제: 나와 자녀를 위한 자애명상 (안내문)

이번 명상은 사랑하는 나와 자녀를 위한 자애명상입니다. 명상을 시작하기 위해 앉거나 누워서 편~안하게 자세를 취합니다. 사랑스러운 자각을 한다는 의미에서 가슴 또는 다른 위로가 되는 자리에 손을 얹어도 좋습니다.

이제 가슴에 행복을 느끼게 하고 저절로 미소 짓게 하는 자녀와의 순간을 떠올립니다. (10초 침묵) 마음의 눈으로 자녀에 대한 이미지를 생생하게 그려 봅니다. 그저 자녀와 함께 존재하는 느낌을 그냥 느껴 봅니다. (5초 침묵) 자녀와 행복한 순간을 함께 즐겨 봅니다. (15초 침묵) 이제 나뿐 아니라 다른 모든 살아있는 존재와 마찬가지로 얼마나 자녀가 행복해지기를 바라는지, 얼마나 자녀가 고통에서 자유롭기를 바라는지 인식해 봅니다. (15초 침묵)

자신이 하는 말의 소중함을 느끼면서 부드럽게 고요하게 다음 메시지를 반복합니다. 우리 아이가 행복하기를, 우리 아이가 행복하기를 / 우리 아이가 평화롭기를, 우리 아이가 평화롭기를 / 우리 아이가 건강하기를, 우리 아이가 건강하기를 / 우리 아이가 편안하게 살기를, 우리 아이가 편안하게 살기를. 사랑하는 자녀를 위해 특별히 기쁜 소망을 담은 말이면 무엇이든 다른 말을 사용해도 됩니다. 아니면 계속해서 이 메시지들을 반복합니다. (10초 침묵) 혹시 마음이 떠돌고 있는 걸 알아차리면 다시 심호흡을 합니다. 그리고 자녀의 이미지나 자애메시지로 되돌아갑니다. (5초 침묵) 마음에서 일어나는 따뜻한 느낌을 음미해 봅니다. 계속해서 음미해 봅니다. (10초 침묵)

이제 따스하고 친절한 마음으로 자기 자신을 포함시켜 봅니다. 사랑하는 자녀와 내가 함께 있는 것을 상상합니다. 그리고 다음 메시지를 반복합니다. 우리 아이와 내가 행복하기를, 우리 아이와 내가 행복하기를 / 우리 아이와 내가 평화롭기를, 우리 아이와 내가 평화롭기를 / 우리 아이와 내가 건강하기를, 우리 아이와 내가~ 건강하기를 / 우리 아이와 내가 편안하기를, 우리 아이와 내가 편안하기를. (10초 침묵) 이제 자녀에게 감사를 표하면서~ 사랑하는 자녀의 이미지를 내려놓습니다. (10초 침묵)

　이제 모든 주의의 초점을 자기 자신에게 향하게 합니다. 가슴에 손을 얹고 손의 온기와 부드러운 접촉을 느껴 봅니다. 마음의 눈으로 몸 전체를 떠올려 보십시오. 몸에 돌아다니는 어떤 스트레스나 불편함이 있는지 알아차립니다. 그리고 자신에게 다음과 같은 메시지를 들려줍니다. 내가 행복하기를, 내가 행복하기를 / 내가 평화롭기를, 내가 평화롭기를 / 내가 건강하기를, 내가 건강하기를 / 내가 편안하게 살기를, 내가 편안하게 살기를. (5초 침묵) / 자신을 위해 하고 싶은 다른 말을 하셔도 좋습니다. (15초 침묵) 마지막으로 두세 번 심호흡을 하고 몸 안에서 고요하게 휴식합니다. (15초 침묵) 무엇을 경험하든지 그냥 있는 그대로 수용합니다. (땡~) (5초 침묵) 천천히 부드럽게 눈을 뜹니다. / (2초 침묵) // (3초 침묵)

3회

자애명상과 자애메시지 (참여자용)

자애심과 자비심 발견하기

'자애심과 자비심 발견하기' 실습을 마친 후 2인 1조로 다음과 같은 내용을 이야기 나눕니다.

1. 눈을 뜨고 상대방을 무한한 잠재력과 다양한 가능성을 지닌 어린아이로 상상하고 이를 지지해 주고 싶은 마음을 떠올리는 과정에서 어떠한 감각이나, 느낌, 생각을 경험하셨나요?

2. 눈을 감은 상태에서 자신을 무한한 잠재력과 다양한 가능성을 지닌 어린아이로 상상하는 과정에서 어떠한 감각이나 느낌, 생각을 경험하셨나요?

3. 눈을 뜨고 상대방을 오랫동안 외로움, 슬픔, 갖은 고통을 겪어 온 어린아이로 상상하고 이 아이를 돕고 싶고, 위로와 지지를 해 주고 싶은 마음을 떠올리는 과정에서 어떠한 감각이나, 느낌, 생각을 경험하셨나요?

4. 눈을 감은 상태에서 자신을 오랫동안 외로움, 슬픔, 갖은 고통을 겪어 온 어린아이로 상상하는 과정에서 어떠한 감각이나 느낌, 생각을 경험하셨나요?

자녀와 나를 위한 자애명상

자기자비를 효과적으로 배양하려면 자신이 고통에서 자유롭기를 바라는 것 이외에도 자신에게 호의적인 자세를 갖는 것이 중요합니다. 그래서 적극적으로 호의를 배양할 수 있는 자애명상을 훈련하려는 것입니다. 이를 위해 자애심을 자연스럽게 느낄 수 있는 대상부터 떠올리고 자신에게로 자애심을 가져오는 순서로 명상을 진행합니다.

눈을 감고 심호흡을 두세 번 합니다. 이 순간 사랑스러운 자각을 가져온다는 점을 상기하기 위해서 가슴이나 위로가 되는 다른 곳에 손을 올려놓아도 좋습니다.
자녀가 너무나 사랑스러운 순간을 떠올립니다. 바로 그런 순간에 자녀와 함께 존재하는 느낌을 그냥 느껴 봅니다. 자기 마음속에서 얼마나 자녀가 행복해지기를 바라는지, 얼마나 자녀가 고통에서 자유롭길 바라는지 알아차립니다.

마음속으로 자녀의 이름을 부르며 부드럽게 다음 메시지를 반복합니다.

자녀가 행복하기를, 자녀가 행복하기를.
자녀가 평화롭기를, 자녀가 평화롭기를.
자녀가 건강하기를, 자녀가 건강하기를.
자녀가 편안하게 살기를, 자녀가 편안하게 살기를….

자녀를 위해 하고 싶은 다른 말을 넣으셔도 좋습니다. 아니면 계속해서 이 메시지들을 반복합니다. 마음에서 일어나는 따뜻한 느낌을 음미해 봅니다. 이제 친절한 마음으로 자기 자신을 포함시켜 봅니다.

자녀와 내가 행복하기를, 자녀와 내가 행복하기를.
자녀와 내가 평화롭기를, 자녀와 내가 평화롭기를.
자녀와 내가 건강하기를, 자녀와 내가 건강하기를.
자녀와 내가 편안하게 살기를, 자녀와 내가 편안하게 살기를….

이제 사랑하는 자녀의 이미지를 내려놓습니다. 그러고 나서 모든 주의의 초점을 자신에게로 돌립니다. 자신에게 다음의 메시지를 들려줍니다.

내가 행복하기를, 내가 행복하기를.
내가 평화롭기를, 내가 평화롭기를.
내가 건강하기를, 내가 건강하기를.
내가 편안하게 살기를, 내가 편안하게 살기를⋯.

자신을 위해 하고 싶은 다른 말을 하셔도 좋습니다.

마지막으로 두세 번 심호흡을 하고 지금 이 순간 무엇을 경험하든지 그냥 있는 그대로 수용합니다. 천천히 부드럽게 눈을 뜹니다.

자애메시지 발견하기

자애메시지는 사실 나 자신을 위한 하나의 선물입니다. 메시지는 1~3가지 정도의 짧은 문장으로 정리하며, 그 말은 구체적인 것이 아니라 보편적인 말, 예를 들어 친절, 평화, 자유와 같은 말들을 찾습니다. 돈과 같은 물질이 아니고 정신적인 것으로 선택합니다. 이 말을 듣는다면 더 이상 다른 정신적 갈망이 존재하지 않고, 마음 편히 안전하게 쉴 수 있는 장소가 생긴 것 같은 만족감을 얻게 되는 그런 말을 발견하는 것입니다.

먼저 자녀의 모습을 떠올리며 자신에게 물어봅니다.
'자녀에게 정말 필요한 것은 무엇인가?'
구체적인 상황들에서 공통되는 자녀의 욕구나 바람을 찾아봅니다.

예를 들면, '자신이 원하고 바라는 것을 무엇인지 엄마가 알아 주면 사랑받는 느낌', '자신이 잘하는 것을 엄마에게 인정받는 것', '자신이 좋아하는 것에 엄마가 관심을 가져 주는 것', '엄마랑 놀고 싶을 때 같이 놀아 주면 행복하다는 것'

이러한 자녀의 욕구나 바람을 <u>엄마 된 입장에서의 바람과 소망</u>으로 바꾸어 보시기 바랍니다.

예를 들면, "우리 아이가 내 사랑을 알아차리길", "우리 아이가 일상에서 행복함을 많이 느끼길", "우리 아이가 인정받고 존중받는다고 느끼기를", "우리 아이가 사랑받는다고 느끼기를", "우리 아이가 사랑 안에서 휴식하기를"

이번에는 자신에게 물어봅니다.

'내게 진실로 필요한 것은 무엇인가?'

자신의 요구사항들을 포괄하는 보편적인 욕구를 찾아 봅니다.

그리고 이러한 욕구들을 자신이 스스로 충족하길 바라는 마음으로 바꾸어 표현하시길 바랍니다.

예를 들면, '내가 나 자신에게 친절하기를', '내가 자유롭기를', '나를 있는 그대로 스스로 인정하고 존중하기를', '내가 평안하게 살기를', '내가 사랑 안에서 휴식하기를', '내가 다른 사람들과 연결되어 있음을 알아차리기를'

이번에는 자녀를 떠올리며 자신에게 물어봅니다.

'우리 아이가 정말로 듣길 갈망하는 말은 무엇인가'

자녀가 어떤 말과 행동들에 진심으로 기뻐하며 눈을 반짝였는지 한번 떠올려 봅니다. 그러한 상황들에서 자신의 공통되고 보편적인 욕구를 찾아 봅니다.

예를 들면, '엄마한테 사랑받는 것', '엄마한테 관심받는 것', '엄마한테 인정받는 것', '엄마한테 존중받는 것', '자신이 좋아하는 것을 허용받는 것', '자신이 무서울 때 옆에 있어 주는 것'

그 욕구의 공통점을 생각해 보고, 엄마 된 입장에서의 바람과 소망으로 바꾸어 보시기 바랍니다.

예를 들면, '엄마가 자신이 원하는 것을 들어주지 않는 순간에도 여전히 사랑받고 있음을 알아차리기를', '관심을 받든, 안 받든 우리 아이가 스스로 사랑스러운 존재임을 알기를', '우리 아이가 스스로를 인정하고 존중하기를', '우리 아이가 자기 안에 용기가 있음을 알아차리길'

이번에는 자신에게 물어봅니다.

'다른 사람들이 정말로 내게 해 주기를 갈망하는 말은 무엇인가?'

만약 많은 말들을 들었다면 자신에게 보내는 짧은 문장으로 메시지를 만들 수 있는지 살펴봅니다.

그리고 이러한 말들을 <u>자신이 스스로 충족하길 바라는 마음</u>으로 바꾸어 표현하시길 바랍니다.

예를 들어, "**사랑해**"라고 듣고 싶다면 "**내가 있는 그대로 자신을 사랑할 수 있기를**"과 같이 표현하시기 바랍니다. 혹은 어떤 특정한 자질과 태도를 갖고 있다고 듣고 싶을 수도 있습니다. 예를 들어, "**결단력이 있어**"라고 듣고 싶다면 "**내게 용기와 결단력이 있음을 알아차리기를**"과 같이 표현하시기 바랍니다.

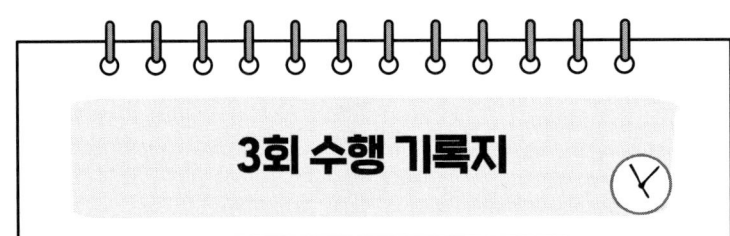

3회 수행 기록지

* 프로그램에 참여하는 동안 매일 자신의 과제수행 사항을 점검하여 매 회기 이후 ① 날짜별로 수행했던 방법에 ✓ 표시를 하시고, ② 수행하면서 경험한 것을 작성하고 다음 회기에 리더에게 제출합니다.

회기: _____   성함: _____

수행방법(날짜)	/	/	/	/	/	/	/	/
위로의 손길								
내용 작성	수행하면서 깨달은 점, 감각적 경험 작성하기							
작성 예시	(자애명상) 애들을 모두 재우고 잠자리에 누워 자애명상을 하는 동안 최근 잊고 지낸 자애심이 솟는 느낌을 받음. / (자애메시지) 아이들을 재울 때 토닥토닥 두드리며 "우리 아이들이~ 행복하기를, 평안하기를, 건강하기를" 하고 읊조리다 보니 아이들의 잠자는 모습이 더욱 편안하게 느껴졌고 내 마음도 평안하고 안정되는 느낌을 받음.							
1일 차 (모임 당일)								
2일 차								
3일 차								
4일 차								
5일 차								
6일 차								
7일 차								
8일 차 (모임 당일)								
기타								

자기비난과 자기자비 목소리 (리더용)

주제	자기비난의 동기 이해 및 자기자비 목소리 발견하기	운영 방법	강의, 명상실습, 나눔	인원	10명 내외
목표	- 마음챙김_자기자비 수행단계를 중간 점검 하며, 그동안의 수행과정 점검 - 자기비난을 하게 되는 양육상황에서의 자기비난의 근원적 동기 이해 및 자기자비 목소리 발견 - 자비편지 쓰기 수행과제를 통해 자기자비 목소리 발견 및 강화				
준비물	워크시트, 편지지(워크시트 3매) 및 편지봉투, 필기구/강의용 파워포인트 자료, 노트북, 프로젝터, 명찰, 질문지, 질문지 모음판				

활동 내용	내용			준비물
	■ 도입활동 ◎ 지난 시간 모임 및 한 주간 수행과제에 대한 소감 나눔			명찰
	■ 주요활동 ◎ 마음챙김_자기자비 수행과정 중간 점검 - 자신의 수행단계가 어디에 있는지 점검하기 - 프로그램에 참여하는 동안 마음챙김을 한 경험 돌아보기 - 프로그램에 참여하는 동안 자기자비를 한 경험 돌아보기			파워포인트 강의자료 (워크시트) 나눔
	휴식			
	◎ 자기비난의 기능적 측면 및 부정적 효과 강의 - 자기비난의 기능적 측면: 통제판타지 충족, 타인비난 저지 등 - 자기비난의 부정적 효과: 심신의 건강에 부정적 영향 - 자기비난의 동기: 타인비난보다 안전감, 초기양육자의 영향 등			파워포인트 강의자료
	◎ 자녀 양육상황에서의 자기비난 및 자기자비 목소리 발견하기 실습 - 자기비난을 하게 되는 양육행동 탐색 - 자기비난 목소리 탐색 및 공감 - 자기비난을 하게 되는 양육행동의 근원적 동기 이해 - 자기비난 이면의 자기자비 목소리 발견 및 강화			실습 및 나눔 (워크시트)
	■ 마무리 활동 - 전체 소감 나눔 - 과제 안내: 나를 위한 자애명상, 자비편지 안내 - 평가지 작성			워크시트 참조 (편지지 및 봉투 배포)
기타	나를 위한 자애명상 안내문 녹음, 자비편지, 밴드활동 안내			워크시트

I. 목표

첫째, 현재 자신의 마음챙김_자기자비 수행단계를 중간 점검하며 그동안의 수행과정을 돌아본다.

둘째, 자기비난을 하게 되는 자녀 양육상황을 탐색하고, 자기비난의 근원적 동기를 이해하며 이면의 자기자비 목소리를 발견한다.

셋째, 자비편지 쓰기 수행과제를 통해 자기비난 이면의 자기자비 목소리를 발견하고 강화한다.

II. 준비사항

1. 준비물: 워크시트, 편지지(워크시트는 1인당 3매) 및 편지봉투, 필기구/강의용 파워포인트 자료, 노트북, 프로젝터, 명찰, 질문용지(포스트잇), 질문용지 모음판
2. 자리배열: 리더를 중심으로 둥글게 앉기

III. 이 시간의 의미

4회기에서는 참여자들이 그동안의 마음챙김_자기자비 수행과정을 돌아보면서 자신이 어떤 단계에 와 있는지를 중간 점검 한다. 그동안의 경험들을 정리하는 시간을 가지면서 마음가짐을 새롭게 할 수 있는 기회를 제공한다. 이 과정에서는 자녀와의 양육 과정에서 참여자들이 자기비난을 하게 되는 상황을 살펴보고, 그 행동의 근원적 동기를 깨닫도록 조력하는 것이 필요하다. 이때, 그러한 행동이나 자기비난이 자신과 초기양육자와의 관계에서 비롯된 것일 수도 있다는 점을 생각해 볼 기회를 제공하는 것이 중요하다. 또한 이 동기들이 선의에서 비롯되었으나 부정적 결과를 가져온다는 데 주목하도록 조력한다. 그동안 귀 기울이지 못했으나 자기비난 이면에 자기자비의 목소리가 있음을 발견하고 이에 초점화하여 자기자비 편지를 작성함으로써 자기 안의 자기자비 목소리를 선명하게 인식할 수 있도록 조력할 필요가 있다.

Ⅳ. 진행과정

도입활동

◎ 지난 시간 모임 및 지난주 수행과제에 대한 소감 나눔(20분)

① 프로그램 참여자들이 도착하는 대로 편안한 자리에 착석하도록 안내한다. 시간이 되면 양육효능감 향상 부모 집단상담 프로그램(양육죄책감의 감소라는 목적을 그대로 노출할 경우 효과성 검증에 영향을 미칠 수 있으므로 편의상 유사한 목적을 제시하였음)의 4회차 모임이 시작됨을 알린다.

② 지난 시간 혹은 한 주간 수행과제를 하면서 경험한 것을 함께 나눈다(1인당 2~3분, 약 18분).

③ 4회차 모임에서는 어떤 내용을 다룰지 진행순서를 안내한다(2분).

주요활동

◎ 마음챙김_자기자비 수행과정 중간 점검(30분)

① 마음챙김_자기자비의 수행과정을 3단계(노력, 좌절, 수용단계)로 설명하고(워크시트 참조), 참여자로 하여금 자신이 현재 어느 단계에 와 있는지 생각해 보고 이를 작성하게 한다.

② 그런 다음 모두 눈을 감고 3가지 질문에 대해 생각해 보고 답이 떠오르면 눈을 뜨고 작성하게 한다. 첫째, 프로그램에 참여하는 동안 경험한 힘들었거나 놀라웠던 순간이나 깨달은 점, 둘째, 프로그램 참여기간 동안 마음챙김 한 경험, 셋째, 프로그램 참여기간 동안 자기자비 한 경험을 간략하게 작성하게 한다.

③ 조 나눔 없이 전체적으로 소감을 나눈다. 만약 집단원의 인원수가 많다면 2인 1조, 혹은 3인 1조로 조 나눔을 한 후 1~2명의 소감을 전체적으로 듣고 10분 휴식한다.

◎ 자기비난의 기능적 측면 및 부정적 효과 강의(15분)

① 자기비난을 계속하게 되는 이유는 몇 가지 이득, 즉 상황 통제에 대한 통제판타지의 충족, 타인의 비난을 막는 역할, 타인의 비난과 비교할 때 자기비난의 상대적 안전감과 편안함, 스트레스 해소 용도 등과 같은 기능적 측면 때문임을 설명한다.

② 자기비난이 가져오는 부정적 효과를 환기하면서 그럼에도 반복되는 이유가 보다 근원적 동기에 있음을 알아차리도록 돕는다. 즉, 타인의 비난보다 덜 수치스럽고 안전한 느낌, 혹은 초기양육자의 영향 등으로 인해 반복될 수 있음을 설명한다.

◎ 자녀 양육상황에서의 자기비난과 이면의 자기자비의 목소리 발견하기 실습(35분)

① 먼저 눈을 감고 자녀 양육상황에서 했던 자신의 행동에 대해 비난한 경험을 탐색하는 시간을 갖게 한다. 어떠한 비난의 목소리가 들려오는지 떠올려 보고 그 비난의 내용, 비난하는 목소리 톤, 비난받을 때의 느낌을 알아차리도록 안내한다. 그리고 자기비난의 목소리를 알아차리면서 자신이 얼마나 마음 상하고 아팠는지 공감하고 위로하도록 안내한다.

② 그리고 준비가 되면 눈을 떠서 자기비난의 목소리의 내용을 작성하게 한다.

③ 이번에는 자신을 비난하게 되는 양육행동의 동기를 탐색하도록 안내한다. 궁극적으로는 자녀를 보호하기 위해 그러한 행동을 하게 되었을 수도 있고, 또는 외부의 질책을 피하기 위해 그러한 행동을 했을 가능성이 있음을 안내한다. 또한 그 깊은 이면에는 어린 시절 초기 양육자로부터 받은 양육방식이 내면화되어 자신의 양육방식에 영향을 받은 결과일 수도 있음을 안내한다(3분).

④ 이번에는 자기비난의 동기를 탐색하도록 안내한다. 궁극적으로는 자신을 보호하기 위해 그러한 행동을 하게 되었을 수도 있고, 양육방식에 대한 외부의 질책을 피하기 위해 그러한 행동을 했을 가능성이 있음을 안내한다. 또한 그 깊은 이면에는 어린 시절 초기양육자로부터 받은 비난의 목소리가 내면화되어 자기비난을 반복하고 있을 가능성에 대해서도 안내한다.

⑤ 이렇게 애쓰고 고통받은 자신을 위로하며, 비난은 선한 의도로 시작되었고 자신 나름 최선의 방법이었음을 이해하도록 돕는다. 그리고 자기비난의 동기에 대해 짐작되는 바를 워크북에 작성하게 한다.

⑥ 이번에는 자기비난을 하고 있을 때 그 이면에는 반드시 자비로운 목소리가 내면에서 함께하고 있음을 안내하고 그 내면의 자기자비의 목소리를 찾아보는 시간을 갖는다. 또한 자기자비의 목소리를 떠올리지 못할 경우 자신을 사랑하는 사람이 이와 같은 상황에서 자신에게 어떤 말을 해 줄지 상상해 보도록 안내한다.
⑦ 참여자들로 하여금 모두 눈을 뜨게 한 후, 자기비난을 가하는 자신의 행동과 비난하는 이유를 떠올려 보게 하고 그 내용을 작성하도록 안내한다. 또한 이러한 상황에서 자신을 위로하고 지지하는 말을 떠올려 보게 하고 자유롭게 그 말들을 작성하게 안내한다.
⑧ 2인 혹은 3인 1조로 구성하여 서로 경험한 바를 나누도록(한 사람당 2~3분) 한 후 전체적으로 경험을 나누고 마무리한다(총 35분).

❋ 마무리 활동

◎ **한 주간 수행과제 안내(5분)**
① 이번 모임 이후 제공되는 '나를 위한 자애명상'과 이전 시간에 수행했던 명상들을 포함하여 매일 30분 이상 실시할 것을 권유한다. 또한 자녀에게 한 행동으로 자신을 비난하게 되는 상황과 관련하여 자신에게 보내는 자비편지(워크시트 참고)를 작성해 오게 한다.
② 매일 어떻게 진행했는지, 그러한 수행과정을 통해 무엇을 알아차렸고 어떤 감각적 체험을 했는지 기록하도록 안내한다. 메일로 '나를 위한 자애명상' 음성파일, 과제 수행 기록지를 전송하기로 한다.

◎ **전체 소감 나눔(25분)**
① 자유로운 발표 의사에 따라 4~5명 이상 4회기 전체 참여 소감을 발표하게 한다. 되도록 집단원 모두가 소감 발표에 참여할 수 있는 분위기를 조성한다. 이를 통해 본 회기를 통해 새롭게 배우거나 알게 된 것을 공유한다.

수행과제: 나를 위한 자애명상 (안내문)

　이번 명상은 나를 위한 자애명상입니다. 그동안 찾았던 자애메시지 중에서 오늘은 어떠한 메시지에 집중할지 결정합니다. (5초 침묵) '그동안 내가 명상을 잘 하고 있나?' 하는 염려가 있었다면 내려놓습니다. 그리고 몸과 마음을 편안~하게 한 상태에서 수행을 시작합니다. 마치 따뜻한 물속에 들어갔을 때 물들이 내 몸을 어루만지면 저절로 몸이 풀리듯이~ 온정 깊은 말들이 알아서 하도록 내버려둡니다. 이제부터 우리 자신을 위한 자애를 시작하겠습니다. (땡~) 앉거나 누워서 편~안한 자세를 찾습니다. 눈을 부분적으로 혹은 완전히 감습니다. 현재 이 순간에 편안~하게 안주하기 위해 두세 번 심호흡합니다. (10초 침묵) 손을 가슴이나, 위로가 되는 곳에 올려놓습니다. 이것은 단순한 자각이 아니라 애정 어린 자각을 불러오겠다는 의미입니다. 이제 호흡이 가장 쉽게 느껴지는 신체 부위에서 편안~하게 호흡을 느낍니다. 몸이 숨을 들이쉬고 내쉬는 리듬을 느껴봅니다. (10초 침묵) 마음이 떠돈다고 느껴지면 부드러운 호흡의 움직임으로 되돌아옵니다.

4회

자기비난과
자기자비 목소리 (참여자용)

마음챙김_자기자비 수행과정 돌아보기

1단계: 노력 단계

 본 프로그램에 입문한 후 자신의 조그만 변화에도 희망을 느끼고 열정적으로 수행하는 단계

2단계: 좌절 단계

 명상을 지속하면서 처음과 같은 생생한 변화가 느껴지지 않고 무덤덤해지거나 저항과 역류를 많이 경험하게 되고, 프로그램에 대한 환상이 깨지면서 실망과 좌절감, 회의를 느끼는 단계

3단계: 수용 단계

 자신과 다른 사람을 있는 그대로 인정하고 인류 보편적 특성인 '불완전함'을 온전하게 허용하고 받아들이는 진정한 수용 단계

1. 본 과정은 일직선이 아니라 전진과 후퇴를 반복하며 조금씩 점진적으로 나아가는 과정입니다.

    여러분은 현재 어느 단계에 있다고 생각되십니까?
    _____ 단계

2. 프로그램에 참여하는 동안 힘겹거나 혼란스러운 경험이 있었나요? 혹은 의미 있게 다가온 순간이 있었나요? 어떤 특별한 것을 알아차린 경험이 있었나요? 그 내용을 작성해 봅니다.

    _____

3. 프로그램에 참여하는 동안 힘들거나 혼란스럽거나 좌절되었을 때 마음챙김을 한 경험이 있었나요? 혹은 프로그램에 보다 편안하게 참여하기 위해 자신을 내려놓는 경험이 있었나요?

    _____

4. 프로그램 참여 전과 비교하여, 이전에는 받아들이기 어려웠던 자신의 부분(분노, 화, 슬픔, 좌절, 자책, 시기, 질투 등)을 친절과 위로로 대한 경험이 있었나요?

    _____

자기비난의 목소리, 자기자비의 목소리 발견하기

 우리 모두는 자녀의 행동이 못마땅하거나, 자녀에게 화가 났을 때 어떤 행동을 하고는 후회해 본 경험이 있을 것입니다. 혹여 자녀의 행동에 화가 나서 생각보다 심하게 야단을 쳤거나, 심한 말을 했거나, 때렸을 경우 스스로를 비난한 적이 있었나요? 그러한 경우가 있다면 최근 상황을 떠올려 보고 그러한 행동을 하는 자신에게 전형적으로 하게 되는 비난의 목소리를 찾아서 작성해 봅니다.

자녀를 야단치거나 혼내고, 자신을 비난한 최근 상황(구체적으로 작성하지 않으셔도 됩니다)

___

자기비난의 목소리(내용을 작성해 주십시오)

___

 어떤 이득이 있어서 자기비난을 계속 하는 것일까요? 예를 들어, '자기비난을 통해 나를 채찍질함으로써 다음에 같은 실수를 반복하지 않겠다는 다짐을 하며 상황을 통제하고 있다는 착각 때문에', '다른 사람이 나를 비난하기 전에 내가 먼저 자책해서 다른 사람의 비난을 피하려고', '다른 사람에게 비난을 당하는 수치를 겪는 것보다는 자기비난이 훨씬 덜 상처 되고, 훨씬 더 안정감과 편안함을 주니까', '자신한테 막 짜증 났는데 자신을 비난하다 보면 스트레스가 풀리는 듯한 느낌이 드니까'

내가 자기비난을 하게 되는 이유 (이득적 요소)

___

혹시 자기비난을 하는 이면에 자신을 위로하는 자기자비의 목소리가 있었는지 찾아보십시오.

예를 들어, '네가 고통당하는 것을 보고 싶지 않아', '네가 상처받는 것을 원하지 않아', '네가 다른 사람들 앞에서 자신을 초라하게 느끼는 것을 원하지 않아', '난 네가 무능하게 느끼는 것을 원하지 않아', '너와 함께 있을게', '괜찮아~ 네가 한 행동 때문에 세상이 끝나거나, 우리 애가 죽거나 하지 않아~ 괜찮아~ 네가 진정 스스로에게 친절하기를'

자기자비의 목소리 (격려와 위로)

불필요하게 자기비난을 하고 있음을 알아차린다면, 자비편지를 작성하는 것은 더 자비롭고 위로가 되는 목소리를 배양하는 데 도움이 될 것입니다.

나에게 보내는 자비 편지

자비로운 친구가 나에게

    정말 지혜롭고 사랑스럽고 자비가 넘치는 상상의 친구가 있다고 가정합니다. 이 친구는 여러분이 좋아하지 않는 자신의 모습을 포함해서 모든 장점과 단점을 꿰뚫어 볼 수 있다고 가정합시다. 이 친구는 인간 본질의 한계를 잘 알며 친절하고 수용적이고 용서할 줄 압니다. 내가 자녀에게 하는 행동 때문에 스스로 부족하다고, 내가 잘못하고 있다고 판단하면서 괴로워할 때, 이 친구는 나를 깊이 사랑하는 친절한 마음에서 어떤 말을 전하고자 편지로 작성해서 주려 합니다. 이 친구는 무한한 자비의 관점에서 내게 어떤 말을 할까요? 이 친구가 만약 내가 변화하기를 바라면서 어떤 제안을 한다면, 나에게 어떤 방식으로 말할 때 비난 대신에 위로와 격려가 되고 지지가 되는 느낌을 충분히 전달할 수 있을까요? 그러한 마음을 담아 편지로 작성해 봅니다.

    이 편지를 쓴 이후에 잠시 동안 편지와 거리를 둡니다. 그런 다음 편지를 다시 읽고, 진정으로 그 내용을 충분히 음미해 봅니다. 그 말들이 내게 스며들 때 편안하게 위로가 될 것입니다. 나를 사랑하고, 나와 연결되고, 나를 수용하는 것은 나의 타고난 권리입니다. 이를 알아차리기 위해서는 오직 내면을 찬찬히 들여다보시면 됩니다.

내가 친구에게

    내가 너무나 사랑하는 친구에게 말하는 것처럼 편지를 씁니다. 이 친구는 나와 똑같은 고민을 가지고 있고 마음 깊이 고통받고 있습니다. 그렇다면 어떠한 자비로운 말과 지지의 말을 보낼 수 있겠니까? 편지로 작성해 보십시오. 그런 다음 거리를 두었다가 다시 돌아와서 그 편지를 읽고 자신에게 그 말을 적용해 보십시오.

'자비로운 자기'가 나에게

 '자비로운 자기'의 관점에서 편지를 씁니다. '자비로운 자기'는 나를 깊이 사랑하고, 염려하고 있기 때문에 나를 진심으로 돕고 싶어 합니다. '자비로운 자기'가 가지고 있는 의도는 '나는 너를 사랑하고 아끼고 있어. 네가 고통받는 것을 원하지 않아', '난 널 진심으로 돕고 싶어', '넌 자신에게 필요한 걸 할 수 있어. 원한다면 널 위해 여기 있을게, 무엇이든 도울게'입니다. 편지를 다 작성하고 잠시 놓아두었다가 나중에 편지를 자신에게 읽어 줍니다.

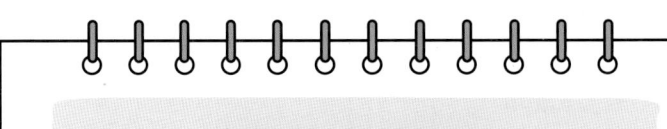

* 프로그램에 참여하는 동안 매일 자신의 과제수행 사항을 점검하여 매 회기 이후 ① 날짜별로 수행했던 방법에 ✓ 표시를 하고, ② 수행하면서 경험한 것을 작성하고 다음 회기에 리더에게 제출합니다.

회기: _____ 성함: _____

수행방법(날짜)	/	/	/	/	/	/	/	/
위로의 손길								
내용 작성	수행하면서 깨달은 점, 감각적 경험 작성하기								
작성 예시	(명상) 새벽 명상을 시작하고 최근 잊고 지낸 자애심이 솟는 느낌을 받음. / (자비편지) 우리 아이가 말썽을 일으킬 때마다 큰소리로 나무라는 내 자신이 못마땅해서 반복해서 자신을 비난했던 일을 떠올리다 보니 어릴 적 기억이 문득 떠올라 가슴이 미어지고 눈물이 남. 부모 된 심정으로 부모님의 마음을 돌아보는 경험을 하게 됨. 아직 용서하고 싶은 마음은 없었지만 처음으로 부모님 입장이 어땠을지 진심으로 생각해 보는 경험이 됨.								
1일 차 (모임 당일)									
2일 차									
3일 차									
4일 차									
5일 차									
6일 차									
7일 차									
8일 차 (모임 당일)									
기타									

5회

양육가치와 자비로운 경청 (리더용)

주제	참된 양육가치 발견, 자비로운 경청 체득	운영 방법	강의, 명상실습, 나눔	인원	10명 내외
목표	- 현재 양육가치 점검 및 이면의 동기 이해를 통해 참된 양육가치 발견의 필요성 인식 - 참된 양육가치의 구현 및 좌절 상황 대처를 위한 자기자비 필요성 인식 및 실천동기 제고 - 자녀와의 깊은 유대감을 형성하는 데 자비로운 경청의 필요성 인식 및 실천동기 제고				
준비물	워크시트, 필기구/강의용 파워포인트 자료, 노트북, 프로젝터, 명찰, 질문지, 질문지 모음판				

	내용	준비물
활동 내용	■ 도입활동 ◎ 지난 시간 모임 및 지난주 수행과제에 대한 소감 나눔	명찰
	■ 주요활동 ◎ 양육가치 강의 - 양육가치 정의, 필요 및 목표와 개념 비교 등	파워포인트 강의자료
	◎ 참된 양육가치 발견하기 실습 - 자신이 원하는 자녀의 장성한 모습 상상 및 양육가치 발견 - 자녀 입장에서 바라본 현재 나의 양육가치 탐색 - 자신이 현재 양육가치를 중요시하는 동기 발견 및 자기자비 수행 - 자신의 욕구와 자녀의 욕구가 조화를 이루는 참된 양육가치 탐색	실습 및 나눔 워크시트
	휴식	
	◎ 자비로운 경청의 필요성 강의 - 공감적 공명으로 인한 충실한 경청의 어려움 이해 - 자비로운 경청의 필요성 인식	파워포인트 강의자료
	◎ 자비로운 경청방법 강의 및 실습 - 자비로운 경청 방법: 비언어적 경청, 체화된 경청, 자비 주고받기호흡 설명 - 자녀양육 상황에서의 전화위복 경험에서 깨달은 점에 대한 자비로운 경청 실습 및 나눔	파워포인트 강의자료, 실습 및 나눔 (워크시트 참조)
	■ 마무리 활동 - 전체 소감 나눔 - 과제 안내: 자비 주고받기 호흡명상, 자비로운 경청 - 평가지 작성	워크시트 참조
기타	자비 주고받기 호흡명상 안내문 녹음, 밴드활동 안내	워크시트

Ⅰ. 목표

첫째, 현재 양육가치를 점검하며 이면의 동기를 이해함으로써 참된 양육가치 발견의 필요성을 인식한다.

둘째, 참된 양육가치의 구현 및 좌절 상황의 대처를 위한 자기자비의 필요성을 인식하고 실천동기를 제고한다.

셋째, 자녀와의 깊은 유대감을 형성함에 있어 자비로운 경청의 필요성을 인식하고 일상에 적용한다.

Ⅱ. 준비사항

1. 준비물: 워크시트, 필기구/강의용 파워포인트 자료, 노트북, 프로젝터, 명찰, 질문용지(포스트잇), 질문용지 모음판
2. 자리배열: 리더를 중심으로 둥글게 앉기

Ⅲ. 이 시간의 의미

5회기에서는 현재 자녀를 양육함에 있어 추구하고 있는 양육가치(parenting value)가 무엇인지 숙고하면서 그 이면에 원가족 부모에게 바랐던 양육태도, 충족되지 못한 자신의 욕구(need), 자녀를 통한 대리 성취욕구 등이 내재되어 있을 수 있음을 깨닫도록 안내하는 것이 중요하다. 또한 자녀 입장에서 부모에게 바라는 것을 생각해 보면서 참된 양육가치를 발견하고 이를 구현하기 위해서는 자녀의 욕구와 자신의 욕구를 조화롭게 적용할 필요성을 깨닫도록 조력하는 것이 중요하다. 또한 자녀와 더불어 살아가면서 참된 양육가치를 구현하려고 노력하다가 좌절되는 상황에서 자기자비의 필요성 및 중요성을 깨닫도록 돕는다. 이때 자녀 및 다른 사람과의 관계에서 깊은 유대를 회복하고 지켜 나가는 데 있어 자비로운 경청의 필요성을 인식하도록 돕는다.

Ⅳ. 진행과정

🌸 도입활동

◎ 지난 시간 모임 및 지난주 수행과제에 대한 소감 나눔(20분)

① 프로그램 참여자들이 도착하는 대로 편안한 자리에 착석하도록 안내한다. 시간이 되면 양육효능감 향상 부모 집단상담 프로그램(양육죄책감의 감소라는 목적을 그대로 노출할 경우 효과성 검증에 영향을 미칠 수 있으므로 편의상 유사한 목적을 제시하였음)의 5회차 모임이 시작됨을 알린다. 5회차인 오늘 모임에서는 어떤 내용을 다룰지 진행순서를 안내한다.

② 지난 시간 모임 혹은 지난주 수행과제를 하면서 경험한 것을 함께 나눈다(1인당 2~3분, 약 18분).

🏷️ 지도자 TIP

> 지난주 수행과제였던 '나를 위한 자애명상'을 수행한 후 '어색하다', '와닿지 않는다' 등과 같은 불편감을 호소하는 경우가 있다. 우리가 평소 자기비난이나 자기판단을 하는 것이 익숙하고 자기자애를 하는 것이 익숙하지 않은 만큼 자애수행이 어색하거나 이상하게 느껴질 수 있으나 일상적으로 수행해 나가다 보면 점차 자애에 마음이 개방되면서 좀 더 충실하고 진정성 있는 자애수행이 될 수 있음을 안내한다.

🌸 주요활동

◎ 양육가치 강의(10분)

① 양육가치(parenting value)의 정의를 살펴보고(워크시트 참조) 양육가치는 부모로서의 자신에 대한 기대와 자녀에 대한 바람 중 어떤 것을 더 고려하느냐에 따라 달라질 수 있음을 설명한다. 또한 양육가치의 개념을 보다 잘 이해할 수 있도록 필요(need)와 비교하여 안내한다. 즉 필요는 인간이 보편적으로 추구하는 가치, 즉 안정, 사랑, 유대와 같은 것이라면, 양육가치는 부모로서 자녀를 양육하면서 추구하는 선택적 가치에 해당되며, 부모로서의 자신에 대한 기대로서 친구와 같은 부모, 엄격한 부모, 자애로운 부모, 자녀에게 최적의 가정환경을 조성하는 사람으로서의 부모, 자녀의 자율성을 최대한 보장하는 후원자와 같은 부모 등을 예로 들 수 있고, 자녀에 대한 바람으로서는 건강한 자녀, 능력 있는 자녀, 행복한 자녀 등을 그 예로 들 수 있다.

② 또한 양육가치와 목표(goal)를 비교하여 설명함으로써 보다 명료하게 이해하도록 조력한다. 목표는 개인이 어떠한 기준을 가지고 달성하고자 하는 것이며 doing에 초점을 둔 것이라면, 양육가치는 개인이 어떤 부모로 존재하길 원하는가(being), 혹은 어떤 자녀로 성장하길 원하는가(want)에 초점을 둔 것으로 목표를 달성한 뒤에도 부모로서의 삶의 방향을 나타내는 요소임을 설명한다.

◎ 참된 양육가치 발견하기 실습(40분)

① 참된 양육가치를 발견할 수 있도록 우선 참여자들로 하여금 자신이 원하는 모습으로 장성한 자녀를 상상하도록 안내한다. 이렇게 자녀가 장성한 모습을 보기 위해 어떤 부모로서 살고자 하는지, 자녀가 어떤 모습으로 성장하길 바라는지를 탐색함으로써 현재 자신의 양육가치를 작성하도록 안내한다.

② 자녀의 입장에서 현재 자신의 양육가치를 어떻게 받아들일지, 자녀가 부모에게 바라는 것이 무엇인지 생각해 보게 하고 작성하도록 안내한다. 현재 자녀의 바람이 떠오르지 않을 경우(현재 자녀가 너무 어려서 예상되지 않을 경우), 자기 부모의 양육가치가 어땠는지, 그리고 어떤 자녀로 성장하길 바랐는지, 이에 대해 자신은 어떤 마음이었는지를 살펴보게 하고 이에 비추어 자녀의 입장을 숙고해 보도록 안내한다.

③ 자신이 이토록 현재의 양육가치를 중요시하는 이유를 탐색하게 한다. 현재의 양육가치는 알고 보면 자신이 성장기에 바랐던 부모의 양육태도나, 부모로부터 충족되길 바랐던 욕구(need), 현재 자기 삶에서 성취하지 못한 아쉬움을 대리 충족 하고자 하는 마음 등이 반영되었을 수 있음을 돌아보게 한다.
④ 이를 통해 자녀와 자신의 욕구를 함께 고려하는 양육가치를 발견하기 위해서 자기자비가 어떠한 역할을 할 수 있는지 살펴봄으로써 진정한 양육가치를 찾는 데 자기자비의 필요성을 인식할 수 있도록 돕는다.
⑤ 조 나눔 없이 전체적으로 소감을 나눈다. 만약 집단원의 인원수가 많다면 2인 1조, 혹은 3인 1조로 조 나눔을 한 후 1~2명의 소감을 전체적으로 듣고 10분 휴식한다.

◎ 자비로운 경청의 필요성 강의(5분)

① 자녀와 조화를 이루며 의미 있고 충만된 삶을 살아가는 과정에는 반드시 자녀와의 깊은 유대를 형성하는 것이 필요함을 안내한다. 깊은 유대감을 형성하는 데 깊이 있고 진실한 나눔이 필요하고, 이러한 나눔이 원활하도록 돕는 데 자비로운 경청이 유익함을 안내한다.
② 다른 사람이 이야기할 때 방해되는 조언과 충고를 하게 되는 이유를 공감적 공명에서 찾아 보고, 공감적 공명으로 인한 심리적 고통을 누그러뜨리고 다른 사람의 고통에 함께 머물면서 깊이 있는 나눔을 이루는 데 자비로운 경청이 중요한 역할을 할 수 있음을 안내한다.

◎ 자비로운 경청방법 강의 및 실습(35분)

① 자비로운 경청 방법(워크시트 참조)을 안내하고 이를 실습하는 시간을 갖는다. 첫째, 비언어적 경청, 둘째, 체화된 경청, 셋째, 자비 주고받기 호흡을 통해 청자가 자신과 화자에게 동시에 자비를 전달하며 경청하는 방법임을 안내한다.
② 자비로운 경청을 실습하면서 어떤 느낌이었는지, 알아차린 바를 자유롭게 조별로 나누고, 전체적으로 공유하는 시간을 갖는다(1인당 2~3분, 30분).

마무리 활동

◎ **한 주간 수행과제 안내(2분)**

① 이번 모임 이후 제공되는 '자비 주고받기 호흡명상'과 이전 시간에 수행했던 명상들을 포함하여 매일 30분 이상 실시할 것을 권유하고, 일상에서 자비로운 경청 실천을 권유한다.

② 매일 어떻게 진행했는지, 그러한 수행과정을 통해 무엇을 알아차렸고 어떤 감각적 체험을 했는지 기록하도록 안내한다. 메일로 자비 주고받기 호흡명상 음성파일, 과제수행 기록지를 전송하기로 한다.

◎ **전체 소감 나눔(28분)**

① 자유로운 발표 의사에 따라 4~5명 이상 5회기 전체 참여 소감을 발표하게 한다. 되도록 집단원 모두가 소감 발표에 참여할 수 있는 분위기를 조성한다. 이를 통해 본 회기를 통해 새롭게 배우거나 알게 된 것을 공유한다.

수행과제: 자비 주고받기 호흡명상 (안내문)

이번 명상은 자비 주고받기 호흡명상입니다. 명상을 시작하기 위해 가장 편안한 자세를 찾습니다. 앉아도 좋고 누워도 좋습니다. 아주 편안한 자세를 취합니다. 그리고 눈을 부드럽게 감습니다. 친절한 자각을 가져온다는 것을 기억한다는 의미에서 가슴 또는 편안한 부위에 손을 얹어도 좋습니다. 이제부터 명상을 시작합니다. (땡~~~) 깊게 이완하는 호흡을 두세 번~ 천천~히 편안~하게 해 봅니다. (10초 침묵) 숨을 들이쉴 때 호흡이 어떻게 몸에 생기를 불어넣는지, 내쉴 때 호흡이 어떻게 몸을 이완시키는지 알아차립니다. (30초 침묵) 호흡의 자연스러운 리듬을 그대~로 느껴 봅니다. 계속해서 들숨과 날숨에서 호흡의 감각을 느낍니다. 호흡의 리듬에 온몸이 부드럽게 흔들리고 어루만져지도록 내버려둡니다. (15초 침묵) 들숨과 날숨을 음미합니다. (5초 침묵) 이제 주의를 들숨에 집중합니다. 들숨의 감각을 음미합니다. 한 숨, 한 숨 숨을 들이쉴 때마다 들숨이 어떻게 자신에게 생기를 불어넣는지 알아차려 봅니다. 그러고 나서 숨을 내쉽니다. (15초 침묵) 숨을 들이쉴 때 자신에게 필요하고 좋은 것을 함께 들이쉽니다. 예를 들어 친절, 자비, 사랑일 수 있습니다. 원한다면 온기나 따스한 빛과 같은 이미지를 사용할 수도 있습니다. (30초 침묵) 이제 주의를 날숨으로 옮깁니다. 몸이 숨을 내쉬는 것을 느껴 봅니다. (5초 침묵) 날숨이 어떻게 몸을 위로하는지 알아차려 봅니다. 날숨의 편안함을 느껴봅니다. (10초 침묵) 이제 사랑하는 자녀를 떠올리시거나 고통에 빠져서 자비가 필요한 다른 누군가를 떠올립니다. 그 사람의 이미지를 마음속에 선명하게 떠올립니다. 날숨을 그 사람을 향하게 하고~ 원한다면 날숨에 따스함과 친절함을 함께 실어 보냅니다. (5초 침묵) 다른 좋은 말이나 이미지를 사용할 수도 있습니다. (30초 침묵) 이제 들숨은 자신을 위하여, 날숨은 상대를 위하여 호흡합니다. 자, 숨을 들이쉬고 내쉬는 감각에 초점을 맞춥니다. 숨을 들이쉬고 내쉬는 감각을 음미해 봅니다. 단순하게 숨을 들이쉬고 내쉬는 감각에 초점을 두고 좋은 것들을 호흡과 함께 들이마시고 보내 봅니다. (5초 침묵) 들숨에~ 나를 위하여, 날숨에 그 사람을 위하여 나를 위해서 들이쉬고 상대를 위해서 내쉬고, 나를 위해서 들이쉬고 상대를 위해서 내쉬고 (10초 침묵) 들숨과 날숨 간의 균형을 맞추어도 좋습니다. 들숨과 날숨 한 번은 나를 위해 또 다른 들숨과 날숨 한 번은 상대를 위해 (10초 침묵) 원한다면 자신에게 혹은 상대에게 좀 더 초점을 맞출 수 있습니다. 예를 들어, 나를 위해 두 번 상대를 위해 한 번 혹은 나를 위해 한 번 상대를 위해 세 번 어떤 형태로든 자유롭게 편한 대로 숨을 들이쉬고 내쉽니다. (30초 침묵) 어떤 불필요한 노력도 내려놓습니다. (30초 침묵) 마음이 떠돌면 다시 심호흡으로 돌아오고 내 몸의 감각에 주의를 기울입니다. 그리고 다시 나와 상대를 위해 친절과 따스함을 담아 호흡합니다. 나를 위해 들이쉬고 상대를 위해 내쉬고 (10초 침묵) 지금 하고 있는 명상을 그저 숨을 쉬는 것처럼 편안~하게 합니다. (1분 침묵) 마치 바닷물이 끊임없이 흘러 들어오고 흘러 나가고 부드럽게 움직이는 것처럼 자신의 호흡이 흘러 들어오고 흘러 나가도록 허용합니다. 자신을 이 무한정 흐르는 바다의 일부가 되도록 내버려둡니다. 자신을 자비의 바다가 되도록 내버려둡니다. (1분 침묵) 천천히 부드럽게 눈을 뜹니다. 땡~ 땡~ (2초 침묵) (3초 침묵)

5회

양육가치와 자비로운 경청 (참여자용)

참된 양육가치 발견하기

양육가치(parenting value): 부모로서 자녀를 양육하면서 추구하는 선택적 가치. 나는 어떤 부모이고 싶은가?(being), 어떤 자녀로 성장하길 원하는가?(want)
  예) 어떤 부모?: 친구 같은 부모, 엄격한 부모, 자애로운 부모, 환경조성자 같은 부모, 후원자 같은 부모 등
  어떤 자녀?: 건강한 자녀, 능력 있는 자녀, 행복한 자녀 등

필요(need): 누구에게나 예외 없이 중요한 보편적 가치. 나에게 무엇이 필요한가?(자비/자애메시지 선택)
  예) 사랑, 안정, 유대감 등

양육목표(parenting goal): 양육과 관련하여 특정한 기준을 가지고 달성하고자 하는 것. 양육자로서 나는 무엇을 달성하고 싶은가?(doing)
  예) 자녀를 대학까지 보내고 독립시키기 등

1. 현재 자신의 양육가치는 무엇인가요?: 나는 어떤 부모이고 싶은가요? 어떤 자녀로 성장하길 바라나요?

_____

2. 자녀는 나의 양육가치를 어떻게 받아들이고 있을까요? 자녀가 내게 바라는 것은 무엇일까요?

(내 부모님은 어떤 양육가치를 지닌 분들이셨고, 내게 어떤 자녀로 성장하길 바랐는지, 그리고 이에 대해 내 마음은 어땠는지에 비추어 작성하셔도 좋습니다.)

_____

3. 나는 왜 이토록 이 양육가치를 중요시할까요?

(자신이 받고 싶었던 양육방법? 대리성취 충족욕구?)

_____

4. 자녀의 욕구와 자신의 욕구를 조화롭게 반영한 참된 양육가치를 실현하며 살아갈 수 있도록 자기자비가 도울 수 있는 측면은 무엇일까요? 어떻게 자신에게 자비로운 마음을 전달할까요?

_____

자비로운 경청

자비로운 경청은 대화를 하는 상황에서 자신과 상대방 모두에게 자비로움을 전하는 방법으로 이 수행은 상대방과 유대감을 느끼게 하며 감정적으로 조화로움을 느끼도록 허용하는 방법입니다.

자비로운 경청을 하는 방법은 다음과 같습니다.

첫째, 비언어적 경청

대화가 시작되면 상대방이 말하는 도중에 끼어들어 위로하거나 충고나 제안을 하기보다는 오직 끝까지 듣기만 하기로 결정합니다.

둘째, 체화된 경청

다른 사람의 이야기를 경청하는 동안 귀로만 듣는 것이 아니라 온몸으로 듣습니다. 그러는 동안 말하는 사람에 대해 따스하고 자비로운 느낌이 마음속에서 일어나는 것을 허용하고, 지금 이 순간 자신과 상대방이 자비와 사랑으로 연결되고 있음을 느낍니다.

셋째, 자비 주고받기 호흡

만약 이야기를 듣다가 공감적 공명이 일어나 마음이 괴롭거나 힘이 든다면, 혹은 자꾸 생각이 떠돌고 다른 이미지가 떠오르거나, 또는 충고나 조언을 해 주고 싶은 욕구가 생긴다면 '자비 주고받기' 호흡을 수행합니다.

먼저 자신의 호흡의 리듬에 주의를 기울이며 들숨과 날숨의 리듬을 알아차립니다. 이를 통해 다시 자신의 몸과 연결됩니다. 그리고 들숨으로 주의를 이동합니다. 들이쉬는 한 숨, 한 숨에 친절함, 편안함, 자비를 담아 숨을 들이쉽니다. 이러한 호흡을 몇 차례 합니다.

그런 다음 주의를 날숨으로 이동시킵니다. 이번에는 상대방을 위해 편안함과 친절함을 날숨에 실어 보냅니다. 이를 몇 차례 합니다.

이제 자신을 위해 들이쉬고, 상대를 위해 내쉽니다. 한 번은 자신을 위해 들이쉬고 한 번은 상대를 위해 내쉽니다.

원한다면 들숨과 날숨에 자비, 편안함 등과 같은 말이나 따스한 빛과 같은 이미지를 실을 수도 있습니다.

이러한 '자비 주고받기' 호흡을 통해 자신과 상대 사이의 따스한 연결이 이루어지면 호흡에서 주의를 돌려 비언어적으로 체화된 경청으로 되돌아갑니다.

5회 수행 기록지

* 프로그램에 참여하는 동안 매일 자신의 과제수행 사항을 점검하여 매 회기 이후 ① 날짜별로 수행했던 방법에 ✓ 표시를 하고, ② 수행하면서 경험한 것을 작성하고 다음 회기에 리더에게 제출합니다.

회기: _____ 성함: _____

수행방법(날짜)	/	/	/	/	/	/	/	/
자비 주고받기 호흡 명상								
자비로운 경청								
내용 작성	수행하면서 깨달은 점, 감각적 경험 작성하기							
작성 예시	(명상) 자신과 자녀에게 자비로운 마음을 보내면서 평안함과 고요함을 느낌. / (자비로운 경청) 자녀가 울면서 친구와 싸우는 이야기를 하는 동안 끝까지 말하지 않고 자비로운 경청을 실시한 결과, 자녀의 울음이 잦아들고 평안한 얼굴이 되면서 장난감으로 주의를 돌린 자녀의 모습에 신기함을 느낌.							
1일 차 (모임 당일)								
2일 차								
3일 차								
4일 차								
5일 차								
6일 차								
7일 차								
8일 차 (모임 당일)								
기타								

6회

힘겨운 감정과 화 (리더용)

주제	힘겨운 감정(화) 이해 및 대처	운영 방법	강의, 명상실습, 나눔	인원	10명 내외
목표	- 힘겨운 감정의 수용과정 이해 및 만나는 방법 습득으로 일상 실천동기 제고 - 화의 이해 및 만나는 방법 습득으로 일상 실천동기 제고				
준비물	워크시트, 필기구/강의용 파워포인트 자료, 노트북, 프로젝터, 명찰, 질문지, 질문지 모음판				

활동 내용	내용	준비물
	■ 도입활동 ◎ 지난 시간 모임 및 지난주 수행과제에 대한 소감 나눔	명찰
	■ 주요활동 ◎ 힘겨운 감정을 수용하고 만나는 방법 강의 - 힘겨운 감정 수용 과정: 저항하기, 탐색하기, 허용하기, 친구 되기 단계 설명 - 힘겨운 감정을 만나는 방법: 이름 붙이기, 몸으로 감정 자각하기, 부드럽게-위로-허용하기 설명	파워포인트 강의자료 (워크시트 참조)
	◎ 힘겨운 감정을 만나는 방법 실습 - 일상에서 힘겨운 감정을 경험했던 순간을 떠올려 실습	실습 및 조 나눔 (워크시트 참조)
	휴식	
	◎ 화의 기능적 측면과 부정적 효과 강의 - 화의 기능적 측면 및 부정적 효과 이해 - 화를 만나는 방법 소개	파워포인트 강의자료
	◎ 화를 만나는 방법 실습 - 화를 인정하기 / 이면의 상처 되기 쉬운 감정·왜곡된 믿음·결핍된 욕구 탐색 - 부드럽게 이름 붙여 부르기, 자비로 반응하기	실습 및 나눔 (워크시트 참조)
	■ 마무리 활동 - 전체 소감 나눔 - 과제 안내: 이제까지 배운 여러 가지 수행방법 중 선택하여 30분 수행 / 힘겨운 감정(화) 만나기를 권유 - 평가지 작성	
기타	밴드활동으로 과제 수행하기 안내	워크시트

Ⅰ. 목표

첫째, 힘겨운 감정의 수용과정을 이해하고 만나는 방법을 습득함으로써 일상에서의 실천동기를 높인다.
둘째, 화의 기능적 측면과 이면의 감정, 왜곡된 믿음, 결핍된 욕구를 이해하고 화와 만나는 방법을 습득함으로써 일상에서의 실천동기를 높인다.

Ⅱ. 준비사항

1. 준비물: 워크시트, 필기구/강의용 파워포인트 자료, 노트북, 프로젝터, 명찰, 질문용지(포스트잇), 질문용지 모음판
2. 자리배열: 리더를 중심으로 둥글게 앉기

Ⅲ. 이 시간의 의미

6회기에서는 힘겨운 감정을 수용하는 과정을 이해하고 이를 다루는 방법을 습득한다. 특히 자녀와의 관계에서 반복되는 갈등을 통해 경험하기 쉬운 '화'와 그 밑에 감춰져 있는 상처받기 쉬운 다른 감정들, 관련된 부정적이고 왜곡된 믿음, 기저의 핵심적인 결핍된 욕구를 이해할 수 있도록 조력하는 것이 중요하다. 또한 화를 인정하고 받아들이며 만나는 방법을 습득하도록 도움으로써 자녀와의 관계에서 부지불식간에 화를 내고 후회하는 일을 줄일 수 있도록 돕고 자녀와의 단절감을 줄이면서 보다 안전하고 평화로운 연결을 맺을 수 있도록 조력하는 것이 필요하다.

Ⅳ. 진행과정

> **도입활동**

◎ 지난 시간 모임 및 지난주 수행과제에 대한 소감 나눔(20분)
① 프로그램 참여자들이 도착하는 대로 편안한 자리에 착석하도록 안내한다. 시간이 되면 양육효능감 향상 부모 집단상담 프로그램(양육죄책감의 감소라는 목적을 그대로 노출할 경우 효과성 검증에 영향을 미칠 수 있으므로 편의상 유사한 목적을 제시하였음)의 6회차 모임이 시작됨을 알린다.
② 지난 시간 혹은 한 주간 수행과제를 하면서 경험한 것을 함께 나눈다(1인당 2~3분, 약 18분).
③ 6회차 모임에서는 어떤 내용을 다룰지 진행순서를 안내한다.

지도자 TIP

지난주 수행과제였던 자비 주고받기 호흡명상에서는 자신과 다른 사람에게 자비를 보낸다는 형식을 띠고 있지만 선한 의도를 가지고 '자기 안'에서 자비심을 일으키는 것이므로 결국 자기자비심이 개발되는 것이다. 이와 같이 자기자비를 개발하다 보면 선한 의도를 가지고 점차 자신뿐 아니라 자녀나 남편, 나아가 다른 사람들에게도 자비심을 실제로 발휘할 수 있게 되므로 연습을 충분히 할 필요가 있음을 안내한다.

주요활동

◎ **힘겨운 감정을 만나고 수용하는 방법 강의(10분)**

① 힘겨운 감정을 수용하는 과정(워크시트 참조)은 첫째, 저항하기, 둘째, 탐색하기, 셋째, 허용하기, 넷째, 친구 되기 단계로 진행되며, 저항을 진정으로 수용하는 과정임을 설명한다. 힘겨운 감정을 처음 마주하면 저항을 느끼고 심리적 위협-방어시스템이 발동되어 자기비난, 고립, 감정에 매몰되기와 같은 반응이 일어나지만 감정에 대한 저항이 누그러질수록 그 감정을 허용하며, 마지막은 진정으로 수용하는 단계로 나아갈 수 있음을 안내한다. 이와 같이 힘겨운 감정을 수용하는 것은 고통의 숨은 가치를 이해하고 이로 인해 성장의 기회를 얻게 되는, 느리지만 자연스럽게 진행되는 과정임을 설명한다.

② 힘겨운 감정을 만나는 방법 3가지를 소개한다(워크시트 참조). 첫째, 감정에 이름 붙이기, 둘째, 몸으로 감정 자각하기, 셋째, 부드럽게-위로-허용하기(신체적으로 부드럽게 하고, 감정적으로 위로하고, 정신적으로 허용하는) 방법에 대해 설명한다.

◎ **힘겨운 감정을 만나는 방법 실습(40분)**

① 힘겨운 감정을 만나는 방법(워크시트 참조)을 안내하고 이를 실습하는 시간을 갖는다. 이를 위해 그동안 자녀와의 양육상황에서 힘겨운 감정을 경험했던 순간을 떠올리게 한다. 가장 강하게 떠오르는 감정에 이름을 붙이고, 감정이 강하게 표출되는 신체 부위에 주의를 기울이도록 안내한다. 이때 느껴지는 신체 감각을 부드럽게 하고, 자신에게 위로의 말을 표현하게 하며, 그 감정을 있는 그대로 허용하도록 안내한다.

② 2인 1조를 이루어 실습을 통해 경험한 바와 깨달은 점을 나누도록 한 후, 휴식에 들어간다(10분).

③ 조 나눔 없이 전체적으로 소감을 나눈다. 만약 집단원의 인원수가 많다면 2인 1조, 혹은 3인 1조로 조 나눔을 한 후 휴식시간(10분)을 갖는다.

◎ 화의 기능적 측면과 부정적 효과 강의(10분)

① 자녀와의 관계에서 마음이 힘겹고 고통스러운 순간들을 떠올려 보면 대부분 소통이 잘 안되고 단절감을 경험하는 상황들이 해당된다. 관계가 단절되면 거부당한 느낌, 소외감 등을 느낄 수 있고 가장 흔하게는 '화'를 느끼기 쉽다. 이에 여러 가지 힘겨운 감정 중에서 자녀와의 관계에서 흔히 느낄 수 있는 감정, '화'에 초점을 둔다. 먼저 화의 기능적 측면을 먼저 살펴보고 화의 부정적 영향에 대해 설명한다. 화의 기능적 측면에는 우리가 의식할 경우 더욱 고통이 되는 감정(예: 두려움, 슬픔, 서러움, 수치감 등)으로부터 우리를 보호하는 방어적 기능이 있으며, 특히 화는 의사를 강하게 전달하는 측면이 있어서 학대 피해나 사회적 정의와 관련된 화는 자신과 타인을 함께 보호하는 기능이 있음을 설명한다. 또한 화가 방어하는 감정들의 이면에는 인지오류, 즉 경직되고 왜곡된 믿음(내가 유능한 엄마라면 반드시 애를 쉽게 달래야만 해. 등), 결핍욕구(사랑·인정·소속·연결·존중·자율 등)가 자리하고 있음을 설명한다.

② 또한 화의 부정적 효과로서 화를 낼 때 따라오는 신체 변화가 장기화되면 질병으로 악화될 수 있고, 관계 문제 역시 악화될 수 있으므로 화를 안전하고 건강하게 표현해야 할 필요성을 제기한다.

③ 화를 안전하고 건강하게 다루는 방법으로 첫째, 화를 인정하고, 둘째, 화가 방어하고 있는 이면의 감정을 발견하고, 셋째, 감정을 발동시키는 경직되고 왜곡된 믿음을 찾고, 넷째, 더 심층 면에 있는 채워지지 않는 욕구를 발견하고 다섯째, 마음챙김_자기자비를 통해 힘겨운 감정, 왜곡된 믿음, 결핍욕구를 친절과 자비로 만나는 방법을 소개한다.

◎ 화를 만나는 방법 실습(35분)

① 화를 건강하고 안전하게 만나도록(워크시트 참조) 화를 만나는 방법을 실습한다.

② 이를 위해 자녀와의 관계에서 화가 난 상황을 떠올리게 한 후 대처방법을 실습한다. 먼저 화의 보편성, 정당성을 인정하고, 의식되면 더 큰 상처가 될 만한 감정, 믿음, 욕구를 탐색하도록 안내한다.

③ 이제까지의 실습을 통해 화 이면에 자리한 고통스러운 감정들이 무엇인지, 어떤 인지오류들, 즉 심리적 왜곡과 경직된 믿음들이 그 감정들을 발동시켰는지, 어떤

욕구가 채워지지 않아서 이러한 생각과 감정들이 자극되었는지 탐색하여 발견한 것을 워크북에 작성하게 한다.

④ 감정, 인지오류, 욕구를 안전하고 건강하게 만나기 위해, 이름을 붙여 부드럽게 부르고 자비로 반응하기를 하면서 경직되고 왜곡된 생각을 보다 객관적이고 사실적인 생각으로 바꾸고, 부드럽고 친절하게 스스로 욕구를 채워 보는 방법을 실습한다.

⑤ 조 나눔 없이 전체적으로 소감을 나눈다. 만약 집단원의 인원수가 많다면 2인 1조, 혹은 3인 1조로 조 나눔을 한 후 1~2명의 소감을 전체적으로 듣는다.

마무리 활동

◎ 한 주간 수행과제 안내(2분)

① 이전 시간까지 배웠던 여러 가지 수행방법 중에서 선택해서 매일 30분 이상 실시할 것을 권유하고, 일상에서 힘겨운 감정을 만나는 방법을 실천할 것을 권유한다. 특히 오늘 집중적으로 다룬 화에 대해 다시 한번 찬찬히 자신의 마음을 돌아보고 혹여 이러한 경험을 일상에서 하게 될 경우 마음챙김과 자기자비로 만나 볼 것을 권유한다.

② 매일 어떻게 진행했는지 그러한 수행과정을 통해 무엇을 알아차렸고 어떤 감각적 체험을 했는지 기록하도록 안내한다.

◎ 전체 소감 나눔(23분)

① 자유로운 발표 의사에 따라 4~5명 이상 6회기 전체 참여 소감을 발표하게 한다. 되도록 집단원 모두가 소감 발표에 참여할 수 있는 분위기를 조성한다. 이를 통해 본 회기를 통해 새롭게 배우거나 알게 된 것을 공유한다.

6회

힘겨운 감정과 화 (참여자용)

힘겨운 감정을 수용하는 과정

힘겨운 감정이 갑자기 들이닥치면~~

저항하기
편도체의 위협-방어시스템의 작동, '자기비난 & 자기판단', '고립', '감정에 매몰되기'

탐색하기
'왜 이 감정을 느꼈을까?', '이 감정을 느끼는 의미가 뭘까?' 나도 모르게 호기심을 가지고 탐색하기

허용하기
힘겨운 감정이 불쑥 다시 떠오르더라도 '괜찮아~ 어떻게든 되겠지' 하며 감정의 들락거림을 허용하기

친구 되기
고통을 의미 있는 삶의 일부로 바라보기. 고통스러운 감정을 불러온 사태를 새로운 시각으로 바라보고, 고통의 숨은 가치를 진정으로 이해하게 되고, 인간으로서 한층 더 성장하는 기회를 얻게 됨.

힘겨운 감정을 수용하는 과정은
저항을 진정으로 내려놓는 과정입니다.

힘겨운 감정 만나기

아래의 수행방법들은 일상에서 힘겨운 감정이 들이닥쳤을 때 저항을 진정으로 내려놓고 그 고통스러운 감정을 만나기 위해 사용될 수 있습니다.

첫째, 감정에 이름 붙이기
　스트레스 상황에 처했거나 힘겨운 감정으로 고통받을 때 수많은 감정들이 함께 떠오를 것입니다. 여기에 이름을 붙여 주십시오. 이름을 붙이게 되면 감정과 자신 사이에 공간이 생깁니다. 여유가 생기면서 감정에 매몰되지 않고 거리를 두고 감정을 바라보는 일이 가능해집니다.

　'분노구나', '슬픔이구나', '비통함이구나', '애통함이구나', '두려움이구나', '공포구나', '애절함이구나', '절망이구나', '좌절이구나', '죄책감이구나', '수치감이구나' 등

　이제 가장 강하고 크게 느껴지는 감정에 대해 이름을 붙일 수 있는지 봅니다. 만약 이렇게 하기가 어렵다면 매우 소중하고 친한 친구가 힘겨운 감정에 휩싸여 있을 때 친구의 감정을 인정하고 공감해 주는 것처럼, 자비롭고 친절한 마음으로 부드러운 목소리로 "화가 났구나", "슬프구나", "두렵구나", "죄책감이 드는구나", "절망스럽구나" 하고 감정의 이름을 들려줍니다.

둘째, 몸으로 감정 자각하기
　이제 머리에서 발끝까지 몸을 훑어보면서 감정이 가장 강하게 느껴지는 부위를 찾습니다. 아마도 근육이 긴장되거나 뻐근하거나 화끈거리는 느낌, 아픔이 느껴지는 부위가 있을 것입니다.
　마음속으로 그 부위에 부드럽게 주의를 기울입니다. 자신의 몸을 마치 사랑스러운 아이의 몸인 것처럼 생각하면서 부드럽게 주의를 기울입니다.

셋째, 부드럽게-위로-허용하기

이제 몸에서 찾은 부위를 부드럽게 하기 시작합니다. 마치 따스한 물속에 몸을 담그면 근육이 부드럽게 풀리는 것처럼 부드럽게 합니다. 우리는 '그 느낌을 바꾸려고 노력하는 것이 아니라는 것'을 기억합니다. 그저 부드럽게 머무는 것입니다. 원한다면 그 부위에 손을 올려놓습니다.

손바닥을 통해 그 부위로 따스함과 친절함이 흘러들어 간다고 상상합니다. 원한다면 직접 어루만질 수도 있습니다.

이제 힘든 상황에 있는 자신에게 위로의 말을 전합니다. 어떤 말을 듣는다면 위로가 되고 진정이 되겠습니까? 그 말들을 들려줍니다.

"내가 그렇게 느낀다니 정말 힘들었겠다.", "내가 그렇게 느낀다니 정말로 괴로웠겠다."

혹은 자비롭고 친절한 메시지를 들려줍니다.

"내가 스스로에게 친절하기를", "내가 평안하기를"

이러한 말을 직접 들려주기가 어렵다면 소중하고 친한 친구가 이와 같이 힘겨운 마음으로 고통받고 있다고 상상했을 때 들려주고 싶은 말을 떠올려 봅니다.

"세상에~ 네가 그렇게 힘들었구나.",
"네가 그렇게 힘들었다니 마음이 아프구나.",
"너에 대해 마음 깊이 염려하고 있어."

마지막으로 힘겨운 감정이 함께 있도록 허용합니다. 그 힘겨운 감정이 사라지기를 바라는 욕구를 내려놓습니다. 지금 이 순간 있는 그대로의 자신이 되도록 허용합니다.

마음의 저항을 진정으로 내려놓을 때까지 그저 몸을 부드럽게 하고 자신을 위로하며 그 감정을 허용합니다. 이제 수행을 내려놓습니다. 지금 이 순간 느끼는 것을 그대로 허용합니다. 자신을 있는 그대로 허용합니다.

화 만나기

아래의 수행방법들은 자녀와 함께하는 일상에서 단절의 고통으로 화를 경험할 때 안전하고 건강하게 화를 만나는 방법입니다.

❋ 첫째, 화를 인정하기

화는 매우 보편적이고 건강한 감정입니다. 그 정당성을 인정해 줍니다.
예를 들면, '화가 날 만해~ 난 상처를 입었을 뿐이야. 세상 사람들 누구나 그렇듯이 말야' 등

❋ 둘째, 화 이면에는 깊은 상처가 될 만한
        어떤 감정들이 감춰져 있는지 찾아 보기

화는 바로 의식하면 마음에 더 깊은 상처가 될 만한 감정들을 쉽게 알아차리지 못하게 방어하고 있습니다. 나는 그 상황에서 어떤 감정들을 느꼈던 것일까요?

예를 들면, 자녀에게 거부당할지 모른다는 '두려움인가?', 자녀가 나의 애씀을 알아주지 않는 것에 대한 '서러움인가?', 자녀를 잘 돌보지 못하고 있다는 '죄책감인가?', 부모로서 대접받지 못하는 것 같은 '초라함인가?', 나 혼자만 나쁜 엄마인 것 같은 '외로움인가?' 등

❋ 셋째, 이러한 감정들을 발동시킨 경직되거나 왜곡된 믿음은 무엇인지 찾아 보기

마음 깊이 상처가 되고 고통이 되는 감정들은 알고 보면 경직되거나 왜곡된 믿음에 의해 발동되는 경우가 많습니다. 나는 어떤 믿음 때문에 이런 힘든 감정을 느끼게 된 것일까요?

예를 들면, "나는 부모로서 문제가 많은 사람이야.", "유능한 엄마라면 애를 쉽게 달래야만 한다.", "화를 내는 엄마는 나쁜 엄마이다.", "부모라면 반드시 자녀에게 존경받아야 된다." 등

❋ 넷째, 내게 채워지지 않은 욕구는 무엇인지 찾아 보기

오랫동안 그토록 채워지길 갈망하고 있는 내 안의 욕구는 무엇일까요?

예를 들면, '사랑받고 싶은 욕구', '인정받고 싶은 욕구', '있는 그대로 자신을 존중받고 싶은 욕구', '자율성을 존중받고 싶은 욕구', '사람들과 연결되고 싶은 욕구', '사람들에게 소속되고 싶은 욕구', '안전하고 싶은 욕구' 등

화 이면에 자리한 감정, 믿음, 욕구는?

감정: _____

믿음: _____

욕구: _____

❋ 다섯째, 자비로움으로 상처 되기 쉬운 감정, 왜곡된 믿음, 채워지지 않은 욕구 만나기

먼저 위로의 손길로 가슴이나 위로가 되는 곳에 손을 올려서 부드러운 따스함을 느끼거나, 몸에서 감정이 가장 강하게 느껴지는 부위에 주의를 기울여 따스하고 부드럽게 근육이 부드러워지게 하고 이완되게 합니다. 원한다면 손으로 따스하고 부드럽게 어루만져 주셔도 됩니다.

① 부드럽게 이름을 붙여 부르기

화 이면에 가려져 있던 더 큰 상처가 되기 쉬운 감정들이 발견되는 대로 이름을 붙여 불러 줍니다. 마치 사랑하는 친구를 대하듯이 부드럽고 따스한 목소리로 이름을 불러 줍니다. 필요하다면 이름을 부르며 지금 여기에 머뭅니다.

예를 들면, "이런 게 슬픔이구나.", "두려움이구나~", "죄책감이구나.", "서러움이구나."

경직되거나 왜곡된 믿음을 발견될 때마다 부드럽게 표현합니다.

예를 들면, "나는 유능한 엄마라면 아이를 쉽게 달래야 한다고 생각했어.", "평소에 나를 나쁜 엄마라고 생각했어.", "나는 부모라면 반드시 자녀에게 존경받아야 된다고 생각했어."

채워지지 않은 욕구를 발견하면, 따스하고 친절한 목소리로 자신에게 말해 봅니다.

예를 들면, "그래~ 나는 다른 사람들에게 좋은 엄마로 보이고 싶었어.", "그래~ 나는 진정으로 자녀와 연결되고 싶었어.", "그래~ 나도 자녀에게 사랑받고 가치 있는 엄마이고 싶었어."

② 자비로 반응하기

다른 사람에게 항상 친절과 이해를 받고 싶었지만 여러 가지 사정으로 여의치 않을 때가 많았습니다. 그렇지만 우리는 자녀뿐 아니라 남편, 다른 사람들로부터 가장 받기를 원했던 자비로움을 스스로 자신에게 줄 수 있습니다. 우리에게는 자비라는 타고난 자원이 있기 때문에 부정적 믿음도 보다 객관적이고 사실적인 생각으로 바꿔 볼 수 있습니다. 채워지지 않은 욕구를 직접 채워 줄 수도 있습니다.

경직되거나 왜곡된 믿음이 사람들에게 매우 보편적으로 존재함을 인정합니다. 양육 죄책감을 다룰 때, 자신에 대한 부정적 핵심믿음이 세계적으로 약 13~15개로 매우 보편적임을 알게 되었습니다. 사랑하는 친구에게 내가 이러한 믿음을 밝혔을 때 어떤 위로의 말을 해 줄지 생각해 보고 친절하게 자신에게 말해 봅니다.

예를 들면, "나는 유능한 엄마라면 아이를 쉽게 달래야 한다고 생각했어." ⇨ "그렇게 생각했다니 네 자신에게 자주 실망했을 것 같아. 세상에 너무 힘들었겠다. 엄마라면 누구라도 그런 소망을 갖고 있을 거야. 누구나 아이를 항상 잘 달랬으면 하는 마음을 가질 거야. 하지만 그렇지 못한 경우도 매우 흔한 일이라는 것도 우리 기억하자."

"평소에 날 나쁜 엄마라고 생각했어." ⇨ "그렇게 생각했다니 세상에~ 너무 괴로웠겠다. 그래~ 엄마라면 그런 생각을 안 해 본 사람을 찾기가 더 어렵지 않을까? 우리가 자녀에게 잘못된 행동을 하는 순간들은 있겠지만 그렇다고 단정적으로 나쁜 엄마라고 생각하는 것은 지나친 것 같아~"

채워지지 않은 욕구 역시 사람들에게 매우 보편적으로 존재함을 인정하면서 친절과 자비를 담아 자신에게 다음과 같이 말해 줄 수 있습니다.

예를 들면, '좋은 엄마로서 다른 사람에게 보이고 싶은 욕구' ⇨ "내가 너를 보고 있어~"

'자녀와 진정으로 연결되는 느낌' ⇨ "내가 너와 함께할게~"

'사랑받고 싶은 욕구' ⇨ "내가 널 사랑해~ 너는 내게 중요한 사람이야~"

화 이면의 상처받기 쉬운 감정, 왜곡된 믿음, 욕구를 찾아보는 것은 참 쉽지도 않고, 익숙하지도 않은 일입니다. 만약 감정이나 믿음, 욕구가 쉽게 발견되지 않는다면 이렇게 답답하고 어려운 상황에 놓인 자신을 친절과 따스함으로 위로하길 바랍니다. 그리고 앞으로도 단념하지 않고, 이들을 만나려는 노력을 하다 보면 어느 순간에 이들을 발견하게 되는 놀라운 경험을 하게 될 것입니다.

* 프로그램에 참여하는 동안 매일 자신의 과제수행 사항을 점검하여 매 회기 이후 ① 날짜별로 수행했던 방법에 ✓ 표시를 하고, ② 수행하면서 경험한 것을 작성하고 다음 회기에 리더에게 제출합니다.

회기: _____ 성함: _____

수행방법(날짜)	/	/	/	/	/	/	/	/
화 등 힘겨운 감정 만나기								
내용 작성	수행하면서 깨달은 점, 감각적 경험 작성하기							
작성 예시	(힘겨운 감정 만나기) 자녀가 떼를 쓰고 있는 상황에서 무심코 혼을 낸 후 죄책감을 느껴서 괴로웠는데 자기자비로 위로하고 수용함.							
1일 차 (모임 당일)								
2일 차								
3일 차								
4일 차								
5일 차								
6일 차								
7일 차								
8일 차 (모임 당일)								
기타								

7회

양육죄책감과 양육피로 (리더용)

주제	양육죄책감 및 양육피로 이해 및 대처	운영 방법	강의, 명상실습, 나눔	인원	10명 내외
목표	- 양육죄책감의 이해 및 만나는 방법 습득으로 일상 실천동기 제고 - 양육피로의 이해 및 만나는 방법 습득으로 일상 실천동기 제고				
준비물	워크시트, 필기구/강의용 파워포인트 자료, 노트북, 프로젝터, 명찰, 질문지, 질문지 모음판				

	내용	준비물
활동 내용	■ 도입활동 ◎ 지난 시간 모임 및 지난주 수행과제에 대한 소감 나눔	명찰
	■ 주요활동 ◎ 양육죄책감에 대한 강의 - 죄책감 & 양육죄책감 개념 및 기능적 측면 / 과도한 양육죄책감이 문제가 되는 이유 (수치감 동반, 부정적 핵심믿음의 작용) / 자기자비의 해독제적 역할 설명	파워포인트 강의자료 (워크시트 참조)
	◎ 양육죄책감과 만나는 방법 실습 - 양육죄책감 관련 부정적 핵심믿음 탐색 및 이름 붙이기 / 몸의 감각으로 죄책감 자각하기 / 부드럽게-위로-허용하기	실습과 나눔 (워크시트 참조)
	휴식	
	◎ 양육피로의 원인 및 증상 강의 - 공감적 공명, 거울뉴런, 공감피로(애착피로) 설명 - 양육피로에 대한 대처방법: 일상의 자기자비 활동(1회기 소개), 양육피로와 만나는 방법	파워포인트 강의자료
	◎ 양육피로와 만나는 방법 실습 양육피로감 관련 감정, 생각, 경직되고 왜곡된 믿음, 결핍욕구 탐색하기 / 몸의 감각으로 양육피로감 자각하기 / 자비 주고받기 호흡 / 부드럽게-위로-허용하기	실습 및 나눔 (워크시트 참조)
	■ 마무리 활동 - 전체 소감 나눔 - 과제 안내: 이제까지 수행해 온 명상 중 선택하여 30분 수행 / 양육죄책감 및 양육피로감 만나기를 권유 - 평가지 작성	
기타	자비로운 친구 명상 안내문 녹음 및 수행을 위한 밴드활동 안내	밴드활동

I. 목표

첫째, 양육죄책감을 이해하고 만나는 방법을 습득함으로써 일상에서의 실천동기를 높인다.

둘째, 양육피로를 이해하고 만나는 방법을 습득함으로써 일상에서의 실천동기를 높인다.

II. 준비사항

1. 준비물: 워크시트, 필기구/강의용 파워포인트 자료, 노트북, 프로젝터, 명찰, 질문용지(포스트잇), 질문용지 모음판
2. 자리배열: 리더를 중심으로 둥글게 앉기

III. 이 시간의 의미

7회기에서는 참여자들의 심리적 고통을 가중시키고 있는 양육죄책감에 중점을 둔다. 이를 위해 양육죄책감의 기능적 측면, 과도한 양육죄책감이 부모와 자녀에게 미치는 영향 등에 대한 이해를 높이고 양육죄책감에 대한 대처동기를 제고할 필요가 있다. 또한 과도한 양육죄책감에 대한 자기자비의 해독적 효과에 대한 이해를 높임으로써 마음챙김과 자기자비를 통해 양육죄책감을 마주하려는 동기를 제고하고 이에 대처하는 방법을 습득하도록 조력할 필요가 있다. 또한 자녀와의 관계에서 공감적 공명에 따른 양육피로 및 애착피로를 이해할 수 있도록 안내하며 이를 줄이기 위해 일상에서 자기자비 활동을 늘리고, 양육피로감을 만나는 방법을 통해 자기자비 수행의 필요성을 깨닫도록 돕는 데 의미가 있다.

IV. 진행과정

🌸 도입활동

◎ **지난 시간 모임 및 지난주 수행과제에 대한 소감 나눔(20분)**
① 프로그램 참여자들이 도착하는 대로 편안한 자리에 착석하도록 안내한다. 시간이 되면 양육효능감 향상 부모 집단상담 프로그램(양육죄책감의 감소라는 목적을 그대로 노출할 경우 효과성 검증에 영향을 미칠 수 있으므로 편의상 유사한 목적을 제시하였음)의 7회차 모임이 시작됨을 알린다.
② 지난 시간 혹은 한 주간 수행과제를 하면서 경험한 것을 함께 나눈다(1인당 2~3분, 약 18분).
③ 7회차 모임에서는 어떤 내용을 다룰지 진행순서를 안내한다.

🌸 주요활동

◎ **양육죄책감에 대한 강의(10분)**
① 양육죄책감에 대한 이해를 높이기 위해 죄책감과 양육죄책감의 개념을 설명하고 적당할 경우의 기능적 장점을 설명한다. 즉, 죄책감은 '특정한 기준을 가지고 자신이 잘못된 행동을 하고 있다는 정서적 판단'이며, 양육죄책감은 '자녀 양육 과정에서 부모로서의 역할을 다하지 못한다고 느끼는 양육에 대한 양심의 가책, 후회, 수치감'을 말하는데, 양육죄책감이 적당한 경우에는 잘못된 양육행동을 바로잡고 개선하려는 동기를 불러오는 기능적인 면이 있음을 설명한다.
② 또한 흔히 양육죄책감을 느끼기 쉬운 상황을 살펴보고, 과도한 양육죄책감이 가져오는 부정적 영향, 즉 부모로서의 자존감이 낮아지고, 자녀에게 과잉보상·과잉보호하게 되거나, 혹은 신체적, 정신적 한계로 인해 과도하게 통제적이거나 비일관적 양육태도를 보일 수 있으며 이로 인해 자녀에게 부정적 영향을 미칠 수 있음을 설명한다.

③ 일반적 죄책감은 기능적인 장점이 있지만 과도한 죄책감이 문제가 됨을 설명한다. 연구에 따르면 죄책감이 과도할 때는 수치감과 상관이 매우 높다고 하며, 죄책감은 일반적으로 '특정 행동에 대한 정서적 판단'인 반면, 수치감은 '존재에 대한 정서적 판단'이며, 과도한 양육죄책감 역시 수치감을 포함하고 있으므로 역기능적으로 작용하게 된다. 또한 과도한 양육죄책감 이면에는 부정적 핵심믿음이 자리하고 있는데, 부정적 핵심믿음은 대부분 아동기에 주로 형성되며 세계적으로 13~15개로 범주화될 만큼 매우 보편적 특성을 지닌 믿음임을 설명한다. 이러한 부정적 핵심믿음은 감정과 신체에 부정적 영향을 미쳐 역기능성을 강화함을 안내한다.
④ 과도한 양육죄책감을 해독하는 역할로서의 자기자비를 설명한다. 즉, 과도한 양육죄책감에 따른 부정적 판단에 자기친절로 반응하고, 고립감 대신 인간경험의 보편성을 수용하며, '나는 나쁜 엄마다'와 같은 부정적 핵심믿음에 매몰되지 않고 현재 이 순간의 감정과 생각을 알아차리면서 이를 객관화함으로써 과도한 양육죄책감을 누그러뜨리는 데 자기자비가 결정적 역할을 할 수 있음을 안내한다. 또한 과도한 양육죄책감으로부터 자유로워지는 것을 허용하고, 자기자비를 수행하며, 자신이 신뢰하는 사람에게 과도하게 양육죄책감을 경험한 상황을 개방하여 공감받는 방법이 효과적임을 안내한다.

◎ 양육죄책감을 만나는 방법 실습(40분)

① 힘겨운 감정을 만나는 방법을 통해 과도한 양육죄책감을 만나도록(워크시트 참조) 안내하고 이를 실습하는 시간을 갖는다.
② 이를 위해 그동안 자녀와 함께하는 상황에서 당황하고, 창피하고 죄책감을 느꼈던 순간을 떠올리게 한다. 양육죄책감이 어떤 부정적인 핵심믿음 그리고 충족되지 않은 욕구와 관련되어 있는지 탐색하게 한다.
③ 이제까지의 실습을 통해 양육죄책감 이면에 어떤 부정적 핵심믿음이 자리하고 있는지, 어떤 욕구가 채워지지 않아서 이러한 믿음과 죄책감이 자극되었는지 탐색하여 발견한 것을 워크북에 작성하게 한다.
④ 감정, 믿음, 욕구를 안전하고 건강하게 만나기 위해, 이름을 붙여 부드럽게 부르고 자비로 반응하기를 하면서 부정적 핵심믿음을 보다 객관적이고 사실적인 생각으로 바꾸고, 부드럽고 친절하게 스스로 욕구를 채워 보는 방법을 실습한다.
⑤ 2인 1조, 혹은 3인 1조로 조 나눔을 한 후 휴식시간(10분)을 갖는다.

◎ 양육피로의 원인 및 증상 강의(5분)

① 우리가 경험하게 되는 힘겨운 감정들 중에 연결로 인해 고통스러운 상태가 있음을 설명한다. 이를 위해 '자비로운 경청'에서 배웠던 '공감적 공명'을 환기시킨다. 뇌에 있는 '거울뉴런' 때문에 공감을 할 수 있고, 공감적 공명 때문에 감정이 전염되며, 상호작용을 통해 내 감정이 상대의 영향을 받아 달라질 수 있고 내 감정 상태가 달라지면 상대의 정서도 영향을 받아 달라질 수 있음을 설명한다.

② 부모나 상담자, 간호사처럼 사람을 돌보거나 돕는 사람들이 '공감적 공명'으로 겪게 되는 피로를 '돌봄피로'라고 소개한다. 특히 엄마들이 겪는 돌봄피로는 '양육피로'이며, 애착이 과도할수록 양육피로가 심각할 수 있음을 안내한다. 자녀에 대한 애착이 과도하면 자녀의 욕구를 자신이 다 채울 수 없음에 좌절하거나, 반대로 자녀에 대한 요구가 높거나, 자신의 욕구를 자녀에게서 충족하려고 집착할 수 있으며 이로써 양육피로가 가중될 수밖에 없음을 설명한다.

③ 양육피로의 증상으로 양육에 대한 좌절감, 슬픔, 짜증, 양육에서 도망치고 싶은 마음, 불면 등을 들 수 있으며, 사람마다 스트레스를 견디는 데 한계가 다르므로 일상의 자기자비 활동 등을 통해 자신의 정서적 요구를 충분히 돌볼 필요가 있음을 안내한다.

④ 양육피로를 잘 돌보는 방법의 하나로, 양육피로를 인정하고 양육피로와 관련된 감정들, 자녀와 나를 향한 부정적인 생각, 믿음, 결핍욕구를 발견하고 마음챙김_자기자비로 만나는 방법을 실습한다.

◎ 양육피로와 만나는 방법(35분)

① 양육피로를 잘 케어하기 위해 만나는 방법(워크시트 참조)을 익히기 위해 자녀와의 관계에서 양육피로를 느꼈던 상황을 떠올리게 한 후 대처절차에 따라 안내한다. 먼저 양육피로의 보편성, 정당성을 인정하고, 그 상황에서 떠오르는 여러 가지 감정과 생각들을 깊이 탐색하게 한다.

② 그 이면에 내재되어 있는 경직되고 왜곡된 믿음, 욕구들이 무엇인지 심층적으로 탐색하도록 조력한다.

③ 이제까지의 실습을 통해 양육피로 경험 시 느꼈던 감정과 떠올랐던 생각들, 그 이면에 어떤 믿음과 욕구가 자리하고 있는지 심층적으로 탐색하고 발견한 것이 있다면 눈을 뜨고 워크북에 작성하게 한다.

④ 다시 눈을 감게 하고 이제부터는 양육피로와 관련된 감정, 생각 그리고 이면의 믿음, 욕구를 안전하고 건강하게 만나기 위해, 우선 양육피로나 감정들을 느꼈던 신체 부위를 자각하고, 그 부위가 부드러워지고 유연해진다는 상상을 하면서 주의를 계속해서 기울이거나, 직접 어루만지는 활동을 통해 그 신체 부위가 부드러워질 수 있도록 안내한다.
⑤ 이번에는 눈을 뜨고 실습하도록 안내하는데 눈앞에 자녀가 앞에 있다고 상상하면서 자비 주고받기 호흡을 실시하게 한다.
⑥ 다시 눈을 감게 하고 자신에게 위로의 말을 표현하게 하며, 감정을 있는 그대로 허용하도록 안내한다.
⑦ 2인 1조, 혹은 3인 1조로 조 나눔을 한다.

❋ 마무리 활동

◎ **한 주간 수행과제 안내(2분)**
① 자비로운 친구명상 혹은 그동안 배웠던 수행과제를 매일 30분 이상 실시하도록 권유한다.
② 그 수행과정이 어떠했는지 기록하도록 안내한다. 메일로 명상 음성파일과 과제수행기록지를 전송한다.

◎ **소감 나눔(28분)**
① 7회기 전체 참여 소감을 자유롭게 발표하게 한다. 되도록 집단원 모두가 소감 발표에 참여할 수 있는 분위기를 조성한다. 이를 통해 본 회기를 통해 새롭게 배우거나 알게 된 것을 공유한다.

수행과제: 자비로운 친구 (안내문)

　이번 명상은 자비로운 친구 명상입니다. 자세를 편안하게 하시고 그대로 눈을 감고 마음이 몸에 안착하도록 주의를 몸에 기울이며 심호흡을 몇 번 합니다. 그리고 나에게 사랑스러운 자각을 가져온다는 것을 상기하기 위해 가슴, 혹은 위로가 되는 곳에 손을 올려놓으셔도 좋습니다. (10초 침묵) 가장 안전하고 편안한 장소에 있는 나를 상상합니다. 멀리 수평선이 보이고 따스한 햇살과 시원한 바람이 부는 평화로운 해변, 혹은 푸른 나무들이 있는 숲속에 따스한 햇살이 스며드는 빈터를 상상해 봅니다. 혹은 구름 위에 떠 있는 것 같은 상상의 장소도 좋습니다. 어떤 장소든 가장 편안하고 안전한 느낌의 장소를 떠올리고 평화로운 느낌을 즐겨 봅니다. (10초 침묵) 이제 나는 한 방문객을 맞이하게 될 것입니다. 그는 지혜롭고 힘이 있으며, 무조건적인 사랑을 품고 있는 따스하고 자비로운 친구입니다. (5초 침묵) 이 존재는 영적일 수도 있고, 현명하고 자비로운 스승일 수도 있습니다. 혹은 할아버지나 할머니처럼 오래전부터 알던 사람일 수도 있습니다. (5초 침묵) 또 아니면 형태가 없는 따뜻한 빛이거나 온기, 영혼일 수도 있습니다. (5초 침묵) 자비로운 이 친구는 나를 깊~이 염려하고 불필요한 고통에서 자유로워지고, 행복하고 편안하게 살기를 언제나 바라고 있습니다. 그 이미지나 존재를 마음으로 생생하게 그려 봅니다. (10초 침묵) 이제 밖으로 나가 자비로운 친구를 만날 수도 있고 안전한 장소로 초대할 수도 있습니다. (5초 침묵) 지금 친구를 만나 봅니다. 자비로운 친구와 가장 편안하고 자연스러운 거리가 느껴지는 위치에 자리하여 편안하게 함께 앉아 봅니다. 가능한 한 생생하게 친구와의 만남을 상상합니다. 특히 친구와 함께 있는 느낌이 어떠한 것인지 알아차리고 이를 허용합니다. (20초 침묵) 지금 이 순간 경험하는 것 외에 내가 할 일은 아무것도 없습니다. (20초 침묵) 혹여 마음이 떠돈다면 이 또한 자연스러운 현상입니다. 호흡으로 돌아오고~ 이제 마음의 주의를 다시 자비로운 친구에게 맞춥니다. (5초 침묵) 나의 자비로운 친구는 현명하고 지혜롭고 모든 것을 알고 있습니다. 내 인생의 여정이 어디에 와 있는지도 정확하게 알고 있습니다. (10초 침묵) 친구는 지금 이 순간 내게 필요한 것을 말해 주려 합니다. 무엇을 말하려 하는지 주의 깊게 들어 봅니다. (20초 침묵) 친구가 아무 말을 하지 않는다고 해도 그것 역시 괜찮습니다. 그냥 좋은 벗으로 함께 있다는 것 자체가 축복입니다. (15초 침묵) 나도 그 친구에게 무슨 말을 하고 싶을 수도 있습니다. 친구는 제 이야기를 주의 깊게 듣고 완전히 이해합니다. 함께 나누고 싶은 것이 무엇입니까? (20초 침묵) 자비로운 친구는 떠나가기 전에 나에게 어떤 선물을 남기고 싶어 할 수도 있습니다. 그 물건을 손에 쥐어 줄 수도 있고, 내가 손을 뻗어 그것을 받을 수도 있습니다. 무엇인가 특별한 의미가 있는 것입니다. 그것은 무엇인가요? (5초 침묵) 자비로운 친구와 함께하는 지금 이 순간을 즐겨 봅니다. (20초 침묵) 훌륭한 친구와 함께 있음을 즐기면서~ 실제로 이 친구는 나의 일부라는 사실을 깨닫습니다. (20초 침묵) 내가 경험하는 모든 자비로운 느낌이나 이미지는 나의 내면에서 흘러나온 것입니다. (20초 침묵) 자비와 지혜가 항상 내 안에 있고 특히 내가 필요할 때 더욱 그러하다는 사실을 기억합니다. (10초 침묵) 그래서 내가 필요하다면 언제든지 자비로운 친구를 불러낼 수 있습니다. (20초 침묵) 이제 내 몸에 안주하면서 방금까지 했던 친구와의 만남을 음미합니다. (5초 침묵) 내가 들은 것이나 받은 것을 떠올려 봅니다. (5초 침묵) 이제 마지막으로 명상을 내려놓고~ 내가 느낀 것이 무엇이든 느끼고 있는 그대로 자신이 됩니다. (20초 침묵) 땡~~ 땡~~ 땡~~ 천~천~히 부드럽게 눈을 뜹니다.

7회

양육죄책감과 양육피로 (참여자용)

양육죄책감 이해하기

죄책감
　특정한 기준을 가지고 자신이 잘못된 행동을 하고 있다는 정서적 판단

양육죄책감
　자녀양육 과정에서 부모로서의 역할을 다하지 못한다고 느끼는 양심의 가책, 후회, 수치감

양육죄책감의 기능적 측면
　죄책감과 마찬가지로 적당한 경우에는 잘못된 행동을 바로잡고, 양육행동을 개선하려는 동기를 불러일으킴

❋ 과도한 양육죄책감이 왜 문제인가?

1) 수치감을 동반함
　일반적 죄책감이 어떤 행동이 나쁘다는 정서적 판단이라면, '수치감'은 존재 자체가 잘못되었다는 정서적 판단
예) 내가 잘못된 행동을 했다. ⇒ 나는 실수하는 존재다. ⇒ 나라는 존재가 실수다. ⇒ 나라는 존재가 나쁘다(기분에 따라 아이를 혼낸 것은 잘못된 행동이다 ⇒ 나는 나쁜 엄마다).

2) 부정적 핵심믿음이 이면에서 작용함
　대부분 아동기에 제대로 인정·공감받지 못한 부정적 감정 경험의 축적으로 형성되며 자신에 대한 부정적 핵심믿음은 세계적으로 약 13~15개로 범주화될 만큼 매우 보편적임(직장에서/관계에서/가족들 사이에서 지각되는 '자신에 대한 부정적 핵심믿음')

　"나는 부적절하다.", "나는 실패자다.", "나는 나쁘다." ⇨ "나는 부모로서 부적절한 사람이야.", "나는 부모로서 실패자야.", "나는 나쁜 엄마야." 등

자기자비는 과도한 양육죄책감의 해독제!

자기비난 & **자기친절** / 고립감 & **인간경험의 보편성** / 감정에 과잉동일시 & **마음챙김**

자기자비로 대응하는 방법: 과도한 양육죄책감 인정하기 / 자기자비 수행하기 / 가장 신뢰하고 안전한 사람에게 개방하고 공감받기

과도한 양육죄책감 만나기

아래의 수행방법들은 자녀와 함께하는 일상에서 과도한 양육죄책감을 경험할 때 저항을 내려놓고 그 감정을 만나는 데 사용될 수 있습니다. 힘겨운 감정을 만나는 방법과 같습니다.

첫째, 감정, 믿음에 이름 붙이기

과도하게 양육죄책감을 느끼게 하는 최근 사건을 떠올려 봅니다.
예를 들어 자녀와 함께 있는 어떤 상황에서 지나치게 과한 반응을 하고서 당황했거나 창피했던 경험을 구체적으로 떠올려 봅니다.

그러한 상황에서 다른 사람들이 알까 봐 두려운 것이 정확하게 무엇인지 탐색합니다. 여러 가지 생각이 떠오른다면 그중에서 자신의 마음을 가장 무겁게 하는 생각을 떠올려 봅니다.

예를 들면, '나는 부모로서 부족해.', '나는 이기적인 엄마야.', '나는 나쁜 엄마야.'

'나만 그런 사람인 것' 같은 고립감이 느껴진다면 힘겨운 감정을 만남으로써 대부분의 엄마들이 대부분 비슷한 일로 비슷한 감정을 느끼고 있음을 알아차리고 이를 받아들입니다.

그러면 부정적 핵심믿음에 이름을 붙이고 따스하고 자비로운 목소리로 말해 봅니다.

예를 들면, "나는 자신을 자격없는 엄마라고 생각해 왔어. 정말 고통스러웠겠구나.", "나는 자신을 나쁜 엄마라고 생각해 왔어. 참으로 힘들었겠구나."

하지만 양육죄책감은 우리 존재의 전부가 아니라 일부일 뿐임을 상기하면서 영구적이지 않은 일시적인 감정이라는 것을 기억하고, 부정적인 핵심신념조차 매우 깊은 내면에 '좋은 부모로 인정받고 싶은 욕구', '부모로서 사랑받고자 하는 욕구', '부모로서 가치 있는 존재이고 싶은 욕구' 등에서 비롯된 것이라는 점을 기억합니다.

❃ 이면에 자리한 믿음, 욕구는?

믿음: _____

욕구: _____

둘째, 몸의 감각으로 감정 자각하기

부드럽게 심호흡을 해 주시고 몸에서 일어나는 양육죄책감을 마음챙김으로 알아차립니다. 머리끝에서 발끝까지 스캔하듯이 살펴보면서, 당황스러움, 창피함, 수치감이 가장 강하게 표출되고 있는 몸의 한 부위를 선택해서 근육의 긴장감이나 뻐근함, 혹은 통증을 알아차립니다.

셋째, 부드럽게-위로-허용하기

이제 내 몸에서 양육죄책감에 반응하는 부위를 향해서 부드럽게 주의를 기울입니다. 그 부위가 부드럽게 되도록 합니다. 마치 따뜻한 물속에 있는 것처럼 근육이 부드러워지게 하고 이완되게 합니다. 긴장되고 뻣뻣한 부분이 있으면 부드럽게 하고 또 부드럽게 합니다. 원한다면 손으로 따스하고 부드럽게 어루만져 주셔도 됩니다.

그렇지만 신체 부위를 부드럽게 하는 것은 감정을 바꾸려고 애쓰는 게 아님을 기억합니다. 그냥 그 부위에 따스하게 머무는 것입니다.

내 몸을 부드럽게 하는 동안 듣고 싶은 위로의 말을 떠올려 봅니다. 그 말을 바로 떠올리는 것이 어려우면, 같은 상황에서 양육죄책감으로 힘들어하는 친구를 상상하면서 여러분이 그 친구에게 어떤 위로의 말을 건넬지 상상할 수도 있습니다.

예를 들면, "혼자 마음 고생하느라 외로웠겠구나~", "견디기가 너무 힘들었겠다."

혹은 친절과 자비의 메시지를 전할 수도 있습니다. "네 자신에게 친절하길 바라.", "네 자신에게 다정하길 바라."

우리가 느끼는 양육죄책감에 따른 부끄러움, 창피함, 수치심은 우리의 전부가 아니라 일부이며, 지극히 보편적인 감정이라는 것을 다시 한번 상기합니다.

여전히 내 마음속에 불편함이 있다면 이것을 없애려고 할 것이 아니라 허용합니다. 내 가슴이 느끼는 대로 그대로 그 자리를 허용합니다. 지금 이 순간만이라도 있는 그대로의 자신이 될 수 있도록 허용합니다.

부드럽게 하고 위로하며 허용하고, 또 부드럽게 하고 위로하며 허용합니다. 모든 사람들은 각자 강점도 있고, 약점도 지니고 있습니다.

대부분의 엄마들은 자녀를 양육하면서 과도하게 죄책감을 느끼는 순간이 있기 마련이고, 우리 모두는 사랑받고 싶다는 공통적 감정으로 연결되어 있습니다. 지금 이 순간 느끼는 것은 무엇이든지 그것을 그대로 허용합니다.

양육피로 만나기

이번 수행방법은 자녀를 돌보면서 피로감을 느끼는 상황에서 사용할 수 있도록 구성되었습니다. 자녀의 욕구를 다 채우지 못하는 상황, 혹은 양육피로가 극에 달해 자녀의 요구나 행동이 매우 짜증스러운 상황에서 자녀와 유대감을 유지하면서도 동시에 우리 자신에게 자비롭게 대할 수 있는 방법입니다. 양육피로와 관련된 근원적 욕구에 초점을 맞추고 자기자비로 대합니다.

편안한 자세를 취하고 현재 이 순간에 머물도록 몇 차례 호흡합니다. 친절하고 애정 어린 자각을 가져온다는 점을 상기하기 위해 가슴 또는 위로가 되는 곳에 손을 올려놓습니다.

자녀를 돌보면서 자녀의 요구를 다 채울 수가 없어서 좌절하거나 피로감이 느껴지는 상황 혹은 양육피로가 극에 달해 자녀의 요구나 행동이 귀찮고 짜증스러웠던 상황을 하나 떠올립니다. 감정적 고통이 0~10일 때 3, 4정도 되는 상황을 떠올립니다.

첫째, 마음챙김 하기

1) 감정을 있는 그대로 알아차립니다

위의 상황에서 경험했던 감정들을 떠올리며 그 감정이 자신에게 있음을 인정합니다.

예를 들면, '난감함', '짜증', '죄책감', '귀찮음', '지겨움', '두려움' 등

2) 자녀를 향해 들었던 생각을 있는 그대로 떠올립니다

피로감과 함께 떠올랐던 자녀를 향한 생각을 판단 없이 떠올리며 있는 그대로 바라보며 이를 허용합니다.

예를 들면, "애가 그렇게 원하는데 이번 한 번만 들어주고 빨리 끝내자~ 하는 생각이 들었구나.", "이런 식으로 자꾸 원하는 것을 들어주면 버릇이 더 나빠질 것 같다는 생각이 들었구나.", "아이가 내 마음을 알아줬으면 하는 생각이 들었구나.", "'아이가 왜 이렇게 자꾸 귀찮게 굴까?' 하는 생각이 들었구나.", "우리 애는 유별난 것 같다는 생각이 들었구나." 등

3) 자신을 향해 들었던 생각을 있는 그대로 떠올립니다

그 상황에서 자신을 향해 떠올랐던 생각을 판단 없이, 평가 없이 떠올리며 있는 그대로 바라보며 이를 허용합니다.

예를 들면, "어떻게든 상황을 빨리 모면하고 싶다는 생각이 들었구나.", "'왜 반복되는 일인데 빨리 처리하지 못하지~' 하고 자신을 비난하는 생각이 들었구나.", "'애를 잘 달래서 마음을 돌려 봐~ 넌 엄마잖아~' 하고 나를 다그치는 생각이 떠올랐구나.", "그 순간에 애가 그저 너무 귀찮기만 해서 자신이 너무 이기적인가 하는 생각이 떠올랐구나." 등

양육피로에 따른 여러 가지 복잡한 감정이나 생각들은 영구적이지 않은 일시적인 감정과 생각이며 우리의 전체가 아니라 일부임을 인정합니다. 또한 모든 부모가 대부분 양육피로를 경험하며 이렇게 피로한 상황에서는 고통스러운 감정들과 비합리적인 생각이 쉽게 올라올 수 있음을 인정합니다.

4) 이러한 감정과 생각 이면에 경직되고 왜곡된 믿음이 있는지 탐색합니다

이러한 생각과 감정들 이면에 나를 향한 혹은 자녀를 향한 어떤 경직되고 왜곡된 믿음이 자리 잡고 있는지 마음 깊이 들여다봅니다.

예를 들면, 자신에 대해서는 "좋은 엄마라면 반드시 아이의 욕구를 다 채워야 된다.", "자녀가 내 뜻을 잘 따르면 내가 유능한 것이고, 자녀가 내 뜻을 따르지 않으면 내가 무능한 것이다.", "아이보다 자신을 먼저 생각하는 엄마는 나쁜 엄마다.", "자녀가 있으면서 혼자 있는 것을 좋아하면 나쁜 엄마다." 등

예를 들면, 자녀와 관련해서는 "내가 낳은 자녀라면 내 생각을 반드시 따라줘야 한다.", "내 자녀라면 나를 가장 중요하게 여겨야 한다." 등

5) 이러한 감정, 생각, 믿음 이면에 어떠한 욕구가 자리하고 있는지 탐색합니다

왜곡된 믿음의 깊은 이면에 '사랑받고자 하는 욕구, 인정받고자 하는 욕구'가 갈망으로 자리하고 있음을 알아차립니다. 내가 자녀와 함께하는 삶에서 진정으로 무엇을 바라는지 마음 깊이 들여다봅니다.

예를 들면, '좋은 엄마로 인정받고 싶은 욕구', '유능한 엄마로 인정받고 싶은 욕구', '자녀에게 사랑받고 싶은 욕구', '엄마로서 가치 있는 존재이고 싶은 욕구', '엄마로서 존경받고 싶은 욕구', '안정되고 싶은 욕구', '자유롭고 싶은 욕구' 등

양육피로 이면에 자리한 믿음, 욕구는?

믿음: _____

욕구: _____

둘째, 몸의 감각으로 양육피로를 자각하고 부드럽게 하기

이제 내 몸에서 양육피로에 반응하는 부위를 향해서 부드럽게 주의를 기울입니다. 그 부위가 부드럽게 되도록 합니다. 마치 따뜻한 물속에 있는 것처럼 근육이 부드러

워지게 하고 이완되게 합니다. 긴장되고 뻣뻣한 부분이 있으면 부드럽게 하고 또 부드럽게 합니다. 원한다면 손으로 따스하고 부드럽게 어루만져 주셔도 됩니다. 그렇지만 신체 부위를 부드럽게 하는 것은 감정을 바꾸려고 애쓰는 게 아님을 기억합니다. 그냥 그 부위에 따스하게 머무는 것입니다.

셋째, 자비 주고받기 호흡

이제 숨을 깊이 들이쉴 때 자신에게 자비를 제공하면서 스스로를 위로합니다. 숨을 내쉴 때 자녀에게 자비와 친절을 보냅니다.

들숨은 나를 위해서, 날숨은 자녀를 위해서 자연스러운 호흡의 리듬으로 자비를 들이쉬고 내쉽니다. 만약 자신에게 더 많은 자비가 필요하다고 판단된다면 자신을 향해 주의와 호흡을 좀 더 집중해도 좋습니다. 혹은 자녀에게 더 많은 자비가 필요하다고 판단된다면 자녀를 향해 주의와 호흡을 더 집중하셔도 되겠습니다. 이때, 자신의 호흡으로 몸 안이 얼마나 부드럽게 어루만져지고 있는지를 알아차립니다. 모든 고통을 포용하는 무한한 자비의 바다에 자신이 떠 있도록 허용합니다.

넷째, 위로하고 허용하기

자비 주고받기 호흡을 하면서 심신이 모두 지쳐 있는 자신을 위로할 수 있는 말을 떠올려 봅니다. 그 말을 바로 떠올리는 것이 어려우면, 같은 상황에서 양육피로로 힘들어하는 친구를 상상하면서 여러분이 그 친구에게 어떤 위로의 말을 건넬지 상상할 수도 있습니다.

예를 들면, "정말 양육피로가 극에 달해서 너무나 견디기가 힘들었겠다.", "피로해서 모든 것이 얼마나 다 힘겨웠을까? 너 혼자 마음고생이 심했겠다.", "그럴 때는 모든 게 귀찮은 게 정상이야."

혹은 친절과 자비의 메시지를 전할 수도 있습니다.

"네 자신에게 친절하길 바라.", "네 자신에게 다정하길 바라."

우리가 느끼는 양육피로에 따른 다양한 감정, 즉 난감함, 귀찮음, 죄책감, 수치감은은 우리의 전부가 아니라 일부이며, 지극히 보편적인 감정이라는 것을 다시 한번 상기합니다. 자녀의 모든 욕구를 들어주지 않는다 해도 나쁜 부모가 아님을 인정합니다. 때때로 자녀가 미워지고 답답하고 귀찮은 순간이 있더라도 자신 안에 자녀를 향한 사랑이 건재하다는 것을 믿어 줍니다.

자녀의 욕구를, 자녀의 문제를 모두 해결할 수 없다는 사실이 실망스럽고, 견디기 힘들고, 고통스럽다 해도 현재 내가 할 수 있는 최선을 수용합니다.

여전히 내 마음속에 불편함이 있다면 이것을 없애려고 할 것이 아니라 허용합니다. 내 가슴이 느끼는 대로 그대로 그 자리를 허용합니다. 지금 이 순간만이라도 있는 그대로의 자신이 될 수 있도록 허용합니다.

이제 수행을 내려놓습니다. 지금 이 순간 자신을 있는 그대로 있도록 허용합니다. 부드럽게 천천히 눈을 뜹니다.

자비로운 친구 만나기

이번 명상은 자비로운 친구 명상입니다. 앉거나 누워서 편안한 자세를 찾습니다. 부드럽게 눈을 감고 몇 차례 천천히 부드럽게 호흡합니다. 가슴이나 위로가 되는 곳에 손을 올려놓습니다.

첫째, 안전한 장소 상상하기

이제 안전하고 편안한 장소에 있는 자신을 상상합니다. 저 멀리 수평선이 보이는 평화로운 해변일 수도 있고, 아름다운 햇살이 스며드는 한적한 공원의 나무 그늘일 수도 있고, 아니면 폭신폭신하고 아늑한 구름 속과 같은 상상 속의 장소일 수 있습니다. 그저 평화로움과 안전함을 느낄 수 있다면 그 어떤 장소도 좋습니다.

둘째, 자비로운 친구의 방문

곧 어떤 사람이 찾아올 것입니다. 따뜻하고 자비롭고 지혜와 강인함, 무조건적인 사랑을 지닌 이상적인 존재입니다. 이 존재는 영적일 수도 있고, 현명하고 지혜로운 스승, 혹은 오래전부터 알고 있던 할아버지나 할머니일 수도 있고, 형태가 없는 온기나 환한 빛일 수도 있습니다. 자비로운 친구는 나를 깊이 염려하며 내가 불필요한 고통에서 자유로워지고, 행복하고 편안하게 살기를 바랍니다. 그 이미지나 존재를 마음으로 생생하게 그려 봅니다.

셋째, 함께 만나기

이제 원한다면 지금 만납니다. 자비로운 친구와 가장 편안하고 자연스러운 거리가 느껴지는 위치에 자리하여 함께 앉아 봅니다. 이 친구의 무조건적인 사랑과 자비를 온몸과 마음으로 완전히 받아들일 수 있도록 허용합니다. 지금 바로 완전하게 받아들이지 않아도 괜찮습니다. 그렇지만 이 친구는 자비와 사랑이 내게 전달되는 것을 느낍니다.

넷째, 함께 머물고 나누기

자비로운 친구는 지금 내가 듣고 싶은 말을 해 주려고 합니다. 친구의 말을 주의 깊게 들어 봅니다. 혹여 아무 말도 들리지 않더라도 괜찮습니다. 그저 좋은 벗과 함께 있는 것 자체가 축복입니다. 나도 모든 것을 다 이해하는 이 친구에게 무언가 말하고 싶습니다. 어떤 이야기를 전하고 싶으신가요?

친구는 잠시 떠나 있을 것입니다. 그 전에 내게 선물을 주고 싶어 합니다. 뭔가 특별한 의미가 있는 선물입니다. 그것은 무엇인가요? 이제 잠시 친구와 머물며 친구와 함께하는 현재 이 순간을 즐깁니다. 이제 친구가 잠시 작별을 고하고 나는 친구에게 감사를 보냅니다.

다섯째, 음미하고 돌아오기

다시 안전한 장소로 돌아와서 방금 일어난 일을 음미합니다. 들었던 말이나 받은 선물에 대해 곰곰이 생각합니다. 이 명상이 다 끝나기 전에 자비로운 친구는 바로 나의 일부라는 사실을 깨닫습니다. 이 친구의 모든 자비로운 느낌이나 이미지는 나의 내면에서 흘러나왔습니다. 자비와 지혜는 항상 내 안에 있고 특히 내가 필요할 때는 언제든지 불러낼 수 있다는 사실을 기억합니다.

이제 내 몸에 안주하면서 방금까지 있었던 친구와의 만남을 음미합니다.

이제 명상을 내려놓고 전체로서 내 몸을 느낍니다. 무엇이 여기에 있든지 개방합니다. 자신을 바로 여기에, 실존하고 있는 그대로 있도록 허용합니다.

그리고 부드럽게 천천히 눈을 뜹니다.

7회 수행 기록지

* 프로그램에 참여하는 동안 매일 자신의 과제수행 사항을 점검하여 매 회기 이후 ① 날짜별로 수행했던 방법에 ✓ 표시를 하고, ② 수행하면서 경험한 것을 작성하고 다음 회기에 리더에게 제출합니다.

회기: _____ 성함: _____

수행방법(날짜)	/	/	/	/	/	/	/	/
양육죄책감								
양육피로								
내용 작성	수행하면서 깨달은 점, 감각적 경험 작성하기							
작성 예시	등원할 시각은 다가오는데 자녀가 밥을 먹지 않겠다고, 옷을 입지 않겠다고 할 때 초조감과 짜증으로 벌컥 화를 냄. 아차 실수했다는 생각이 들었음. 아이를 보낸 뒤에 위로의 손길로 나를 위로하고, 짜증, 분노, 죄책감을 하나하나 이름을 붙여 주며 내 마음을 탐색하니 '내가 얼마나 유능한 엄마이고 싶은지', '아이가 말을 듣지 않으면 얼마나 좌절감을 느끼는지'를 깨달음.							
1일 차 (모임 당일)								
2일 차								
3일 차								
4일 차								
5일 차								
6일 차								
7일 차								
8일 차 (모임 당일)								
기타								

8회

자기감사와 돌아보기 (리더용)

주제	음미하기 및 자기감사	운영 방법	강의, 명상실습, 나눔	인원	10명 내외
목표	- 긍정적 경험 자각 수행의 필요성 이해 및 실습을 통해 일상 실천동기 제고 - 자기감사 이해 및 실습을 통해 일상 실천동기 제고 - 최종점검 및 일상에서의 지속적 수행을 하기 위한 방법 도출을 통해 일상의 실천 공고화					
준비물	워크시트, 필기구/강의용 파워포인트 자료, 노트북, 프로젝터, 명찰, 질문지, 질문지 모음판/사후검사지					

	내용	준비물
활동 내용	워크시트, 필기구/강의용 파워포인트 자료, 노트북, 프로젝터, 명찰, 질문지, 질문지 모음판/사후검사지	명찰
	■ 주요활동 ◎ 긍정적인 경험 자각 수행의 필요성 강의 - 뇌의 기본적 생존체계의 구조화로 인한 부적 편향 현상 설명 - 긍정적 경험 자각: 음미하기, 감사하기 설명	파워포인트 강의자료
	◎ 긍정적 경험 자각 실습 - 긍정적 경험 음미하기, 놓치기 쉽거나 사소한 것에 감사하기	워크시트 참조
	◎ 자기감사의 필요성 강의 - 문화적 특성상, 자기감사 및 칭찬 수용의 어려움 - 긍정적 자질의 보편성, 인간 존재의 본질인 상호 의존성 이해 - 자비에 따른 자기감사로 인한 자긍심, 행복감 증진	파워포인트 강의자료
	◎ 자기감사 실습 - 자신에게 감사할 강점 및 좋은 자질 3가지 떠올리기 - 자신의 자질 발달에 기여한 존재에 감사하기 실습 - 자신의 좋은 자질에 대한 감사 및 자기감사 실습 - 모든 집단원의 장점, 긍정적인 면, 감사하는 부분 작성(롤링 페이퍼)	워크시트
	휴식	
	◎ 프로그램 참여과정의 최종점검 - 프로그램 참여과정의 특별한 감각경험, 감동받은 경험 등 작성 - 마음챙김_자기자비 수행방법 중 가장 기억에 남는 것, 가장 도움 된 것, 앞으로도 활용하고 싶은 것 표기 - 프로그램 참여 이후 변화된 점 작성 - 지도자에게 하고 싶은 이야기, 전체 소감 등 작성	워크시트
	■ 마무리 활동 ◎ 사후검사 실시 및 추후검사 안내 ◎ 전체 소감 나눔 및 마무리 - 일상에서 지속적으로 실천하기 위한 방법 논의 및 전체 소감 나눔	사후검사지
기타	추후 상담까지 과제 수행을 위한 밴드활동 안내	밴드활동

I. 목표

첫째, 긍정적 경험 자각 수행의 필요성을 명료하게 이해한다.
둘째, 긍정적 경험을 자각하고 음미하는 방법을 익히고 일상에 적용한다.
셋째, 긍정적 자질 발달에 기여한 자신과 다른 존재에 대해 감사하는 경험을 통해 일상에서의 감사실천 동기를 제고한다.
넷째, 프로그램 참여 과정을 최종적으로 점검하고 자녀양육을 비롯한 삶에 마음챙김과 자기자비가 미치는 긍정적 영향력을 확인함으로써 추후 일상에서 이를 지속적으로 실천하려는 동기를 공고화한다.

II. 준비사항

1. 준비물: 워크시트, 필기구/강의용 파워포인트 자료, 노트북, 프로젝터, 명찰, 질문용지(포스트잇), 질문용지 모음판/사후검사지
2. 자리배열: 리더를 중심으로 둥글게 앉기

III. 이 시간의 의미

그동안의 프로그램이 삶에서, 자녀를 양육하는 과정에서 경험하는 부정적 경험이나 고통스러운 감정에 초점을 두고 마음챙김과 자기자비를 수행하는 방법을 안내해 왔다면, 이번 8회기에서는 삶에서 경험하는 긍정적인 경험을 음미하고 감사할 기회를 가지며 이를 통해 일상에서 긍정적 경험을 자각하고 감사할 수 있는 마음을 증진하도록 안내된다. 또한 그동안 프로그램에 참여하면서 경험한 감각적 체험, 감동, 깨달음, 변화 등에 초점을 두도록 안내함으로써 마음챙김과 자기자비가 자신의 삶뿐 아니라 자녀양육에 장기적으로 긍정적인 영향력을 발휘할 수 있는 방법임을 받아들일 수 있게 조력하고, 향후 참여자들이 일상생활 속에서 마음챙김과 자기자비 수행을 계속 이어 가도록 독려하는 데 중점을 둘 필요가 있다.

IV. 진행과정

🌸 도입활동

◎ 지난 주 수행과제에 대한 소감 나눔(10분)

① 프로그램 참여자들이 도착하는 대로 편안한 자리에 착석하도록 안내한다. 시간이 되면 양육효능감 향상 부모 집단상담 프로그램(양육죄책감의 감소라는 목적을 그대로 노출할 경우 효과성 검증에 영향을 미칠 수 있으므로 편의상 유사한 목적을 제시하였음)의 8회차 모임이 시작됨을 알린다. 마지막 회차인 오늘 모임에서는 어떤 내용을 다룰지 진행순서를 안내한다.

② 지난 시간 혹은 수행과제를 하면서 경험한 것을 함께 나눈다(약 8분).

🌸 주요활동

◎ 긍정적인 경험 자각 수행의 필요성 강의(5분)

① 뇌는 기본적으로 생존체계로 구조화된 뇌의 영향으로 부정적인 경험은 오랫동안 기억되고, 긍정적인 경험은 기억에서 쉽게 사라지는 '부적 편향'이 나타남을 설명한다.

우리 뇌가 부정적으로 편향되어 있으므로 의도적으로 긍정적인 경험을 자각하려는 수행이 필요함을 설명한다.

② 긍정적인 경험에 대한 자각은 음미하기와 감사하기를 통해 수행할 수 있음을 설명한다. 첫째, 음미하기는 긍정적인 경험을 알아차리고 이를 충분히 즐기는 것을 말하며, 둘째, 감사하기는 우리 삶의 본질적 조건인 상호 의존성을 고려하여 나와 다른 사람에게 감사하게 되면 분리감, 소외감에서 자유로워질 수 있고 충만감을 경험할 수 있음을 안내한다.

◎ **긍정적 경험 자각 실습(10분)**

① 먼저 눈을 감고 평소 긍정적으로 경험되던 것들을 떠올려 보게 한다. 아침에 맡은 커피향, 신선한 새벽공기, 상쾌한 바람, 달콤한 과일향 등 평소 좋아하는 것들을 음미하면서 느껴 보도록 안내한다. 이때, 갖고 싶은 것을 떠올리는 데 초점을 두면, 갖지 못한 아쉬움 등 부정적 감정이나 생각이 따라올 수 있으므로 평소 긍정적 느낌을 받았던 경험에 초점을 두게 한다.

② 안경, 튼튼한 발 등 사소하지만 평소 놓칠 수 있는 감사할 거리를 떠올려 보고 그 중 약 5~6가지를 워크시트지에 작성하도록 안내한다. 이어서 자녀 혹은 다른 가족에게 감사를 표현하는 시간을 갖도록 하여 자녀를 비롯한 가족구성원들과 긍정적 연결감을 느낄 수 있도록 안내한다.

◎ **자기감사의 필요성 강의(5분)**

① 자기감사의 필요성을 먼저 설명한다. 우리 뇌가 기본적으로 생존체계로 활성화되고 문제에 집중하다 보니 자기비난을 하기 쉽지만 이는 자긍심, 행복감 배양을 방해하므로 자신의 긍정적 자질에 초점을 두고 감사하는 마음을 기르는 것이 매우 필요함을 설명한다.

② 우리 문화상 겸손이 미덕이므로 자신의 긍정적 자질에 감사하는 행동이나 타인의 칭찬을 기쁘게 받아들이는 행동은 자칫 오만이나 자아도취로 오해받고 다른 사람들과의 단절을 초래할 수 있으므로 자기감사나 칭찬을 수용하는 것을 쉽게 하기 어려운 환경임을 설명한다. 그러나 긍정적 자질의 보편성을 설명하고 모든 사람의 긍정적 자질은 많은 다른 존재의 도움으로 발달하므로, 마음챙김과 자기자비로 긍정적 자질과 도움 준 다른 존재들에게 감사를 표현할 때 행복감, 자긍심이 배양될 수 있음을 설명한다.

◎ **자기감사 실습(40분)**

① 모두 눈을 감고 참여자들로 하여금 자신에 대해 감사할 것들, 자신이 갖고 있는 좋은 자질, 선한 영향력을 미칠 수 있는 자질 3가지를 떠올리고 자신의 것으로 수용하도록 안내한다. 이 중 한 가지 자질에 초점을 두고 이 자질을 발달시키는 데 그동안 도움을 주었던 사람이나 존재, 즉 친구, 부모, 성직자, 책의 어떤 글귀 등을 떠올려 보게 한다.

② 자신의 좋은 자질을 계발할 수 있게 도움을 준 존재들에게 감사하도록 안내하고, 좋은 자질을 계발하려고 노력한 자신에게 감사를 보내도록 안내한다.

③ 이번에는 그동안 프로그램에 함께 참여해 오면서 알게 된 집단원들의 장점이나 긍정적인 면, 혹은 감사를 느낀 순간들을 떠올리면서 롤링 페이퍼를 작성하고 작성된 페이퍼를 당사자에게 전달한다.

④ 전체적으로 자기감사 실습을 통해 알아차린 것과 체험한 것을 나누게 한다. (쉬는 시간 10분을 갖는다)

◎ **프로그램 참여과정의 최종점검(20분)**

① 마지막으로 프로그램에 참여하는 동안에 느꼈던 것, 경험했던 것, 변화한 것이 무엇인지 떠올려 보게 하고 이를 명료화하여 정리하는 시간을 갖는다.

② 그동안 배웠던 마음챙김_자기자비 수행방법 중에서 기억에 남는 것, 특히 도움이 되었던 것, 앞으로도 활용해 보고 싶은 것을 워크시트지에 표기하게 한다.

③ 이 집단에 참여하기 전과 비교하여 자신에 대한 생각이나 행동, 자녀에 대한 생각이나 행동, 다른 사람에 대한 생각이나 행동, 자녀를 양육하는 가치관이나 양육태도 등에서 변화된 점이 있다면 이를 작성하게 한다. 그리고 마지막으로 하고 싶은 말을 작성하도록 안내한다.

🌸 마무리 활동

◎ 사후검사 실시 및 추후검사 안내(10분)
① 프로그램을 실시하기 전과 마찬가지로 프로그램 실시를 마치면서 사후검사를 실시한다.
② 한 달 뒤 문자 안내를 통해 전자설문으로 진행되는 추후검사에 적극적으로 참여해 줄 것을 독려한다.

◎ 전체 소감 나눔 및 마무리(30분)
① 프로그램을 마친 이후에도 프로그램을 통해 배운 마음챙김_자기자비 수행들을 일상에서 지속적으로 실천하기 위한 방법들을 탐색하도록 안내한다. 지나치고 불필요한 노력은 오히려 지속가능성을 떨어뜨리므로 되도록 가볍게 즐기듯이 매 순간 순간 필요한 방법들을 사용해 볼 것을 권한다.
② 모든 참여자들이 전체적으로 소감을 나누며 마무리한다(30분).

8회

자기감사와 돌아보기 (참여자용)

음미하기

가능한 한 일상생활에서 즐겁고, 기분이 좋아지고, 유쾌해지고, 설레는 경험들을 천천히, 하나하나 알아차리며 주의를 기울입니다.

자신의 오감, 즉 시각, 청각, 후각, 촉각, 미각을 통해서 삶의 긍정적인 경험에 초점을 둡니다.

예를 들어, 신선한 새벽 공기, 피부에 상쾌하게 닿는 바람, 그윽하게 널리 퍼지는 커피향, 달콤한 과일향, 고소하고 맛있는 빵 냄새, 햇살에 반짝이는 파릇파릇한 이파리 등

평소 좋아하는 것들…. 그리고 지금 이 순간 새롭게 오감을 통해 들어오는 즐겁고 유쾌하고 기쁘고 편안하고 행복한 느낌들을 천천히 음미합니다.

이 경험들 속에 오롯이 자기 혼자 존재하는 것처럼 이 경험들에 흠뻑 젖어 봅니다.

이 충만하고 행복한 느낌이 내 온몸과 마음 가득하게 잔잔히… 퍼지게 합니다.

그러고 나서 뭔가 새로운 것을 경험할 준비가 되면 이를 내려놓고 다른 유쾌하고, 기쁘고, 편안하고, 설레는 무언가가 발견될 때까지 이 경험들이 자연스럽게 흘러가도록 내버려둡니다.

감사하기

감사는 우리 삶에서 좋은 것들, 도움이 된 것들을 인식하고 그 선한 영향력을 인정하고 이에 고마움을 느끼는 것입니다.

감사하기는 일종의 지혜를 배양하는 것이기도 합니다. 우리 삶의 본질적 조건은 상호 의존성입니다.

우리는 무수한 존재들과 도움을 주고받으면서 살아갑니다. 삶에서 좋은 것들, 도움이 되는 것들을 인식하고, 그 선한 영향력을 인정하고 고마움을 느끼며 감사의 마음을 전하는 것은 나와 다른 존재를 긍정적으로 연결하는 일입니다.

감사를 하게 되면 분리감, 소외감에서 자유로워질 수 있고 기쁨과 행복감, 충만감을 얻을 수 있습니다.

그동안 너무 흔히 접할 수 있어서 미처 생각해 보지 못했거나, 작고 사소한 감사한 것들을, 떠오르는 대로 약 5가지 작성해 봅니다. (예: 공기, 물, 안경, 정시에 도착한 버스, 더운 여름날의 선풍기, 에어컨 등)

_____

_____

자녀 혹은 가족, 다른 사람에게 감사할 것이 떠오른다면 감사를 표현해 봅니다.

_____

_____

감사하기를 해 보면서 이를 하기 전과 비교했을 때 어떤 생각이나 감정을 경험했나요? (다른 사람들과 감사하기 실습 경험을 나누시기 바랍니다)

자기감사

자신에게 감사하는 것은 자아도취도, 잘난 척도 아닙니다. 모든 존재에게 제각기 고유한 긍정적 자질이 있듯이 내게도 그러한 자질이 있고 이를 알아주고 기뻐하는 것은 자긍심과 행복감을 증진하는 데 매우 도움 되는 일입니다.

자신에게 감사할 것들을 떠올려 봅니다. 내가 가지고 있는 긍정적이고 좋은 자질, 주변에 선한 영향력을 미칠 수 있는 자질들을 떠올려 봅니다.

이러한 자질들을 발달시키는 데 도움을 준 존재들을 차례차례 떠올려 봅니다. (친구, 부모님, 스승님, 성직자, 어떤 특정한 지도자, 유명인사, 내게 영감을 준 어떤 책의 글귀, 명언 등)

_____

내게 좋은 자질들을 발달시키도록 긍정적 영향을 준 사람들, 다른 존재들에게 감사를 표현합니다. (마음속으로 감사를 표현하셔도 좋고, 직접 여기에 쓰셔도 좋습니다)

_____

자신의 좋고 긍정적인 자질을 칭찬합니다. (마음속으로 감사를 표현하셔도 좋고, 직접 여기에 쓰셔도 좋습니다)

_____

좋은 자질을 계발하려고 그동안 수고해 온 자신에게 감사를 표현합니다. (마음속으로 감사를 표현하셔도 좋고, 직접 여기에 쓰셔도 좋습니다)

_____

※ 그동안 함께 속 깊은 이야기를 많이 나눠 온 집단원 한 사람, 한 사람에게서 발견한 좋았던 점 혹은 감사하는 부분을 간단하게 작성합니다(롤링 페이퍼).

_____

프로그램을 마치면서

프로그램에 참여하는 동안 깨달은 것, 특별한 감각경험, 감동으로 다가온 것이 있다면 작성해 주시길 부탁드립니다.

_____
_____
_____
_____
_____

참여 전과 비교하여, 자신과 다른 사람에 대한 생각이나, 행동에서 달라진 점, 양육에 대한 가치관, 양육태도에서 변화된 점이 있다면 작성해 주시길 부탁드립니다.

_____
_____
_____
_____
_____

참여한 프로그램 중에 가장 기억에 남는 것 3가지, 가장 도움이 되었던 것 3가지, 앞으로도 활용해 보고 싶은 것은 모두 ✓ 표시 해 주시기 바랍니다.

프로그램 회기	세부 내용	가장 기억에 남는 것	가장 도움이 된 것	앞으로 활용하고 싶은 것
1회 마음챙김과 자기자비	자기자비 3요소			
	위로의 손길			
	일상의 자기자비 활동 (신체·정신·감정·관계·영적 돌봄)			
2회 애정 어린 마음챙김	자녀의 일상 알아차리기 명상			
	오감을 통한 마음챙김(발바닥 마음챙김)			
	역류다루기(돌멩이 마음챙김)			
3회 자애명상과 자애메시지	자기 안의 자애심과 자비심 발견하기			
	나와 자녀를 위한 자애명상			
	나와 자녀를 위한 자애메시지			
4회 자기비난과 자기자비 목소리	마음챙김_자기자비 수행과정 중간 점검			
	자기비난과 자기자비 목소리 발견하기			
	나를 위한 자애명상			
	자비편지			
5회 양육가치와 자비로운 경청	참된 양육가치 발견하기			
	자비로운 경청			
	자비 주고받기 호흡 명상			
6회 힘겨운 감정과 화	힘겨운 감정을 만나는 방법			
	화를 만나는 방법			
7회 양육죄책감과 양육피로	양육죄책감을 만나는 방법			
	양육피로를 만나는 방법			
	자비로운 친구 만나기(명상)			
8회 자기감사와 돌아보기	긍정적 경험 자각(음미하기, 감사하기)			
	자기감사 실습			
기타				

프로그램과 관련하여 지도자에게 하고 싶은 말이나 전체적 소감을 작성해 주시길 부탁드립니다.

_____

_____

_____

_____

이 페이지는 작성한 후 지도자에게 제출해 주시길 부탁드립니다. 소중하고 귀한 경험을 나눠 주심에 감사드립니다.

그동안 귀한 시간을 내시고 프로그램에 기꺼이 참여해 주신 점에 대해 감사드립니다.

7장

마음챙김_자기자비 프로그램 효과 검증 방법

본 장에서는 마음챙김_자기자비 프로그램 효과 검증을 위한 연구 대상, 실험 설계, 연구 절차, 측정 도구, 자료 처리 방법에 대한 소개를 하였다.

연구 대상

본 연구에 참여한 연구 대상은 경기도 H시에 거주하는 4세부터 7세까지의 취학 전 자녀를 둔 어머니 30명으로 하였다. 연구 대상을 취학 전 자녀를 둔 어머니로 한정한 이유는 자녀의 성장과 발달상 주 양육자인 모의 역할이 절대적으로 필요한 시기이기 때문이다. 부모들을 대상으로 양육죄책감 감소를 위한 집단상담 프로그램을 안내한 후 참여를 희망하는 부모 50명을 대상으로 탈락참여자를 예상하여 실험집단 30명, 통제집단 20명으로 나누었다. 실험집단에 참여한 30명의 어머니 중 실험집단 중에서 결석이 2회 이상이거나 중도에 탈락한 11명을 제외한 19명과, 통제집단에서 중도 탈락한 2명을 제외한 18명, 총 37명을 대상으로 프로그램의 효과를 검증하였다.

본 연구자가 개발한 양육죄책감 감소 프로그램은 실험집단을 대상으로 2019년 9월 5일부터 2019년 11월 9일까지 주 1회씩 8주에 걸쳐 시행하며, 사전·사후·추후 총 3회에 걸쳐 설문조사를 하였다. 통제집단은 양육죄책감 감소 프로그램에 참여하지 않으며, 실험집단과 동일하게 사전·사후·추후 설문조사를 실시하였다.

본 연구에 참여한 어머니들의 특성을 실험집단과 통제집단별로 살펴보면 다음과 같다. 실험집단의 경우 연령은 36~39세가 8명으로 실험집단 전체의 42.1%로 가장 많았으며, 다음으로 40~45세 36.8%, 30~35세 15.8%의 순이었다. 자녀 연령은 4~5

세가 10명으로 실험집단 전체의 52.6%로 가장 많았으며, 다음으로 6~7세가 36.8%의 분포를 보였다. 어머니의 직장 유무는 전업주부가 13명으로 68.4%였고, 취업모가 31.6%로 나타났다.

통제집단의 경우 연령은 36~39세가 7명, 40~45세가 7명으로 동일하게 38.9%의 분포를 보였으며, 자녀 연령은 6~7세가 8명으로 통제집단 전체의 44.4%로 가장 많았으며, 다음으로 4~5세가 33.3%의 분포를 보였다. 어머니의 직장 유무는 취업모가 10명인 55.6%로 전업주부의 44.4%보다 많았다. 집단의 동질성을 분석하기 위해 X2 검정을 실시한 결과 실험집단과 통제집단의 특성인 연령, 자녀 연령, 직장 유무 모두 유의수준 0.05에서 유의하지 않은 것으로 나타나 집단 간 동질성은 확보된 것으로 분석되었다.

실험 설계

본 연구의 실험설계는 비동질 통제집단 사전-사후검사 설계(nonequivalent control group pretest-posttest design)의 방법을 사용하였으며, 설계모형을 구체적으로 나타내면 [표 3]과 같다.

[표 3] 프로그램 효과 검증을 위한 실험설계

집단	사전검사	실험처치	사후검사	추후검사
실험집단(A, B)	O1	X1	O2	O3
통제집단	O4		O5	O6

X1: 실험처치(양육죄책감 감소 프로그램)
O1, O4: 사전검사(마음챙김, 자기자비, 양육죄책감, 심리적 안녕감)
O2, O5: 사후검사(마음챙김, 자기자비, 양육죄책감, 심리적 안녕감)
O3, O6: 추후검사(마음챙김, 자기자비, 양육죄책감, 심리적 안녕감)

연구 절차

가) 집단구성

본 연구의 참여자는 경기도 H시에 거주하는 취학 전 자녀를 둔 어머니를 대상으로 하였다. 프로그램의 내용과 목적을 설명하고, 자발적으로 참여 의사를 밝힌 어머니 50명을 대상으로 30명은 실험집단에, 20명은 통제집단에 배치하였다. 실험집단은 두 집단(A, B)으로 나누어 각각 15명씩 배치하였다. 실험집단에 10명을 더 선정한 이유는 프로그램 중 중간 탈락자가 생길 경우를 대비한 것이다.

나) 예비모임

프로그램을 실시하기 전에 오리엔테이션 및 사전검사를 위해 예비모임을 가졌다. 프로그램의 취지와 목적을 설명하고 참여 시 주의사항과 사전검사(마음챙김, 자기자비, 양육죄책감, 심리적 안녕감)를 실시하였다.

다) 프로그램 실시

실험집단과 통제집단이 선정된 후, 실험집단을 대상으로 2019년 9월 5일부터 11월 9일까지 주 1회 150분간, 총 8회기로 진행하고 추후 모임을 하였다. 통제집단은 프로그램 실시기간 동안 아무런 처치를 하지 않았다. 양육죄책감 감소 집단상담 프로그램은 A집단과 B집단으로 나누었다. A집단은 상담전문가 1명과 연구 보조자 1명, 2명이 리더-코리더로 집단을 이끌었으며, B집단은 본 연구자가 집단을 진행하였다. 각 회기 종료 후에는 양적 분석의 한계를 보완하기 위하여 참여자들로 하여금 회기별 평가와 잘된 점, 아쉬운 점, 개선할 사항을 작성하도록 하였다.

라) 사후 검사

프로그램의 마지막 8회기에 프로그램의 효과를 알아보기 위해 실험집단과 통제집단을 대상으로 마음챙김, 자기자비, 양육죄책감, 심리적 안녕감 검사를 하였다. 프로그램의 내용 및 과정을 평가하기 위하여 실험집단에게 프로그램 종료 이후 프로그램 만족도에 대한 설문조사를 하였고, 이를 토대로 프로그램의 내용 및 시행절차에 대한 참여자들의 만족도 및 목표 도달 정도를 분석하였다.

마) 추후검사

프로그램 종결 3주 후 프로그램 효과가 지속되는지 확인하기 위하여 실험집단과 통제집단을 대상으로 마음챙김, 자기자비, 양육죄책감, 심리적 안녕감 검사를 추후에 실시하고 프로그램이 종결된 이후에 어려웠던 점, 두려웠던 점, 깨달은 점, 변화된 행동 및 정서와 프로그램에서 배운 것 중 가장 많이 활용한 것은 무엇인지에 대한 설문지 조사를 하였다.

측정 도구

가) 마음챙김 척도

마음챙김 수준을 측정하기 위해 사용한 측정 도구는 박성현(2006)이 위빠싸나 명상이론을 바탕으로 제작한 척도로, 내적·외적 경험에 대한 즉각적인 자각과 집중, 비판단적 수용 및 탈중심적 주의의 정도를 양적으로 측정하는 도구이다. 마음챙김의 하위요인 중 '현재자각'이란 현재 순간에 일어나는 몸과 마음의 경험에 대한 즉각적이고 명료한 알아차림을 의미하고, '주의집중'은 현재의 경험이나 과업에 주의를 집중하고 유지하는 것이다. '비판단적 수용'은 자신의 내적 경험에 대하여 사유작용을 통한 평가나 판단을 멈추고, 발생한 경험을 있는 그대로 받아들이고 허용하는 태도이며, '탈중심적 주의'는 마음의 현상에 휩싸이지 않고 관찰자의 위치에서 바라보는 것을 의미한다.

측정 도구는 총 20개의 문항으로 '현재자각' 5문항, '주의집중' 5문항, '비판단적 수용' 5문항, '탈중심적 주의' 5문항의 4개 하위요인으로 구성되어 있다. 측정은 '전혀 그렇지 않다' 1점에서 '매우 그렇다' 5점의 Likert식 5점 척도로 하였다. 전체 문항이 역문항으로 구성되어 역코딩 전체문항의 평균점수를 분석에 활용하였으며, 평균점수가 높을수록 마음챙김의 정도가 높다는 것을 의미한다. 신뢰도 계수는 유아교육 기관(어린이집과 유치원을 포함)에 등원하고 있는 자녀를 둔 어머니들을 대상으로 한 이복순(2010)이 측정한 결과 전체 신뢰도(Cronbach's α)는 .75이었으며, 본 연구에서의 신뢰도는 .899였다.

[표 4] 마음챙김 척도의 하위요인 및 신뢰도

구분	문항	문항 수	Cronbach's α
현재자각	3*, 7*, 11*, 15*, 19*	5	.764
주의집중	1*, 5*, 9*, 13*, 17*	5	.732
비판단적 수용	2*, 6*, 10*, 14*, 18*	5	.827
탈중심적 주의	4*, 8*, 12*, 16*, 20*	5	.794
전체		20	.899

*은 역문항

나) 자기자비 척도

자기자비 측정 도구는 Neff(2003b)가 개발한 자기자비 척도를 김경의 등(2008)이 번안한 한국판 자기자비 척도(Korean-version of Self- Compassions Scale; K-SCS)이다. 이 척도는 '자기친절' 5문항과 '자기비판' 5문항, '인간보편성' 4문항과 '자기고립' 4문항, '마음챙김' 4문항과 '과잉동일시' 4문항의 6가지 하위요인의 26문항으로 구성되어 있다. 측정은 '전혀 그렇지 않다' 1점에서 '매우 그렇다' 5점의 Likert식 5점 척도로 측정하였으며, 분석에는 역문항을 역코딩하여 각 요인의 평균값을 활용하였다. 따라서 평균점수가 높을수록 자기자비 수준이 높다는 것을 의미한다. 신뢰도 계수는 Neff(2003b)의 연구에서 전체 신뢰도 계수(Cronbach's α)는 .92, 대학생을 대상으로 측정한 김경의 등(2008)의 연구에서는 .90으로 나타났으며, 본 연구에서는 .90이었다.

[표 5] 자기자비 척도의 하위요인 및 신뢰도

구분	문항	문항 수	Cronbach's α
자기친절	5, 12, 19, 23, 26	5	.849
자기비판	1*, 8*, 11*, 16*, 21*	5	.816
보편적 인간성	3, 7, 10, 15	4	.844
자기고립	4*, 13*, 18*, 25*	4	.921
마음챙김	9, 14, 17, 22	4	.876
과잉동일시	2*, 6*, 20*, 24*	4	.773
전체		26	.953

*은 역문항

다) 양육죄책감 척도

양육죄책감 측정은 김기현과 강희경(1997)이 개발한 양육 스트레스 척도 중 타인 양육에 대한 죄책감 척도와 Mann & Thronburg(1987)가 개발한 어머니 죄책감 척도(Maternal Guilt Scale)를 참고하여 제작한 성정원(2011)의 척도를 사용하였다. 성정원(2011)은 양육죄책감 척도를 제작하기 위해 인터넷 조사와 면접법을 이용하였다. 1차로 인터넷 자료 검색과 영아와 유아를 둔 어머니 25명을 대상으로 면접을 통해 어머니들이 양육죄책감을 느꼈던 72가지의 경험에 관한 정보를 수집하고, 그 중 일반적인 양육 상황에서 일어날 수 있는 경우 60가지를 선정하여 아동발달 전문가로부터 안면타당도 검증을 받았다. 2차로 1차에서 선정된 양육죄책감 60문항 중 전체 연구 대상자 318명의 응답 중 25% 이상이 '경험 없음'이라고 응답한 30문항은 어머니들의 양육죄책감을 측정하기에 적절하지 않은 질문으로 판단하여 제외하고 나머지 30문항에 대해 최종적으로 요인분석을 실시하였다. 요인분석 결과 요인 부하량이 .40 이하이거나 여러 요인에 걸쳐 나타난 불명확한 11개의 문항을 제거하고 3개 요인에 19문항을 양육죄책감을 측정하는 척도로 구성하였다.

3개의 요인은 어머니가 자녀양육에서 양육죄책감을 느끼는 원인에 대한 내용으로 분류하여 명명하였다. 제1요인은 전체 총 7문항으로 자녀를 직접 돌보지 못해 보육기관에 맡김으로 인하여 생겨나는 죄책감 등의 '돌봄부족으로 인한 죄책감'이며, 제2요인은 총 7문항으로 어머니가 자녀양육에서 신경질을 내거나 화풀이를 하는 등 잘못된 양육행동으로 인한 죄책감인 '부정적 양육행동으로 인한 죄책감'이다. 제3요인은 총 5문항으로 어머니가 부모로서 자녀에게 높은 질의 양육환경을 제공하지 못한 것에 대한 죄책감으로 '미숙한 부모역할로 인한 죄책감'이다. 각 문항은 '경험 없음'과 '전혀 그렇지 않다'(1점)에서 '매우 그렇다'(4점)의 Likert식 4점 척도로 구성하였으나, 본 연구에서는 3개 요인의 19개 문항을 Likert식 5점 척도로 측정하였으며, 각 요인의 평균점수를 분석에 활용하였다. 평균점수가 높을수록 양육죄책감이 높다는 것을 의미한다. 양육죄책감 척도를 제작한 성정원(2011)의 연구에서 전체 문항에 대한 신뢰도 계수(Cronbach's α)는 .90이었으며, 본 연구에서는 .94였다.

[표 6] 양육죄책감 척도의 하위요인 및 신뢰도

구분	문항	문항 수	Cronbach's α
돌봄부족	5, 10, 11, 12, 15, 17, 18	7	.883
부정적 양육행동	3, 6, 9, 13, 14, 16, 19	7	.888
미숙한 부모역할	1, 2, 4, 7, 8	5	.815
전체		19	.942

*은 역문항

라) 심리적 안녕감 척도

부모들의 심리적 안녕감을 알아보기 위하여 Ryff(1989)가 개발하고 김명소, 김혜원, 차경호(2001)가 번안하고 타당화한 심리적 안녕감(Psychological well-being Scale: PWBS)척도를 바탕으로 심리적 안녕감을 측정한 안혜원(2017)의 척도를 사용하였다. 이 척도는 '자아수용' 8문항, '긍정적 대인관계' 7문항, '자율성' 8문항, '환경에 대한 통제력' 8문항, '삶의 목적' 7문항, '개인적 성장' 8문항의 6개 하위요인 46문항으로 구성되어 있으며 '전혀 그렇지 않다' 1점에서 '매우 그렇다' 5점의 Likert식 5점 척도로 측정하였다. 분석에서는 심리적 안녕감 문항 중 역문항은 역코딩하였으며, 전체 문항의 평균점수를 분석에 활용하였다. 따라서 평균점수가 높을수록 심리적 안녕감의 수준이 높다는 것을 의미한다. 심리적 안녕감 전체문항의 신뢰도는 안혜원(2017)의 연구에서 신뢰도 계수(Cronbach's α)는 .98이었으며, 본 연구에서는 .94이었다.

[표 7] 심리적 안녕감 척도의 하위요인 및 신뢰도

구분	문항	문항 수	Cronbach's α
자아수용	3, 8, 12*, 19, 24, 26*, 39, 42	8	.902
긍정적 대인관계	4*, 9*, 13, 20*, 27*, 38, 46*	7	.766
자율성	5, 10, 15, 21*, 29, 33*, 36*, 43	8	.813
환경에 대한 통제력	1, 6*, 14, 16*, 25, 30, 40*, 44	8	.739
삶의 목적	7*, 11*, 18*, 23*, 28, 32, 35	7	.790
개인적 성장	2*, 17, 22*, 31, 34*, 37, 41*, 45*	8	.762
전체		45	.936

*은 역문항

자료 처리

마음챙김_자기자비 프로그램의 효과를 검증하기 위하여 수집된 자료를 양적 분석과 질적(내용) 분석의 두 가지 방법으로 결과를 분석하였다.

가) 양적 분석

본 연구에서 수집한 자료들은 척도들의 측정값에 근거하여 점수화한 후, SPSS 22.0와 MEMORE for SPSS 2.1, JASP 0.11.1을 사용하여 통계 분석을 하였다.

첫째, 마음챙김, 자기자비, 양육죄책감, 심리적 안녕감에 대해 실험집단과 통제집단 간의 사전동질성을 확인하기 위하여 독립표본 t-검정을 하였다. 진행자 간 양육죄책감 프로그램의 효과 동질성을 검증하기 위해 집단(진행자 A, 진행자 B)과 측정 시점(사전, 사후, 추후검사)에 따라 마음챙김, 자기자비, 양육죄책감, 심리적 안녕감 변화의 차이를 분석하기 위해 측정시점을 반복측정 변인으로 반복측정 분산분석을 하였다.

둘째, 연구의 가설을 검증하기 위한 통계적 방법으로 혼합 분산분석(mixed ANOVA)을 이용하였다. 집단(실험, 통제)과 측정시점(사전, 사후, 추후검사)에 따라 마음챙김, 자기자비, 양육죄책감, 심리적 안녕감의 변화를 분석하기 위해 측정시점을 반복측정 변인으로 반복측정 분산분석을 하였다. 또한, 실험집단과 통제집단별로 측정시점(사전-사후, 사전-추후)별 차이와 프로그램의 효과를 분석하기 위해 독립표본 t-검정과 Cohen의 효과 크기를 분석하였다.

셋째, 양육죄책감 감소 프로그램 효과의 지속성과 심리적 안녕감 증진과 양육죄책감 감소의 효과 기제를 파악하기 위해 반복측정 매개효과를 분석하였다. 반복측정 매개효과는 Judd, Kenny & McClelland(2001)의 연구에서 제시한 절차에 의해 분석하였다.

나) 질적 분석

연구 결과에서 통계적 검증에 따른 양적 결과가 갖는 신뢰성에 대한 제한점을 보완하기 위하여 참여자가 회기별로 작성한 경험보고서와 프로그램을 마치면서 프로그램에 대한 평가 설문지를 분석하였다.

자료는 개방형 설문 문항에 대해 참여자가 직접 자신의 의견이나 생각을 작성하도록 하였다. 자료수집은 프로그램 진행과정, 프로그램 종료 후, 프로그램 종료 3주 후로 하였다.

프로그램 진행과정에서의 설문 문항은 양육죄책감 감소 프로그램의 회기별 좋은 점과 아쉬운 점에 관하여 서술하도록 하였다. 프로그램 종료 후, 프로그램을 마치면서, 프로그램에 참여하는 동안, 새롭게 깨달은 것, 특별한 감각경험, 감동 경험, 변화된 점 등, 각 회기의 프로그램 구성 내용에 대해 가장 기억에 남는 것, 가장 도움이 된 것, 지속적으로 활동하고 싶은 것에 대하여 작성하도록 하였다. 프로그램 종료 3주 후에는 프로그램을 마치고 일상생활에서 활용하면서 깨달은 것, 특별한 감각경험, 감동으로 다가온 것에 대하여 작성하도록 하였다.

수집된 자료는 분류화 과정을 통하여 분류하고 분석하였다. 분류는 프로그램 진행과정에서 수집된 자료를 각 회기별로 분류하여 의미를 해석하였다. 프로그램 종료 후 프로그램에 참여하는 동안 새롭게 깨달은 것, 특별한 감각경험, 감동 경험, 변화된 점 등을 서술한 자료는 참여 전 참여자가 힘겨운 감정을 경험한 원인, 참여 후 마음챙김의 하위요인인 '현재자각'과 '주의집중', '비판단적 수용', '탈중심주의'로 분류하였다. 자기자비는 '자기친절'과 '자기비판', '보편적 인간성'과 '자기고립', '마음챙김'과 '과잉동일시'로 분류하였다. 다음으로 프로그램 종료 3주 후에 수집된 자료는 마음챙김과 자기자비로 구분하여 분류하였다. 이는 추후 수집된 자료는 마음챙김과 자기자비 하위요인별로 분류하기에는 서술한 내용이 매우 적고, 모호하기 때문이다.

수집된 자료의 분류와 의미부여 과정은 본 연구자가 1차로 분류와 의미부여를 하였으며, 본 연구자와 같이 프로그램을 진행한 진행자 1명과 예비프로그램 평가에 참여한 전문가 1명이 검증하는 과정으로 진행하였다.

8장

마음챙김_자기자비 프로그램 효과

본 장에서는 마음챙김_자기자비 프로그램의 양적·질적 효과 검증 결과 및 논의를 제시하였다.

집단/지도자 간 동질성 검사

동질성 검사는 집단 간 및 프로그램 진행자 간 두 가지를 검증하였다. 집단 간 동질성은 양육죄책감 감소 프로그램에 참여한 집단과 참여하지 않은 통제집단 간의 사전 동질성을 독립표본 t-분석으로 검증하였다. 진행자 간 동질성 검증은 양육죄책감 감소 프로그램이 2명의 진행자에 의해 진행되었기 때문에 실시하였는데, 진행자에 따른 프로그램 효과의 차이를 반복측정 분산분석으로 검증하였다.

양육죄책감 감소 프로그램에 참여한 실험집단과 프로그램에 참여하지 않은 통제집단 간의 사전동질성을 분석한 결과, 마음챙김(t=-1.68), 자기자비(t=-1.98), 심리적 안녕감(t=-1.38), 양육죄책감(t=1.22) 모두 집단 간의 차이가 통계적으로 유의하지 않아 집단 간 동질성이 검증되었다.

양육죄책감 감소 프로그램을 진행한 진행자 A와 진행자 B 간의 프로그램 효과의 동질성을 분석한 결과, 마음챙김의 사전점수, 심리적 안녕감의 사전점수와 사후점수, 양육죄책감의 추후점수는 진행자에 따라 유의한 차이가 있는 것으로 분석되었다. 그러나 사전-사후-추후 시점에 따른 프로그램의 효과를 의미하는 진행자와 시간의 상호작용 효과는 마음챙김(F_4=2.73), 자기자비(F_4=1.54), 심리적 안녕감(F_4=.83), 양육죄책감(F_4=.03) 모두 유의하지 않은 것으로 나타나, 진행자에 따른 프로그램의 효과 차이는 없는 것으로 확인되었다. 이는 진행자에 상관없이 프로그램의 효과는 동일하다는 것을 의미하고 있어 양육죄책감 감소 프로그램의 진행자 간 동질성이 검증되었다고 할 수 있다.

양적 효과

양육죄책감 감소 프로그램에 참여한 실험집단과 참여하지 않은 통제집단의 마음챙김 수준에 대한 집단별 시점(사전, 사후, 추후)별 변화(F1)와 집단×시점 상호작용 변화(F2)가 실험집단과 통제집단 간에 유의한 차이가 있는지를 분석하기 위해 반복측정 일원변량분석을 실시하였다.

분석 결과, 집단별 시점에 따른 마음챙김 수준은 사전-사후-추후 시점별 변화에서 실험집단은 유의한 차이(F1=6.26, p<.01)가 있는 것으로 나타났으나, 통제집단은 유의하지 않은 것으로 분석되었다. 또한, 시점에 따른 마음챙김 수준의 집단×시점 상호작용 변화는 실험집단에서 집단 간 유의한 차이(F2=6.07, p<.01)가 있는 것으로 분석되었다.

마음챙김 하위요인에 대한 분석 결과, '현재자각'은 사전-사후-추후 시점별 변화와 집단×시점 상호작용 변화 모두 유의하지 않은 것으로 나타났다. 그러나 '주의집중(F1=3.53, p<.05)', '비판단적 수용(F1=4.99, p<.05)', '탈중심주의(F1=13.77, p<.001)' 모두 실험집단에서 집단별 시점에 따른 수준의 차이가 유의한 반면, 통제집단은 유의하지 않은 것으로 나타났다. '비판단적 수용(F2=5.10, p<.05)'과 '탈중심주의(F2=16.16, p<.001)'는 집단×시점 상호작용 변화가 유의했으나, '주의집중'은 유의하지 않은 것으로 분석되었다.

이상의 분석 결과를 종합하면, 양육죄책감 감소 프로그램은 마음챙김의 수준을 사전-사후, 사전-추후 각각 통계적으로 유의한 효과 크기(ES=1.13; ES=.67)로 향상시켰음을 확인하였다. 마음챙김의 하위요인을 분석한 결과, '현재자각'에 대한 유의한 효과는 없었으나, '주의집중(ES=.75)'과 '비판단적 수용(ES=1.02)'은 단기적인 효과를 보였고, '탈중심주의(ES=1.00; ES=1.04)'에서는 장기적인 효과를 보였으며, 효과 크기도 대부분 큰 것으로 나타났다.

양육죄책감 감소 프로그램에 참여한 실험집단과 참여하지 않은 통제집단의 자기자비 수준에 대한 집단별 시점(사전, 사후, 추후)별 변화(F1)와 집단×시점 상호작용 변화(F2)가 실험집단과 통제집단 간에 유의한 차이가 있는지를 분석하기 위해 반복측정 일원변량분석을 실시하였다.

분석 결과, 집단별 시점에 따른 자기자비 수준은 실험집단에서 유의한 차이($F1=10.16$, $p<.001$)가 있는 것으로 나타났으나, 통제집단은 유의하지 않은 것으로 분석되었다. 또한, 시점에 따른 자기자비 수준의 변화는 집단×시점 상호작용에서 유의한 차이($F2=6.74$, $p<.01$)가 있는 것으로 분석되었다.

자기자비 하위요인에 대한 분석 결과, '자기친절($F1=5.93$, $p<.01$)', '자기비판($F1=10.94$, $p<.001$)', '보편적 인간성($F1=7.53$, $p<.01$)', '자기고립($F1=6.33$, $p<.01$)', '마음챙김($F1=6.04$, $p<.01$)', '과잉동일시($F1=13.41$, $p<.001$)' 모두 실험집단에서 집단별 시점에 따른 변화 수준의 차이가 유의한 반면, 통제집단은 유의하지 않은 것으로 나타났다. '자기비판($F2=6.42$, $p<.01$)', '보편적 인간성($F2=3.27$, $p<.05$)', '자기고립($F2=4.78$, $p<.05$)', '마음챙김($F2=4.62$, $p<.05$)', '과잉동일시($F2=9.81$, $p<.001$)'는 집단×시점 상호작용이 유의했으나, '자기친절'은 유의하지 않은 것으로 분석되었다.

이상의 분석 결과를 종합하면, 양육죄책감 감소 프로그램은 자기자비의 수준을 사전-사후, 사전-추후 각각 통계적으로 유의한 효과 크기($ES=1.20$; $ES=.94$)로 향상시켰음을 확인하였다. 자기자비의 하위요인을 분석한 결과, '보편적 인간성($ES=.89$)', '마음챙김($ES=.77$)'은 단기적인 효과를 보였으며, '자기친절($ES=1.03$; $ES=.88$)'과 '자기비판($ES=.93$; $ES=.82$)', '자기고립($ES=1.06$; $ES=.80$)', '과잉동일시($ES=1.00$; $ES=1.40$)'에서는 장기적인 효과를 보였고, 효과 크기도 대부분 큰 것으로 나타났다.

양육죄책감 감소 프로그램에 참여한 실험집단과 참여하지 않은 통제집단의 양육죄책감과 심리적 안녕감 수준에 대한 집단별 시점(사전, 사후, 추후)별 변화(F1)와 집단×시점 상호작용 변화(F2)가 실험집단과 통제집단 간에 유의한 차이가 있는지를 분석하기 위해 반복측정 일원변량분석을 실시하였다.

양육죄책감 감소 프로그램에 참여한 실험집단과 참여하지 않은 통제집단의 시간(사전, 사후, 추후)에 따른 심리적 안녕감과 양육죄책감 수준의 차이와 시점에 따른 수준의 변화가 유의한 차이가 있는지 분석하기 위해 반복측정 일원변량분석을 실시하였다.

분석 결과, 집단별 시점에 따른 양육죄책감 수준은 실험집단에서 유의한 차이

(F1=12.79, p<.001)가 있는 것으로 나타났으나, 통제집단은 유의하지 않은 것으로 분석되었다. 또한, 시점에 따른 양육죄책감 수준의 변화는 집단×시점 상호작용에서 유의한 차이(F2=7.65, p<.01)가 있는 것으로 분석되었다.

양육죄책감 하위요인에 대한 분석 결과, '돌봄부족(F1=3.69, p<.05)', '부정적 양육행동(F1=21.92, p<.001)', '미숙한 부모역할(F1=13.19, p<.001)' 모두 실험집단에서 집단별 시점에 따른 변화 수준의 차이가 유의한 반면, 통제집단은 유의하지 않은 것으로 나타났다. '돌봄부족(F2=2.60, p<.05)', '부정적 양육행동(F2=11.64, p<.001)', '미숙한 부모역할(F2=7.40, p<.01)' 모두 집단×시점 상호작용이 유의했다.

이상의 분석 결과를 종합하면, 양육죄책감 감소 프로그램은 양육죄책감 수준을 사전-사후, 사전-추후 각각 통계적으로 유의한 효과 크기(ES=1.26; ES=1.35)로 향상시켰음을 확인하였다. 양육죄책감의 하위요인을 분석한 결과, '돌봄부족(ES=.83; ES=.80)', '부정적 양육행동(ES=1.43; ES=1.61)', '미숙한 부모역할(ES=1.21; ES=1.25)' 모두 장기적인 효과를 보였고, 효과 크기도 대부분 큰 것으로 나타났다.

집단별 시점에 따른 심리적 안녕감 수준은 실험집단에서 유의한 차이(F1=8.78, p<.001)가 있는 것으로 나타났으나, 통제집단은 유의하지 않은 것으로 분석되었다. 또한, 시점에 따른 양육죄책감 수준의 변화는 집단×시점 상호작용에서 유의한 차이(F2=5.32, p<.01)가 있는 것으로 분석되었다. 심리적 안녕감 수준의 하위 요인은 분석하지 않았지만, 양육죄책감 감소 프로그램은 심리적 안녕감 수준을 사전-사후 각각 통계적으로 유의한 효과 크기(ES=1.08)로 향상시켰음을 확인하였다.

심리적 안녕감과 양육죄책감에 대한 분석 결과를 종합하면, 양육죄책감 감소 프로그램이 통계적으로 유의하게 심리적 안녕감의 수준을 높이고, 양육죄책감을 감소시키는 효과가 있음을 확인하였다. 특히 양육죄책감의 감소 효과는 장기적으로 지속한다는 것으로 나타났다.

프로그램 효과의 지속성

마음챙김과 자기자비, 심리적 안녕감과 양육죄책감에 대한 양육죄책감 감소 프로그램 효과의 지속성을 파악하기 위해 마음챙김과 자기자비의 매개효과를 분석하였다.

마음챙김과 자기자비의 매개효과는 Judd 등(2001)의 연구에서 제시한 반복측정 매개효과 검증방법에 따라 분석하였다.

심리적 안녕감에 대한 양육죄책감 감소 프로그램 마음챙김의 매개효과 분석 결과, 양육죄책감 감소 프로그램이 마음챙김에 미치는 사후-사전(EF=.64, p<.001)과 추후-사전(EF=.42, p<.001) 효과는 모두 통계적으로 유의한 것으로 나타나, 심리적 안녕감에 대한 양육죄책감 감소 프로그램의 효과는 단기뿐만 아니라 장기적으로 지속한다는 것을 확인하였다. 심리적 안녕감에 대한 양육죄책감 감소 프로그램의 간접효과는 사후-사전(EF=.22, p<.05)은 통계적으로 유의한 것으로 나타났으나 추후-사전에서는 유의하지 않았다. 따라서 심리적 안녕감은 단기적으로 양육죄책감 감소 프로그램과 마음챙김에 의해 변화되지만, 장기적으로는 양육죄책감 감소 프로그램으로 인해 변화한다는 것을 확인하였다.

마음챙김 척도의 5가지 하위요인 '현재자각', '주의집중', '비판단적 수용', '탈중심주의'의 매개효과 분석 결과, 양육죄책감 감소 프로그램이 심리적 안녕감에 미치는 사후-사전과 추후-사전 효과 모두 통계적으로 유의한 것으로 나타났다. 양육죄책감 감소 프로그램이 '현재자각', '주의집중', '비판단적 수용', '탈중심주의'에 미치는 사후-사전(EF=.45, p<.05) 효과는 통계적으로 유의한 것으로 나타났으나, 추후-사전 효과는 유의하지 않아 '현재자각', '주의집중', '비판단적 수용', '탈중심주의'에 대한 양육죄책감 감소 프로그램의 효과는 단기적인 효과만 존재한다는 것을 확인하였다. 심리적 안녕감에 대한 양육죄책감 감소 프로그램의 간접효과는 사후-사전과 추후-사전 간접효과가 모두 유의하지 않아 '현재자각', '주의집중', '비판단적 수용', '탈중심주의'의 매개효과는 없는 것으로 확인되었다. 따라서 심리적 안녕감은 장단기 모두 양육죄책감 감소 프로그램으로 인해 변화한다는 것을 확인하였다.

자기자비의 매개효과 분석 결과, 양육죄책감 감소 프로그램이 심리적 안녕감에 미치는 사후-사전과 추후-사전 효과 모두 통계적으로 유의한 것으로 나타났다. 양육죄책감 감소 프로그램이 자기자비에 미치는 사후-사전(EF=.79, p<.001)과 추후-사전(EF=.58, p<.001) 효과는 모두 통계적으로 유의한 것으로 나타나 자기자비에 대한 양육죄책감 감소 프로그램의 효과는 단기뿐만 아니라 장기적으로 지속한다는 것을 확인하였다. 심리적 안녕감에 대한 양육죄책감 감소 프로그램의 간접효과는 사후-사전(EF=.45, p<.05)과 추후-사전(EF=.33, p<.05) 모두 통계적으로 유의한 것으로 나

타나 심리적 안녕감에 대한 자기자비의 매개효과를 확인하였다. 따라서 심리적 안녕감은 장단기 모두 양육죄책감 감소 프로그램과 자기자비로 인해 변화한다는 것을 확인하였다.

자기자비의 하위요인인 '자기친절', '과잉동일시'의 매개효과 분석 결과, 1단계인 양육죄책감 감소 프로그램이 심리적 안녕감에 미치는 사후-사전과 추후-사전 효과 모두 통계적으로 유의한 것으로 나타났다. 양육죄책감 감소 프로그램이 '자기친절'에 미치는 사후-사전(EF=.79, p<.001)과 추후-사전(EF=.61, p<.001) 효과는 모두 통계적으로 유의한 것으로 나타나 '자기친절'에 대한 양육죄책감 감소 프로그램의 효과는 단기뿐만 아니라 장기적으로 지속된다는 것을 확인하였다. 심리적 안녕감에 대한 양육죄책감 감소 프로그램의 간접효과는 사후-사전(EF=.28, p<.05)과 추후-사전(EF=.22, p<.05) 모두 통계적으로 유의한 것으로 나타나 심리적 안녕감에 대한 '자기친절', '과잉동일시'의 매개효과를 확인하였다. 따라서 심리적 안녕감은 장단기 모두 양육죄책감 감소 프로그램과 '자기친절', '과잉동일시'로 인해 변화한다는 것을 확인하였다.

'자기비판'의 매개효과 분석 결과, 1단계인 양육죄책감 감소 프로그램이 심리적 안녕감이 미치는 사후-사전과 추후-사전 효과 모두 통계적으로 유의한 것으로 나타났다. 2단계인 양육죄책감 감소 프로그램이 '자기비판', '보편적 인간성', '자기고립', '마음챙김'에 미치는 사후-사전과 추후-사전 효과는 모두 통계적으로 유의한 것으로 나타나 '자기비판'에 대한 양육죄책감 감소 프로그램의 효과는 단기뿐만 아니라 장기적으로 지속한다는 것을 확인하였다. 3단계인 심리적 안녕감에 대한 양육죄책감 감소 프로그램의 간접효과는 사후-사전(EF=.26, p<.05)만 통계적으로 유의한 것으로 나타나 심리적 안녕감에 대한 '자기비판', '보편적 인간성', '자기고립', '마음챙김'의 사후-사전 매개효과를 확인하였다. 따라서 심리적 안녕감은 단기적으로 양육죄책감 감소 프로그램과 '자기비판', '보편적 인간성', '자기고립', '마음챙김'으로 인해 변화하지만, 장기적으로는 양육죄책감 감소 프로그램으로 인해 변화한다는 것을 확인하였다.

양육죄책감 감소 프로그램 효과의 장·단기적 지속성 분석 결과는 [그림 4]와 같다. 양육죄책감은 단기적으로 양육죄책감 감소 프로그램과 마음챙김의 '현재자각', '주의집중', '비판단적 수용', '탈중심주의'에 의해 감소되었고, 자기자비의 '자기친절'과, '자기비난', '보편적 인간성', '자기고립', '마음챙김', '과잉동일시'에 의해 감소되었다. 장기적으로는 양육죄책감 감소 프로그램은 마음챙김의 하위요인인 '탈중심주의'와 자기자비의 하위요인인 '자기친절', '과잉동일시'에 의해 감소되었다.

이상의 분석 결과를 종합한 심리적 안녕감과 마음챙김, 자기자비의 변화기제를 장단기적으로 요약하면 [그림 4]와 같다.

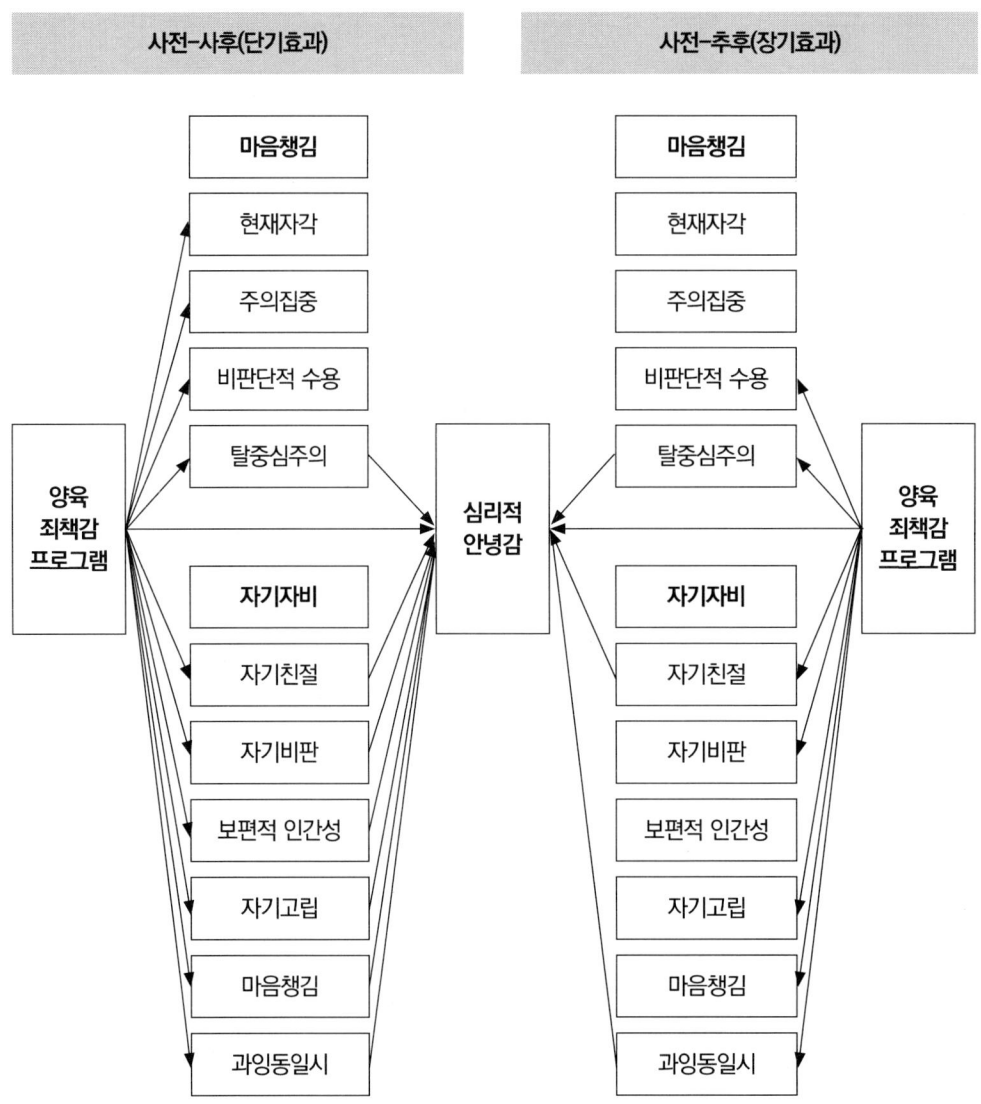

[그림 4] 심리적 안녕감의 장단기 변화기제

양육죄책감에 대한 마음챙김과 자기자비의 매개효과

양육죄책감 감소 프로그램이 양육죄책감에 미치는 마음챙김의 매개효과 분석 결과, 양육죄책감 감소 프로그램이 양육죄책감에 미치는 사후-사전(EF=-.87, p<.001)과 추후-사전(EF=-.85, p<.001) 효과 모두 통계적으로 유의한 것으로 나타나 양육죄책감에 대한 양육죄책감 감소 프로그램의 효과는 단기뿐만 아니라 장기적으로 지속한다는 것을 확인하였다. 2단계인 양육죄책감 감소 프로그램이 마음챙김에 미치는 사후-사전(EF=.64, p<.001)과 추후-사전(EF=.42, p<.001) 효과는 모두 통계적으로 유의한 것으로 나타나 마음챙김에 대한 양육죄책감 감소 프로그램의 효과는 단기뿐만 아니라 장기적으로 지속한다는 것을 확인하였다. 3단계에서 양육죄책감에 대한 양육죄책감 감소 프로그램의 간접효과는 사후-사전과 추후-사전 모두 통계적으로 유의하지 않아 마음챙김의 매개효과는 없는 것으로 나타났다. 따라서 양육죄책감은 장단기적으로 양육죄책감 감소 프로그램으로 인해 변화한다는 것을 확인하였다.

마음챙김의 하위요인인 '현재자각'의 매개효과 분석 결과, 1단계인 양육죄책감 감소 프로그램이 양육죄책감에 미치는 사후-사전과 추후-사전 효과 모두 통계적으로 유의한 것으로 나타났다. 2단계인 양육죄책감 감소 프로그램이 '현재자각'에 미치는 사후-사전(EF=.45, p<.05) 효과만 통계적으로 유의한 것으로 나타나 '현재자각'에 대한 양육죄책감 감소 프로그램의 효과는 단기적인 효과만 존재한다는 것을 확인하였다. 3단계에서 양육죄책감에 대한 양육죄책감 감소 프로그램의 간접효과는 사후-사전과 추후-사전 모두 통계적으로 유의하지 않아 '현재자각'의 매개효과는 없는 것으로 나타났다. 따라서 양육죄책감은 장단기적으로 양육죄책감 감소 프로그램으로 인해 변화한다는 것을 확인하였다.

'주의집중'의 매개효과 분석 결과, 1단계인 양육죄책감 감소 프로그램이 양육죄책감에 미치는 사후-사전과 추후-사전 효과 모두 통계적으로 유의한 것으로 나타났다. 2단계인 양육죄책감 감소 프로그램이 '주의집중'에 미치는 사후-사전(EF=.52, p<.01) 효과만 통계적으로 유의한 것으로 나타나 '주의집중'에 대한 양육죄책감 감소 프로그램의 효과는 단기적인 효과만 존재한다는 것을 확인하였다. 3단계에서 양육죄책감에 대한 양육죄책감 감소 프로그램의 간접효과는 사후-사전(EF=-.30, p<.05) 효과는 통계적으로 유의하지만, 추후-사전 효과는 유의하지 않아 '주의집중'의 사후-사전 매

개효과를 확인하였다. 따라서 양육죄책감은 단기적으로 양육죄책감 감소 프로그램과 '주의집중'으로 인해 변화하지만, 장기적으로는 양육죄책감 감소 프로그램으로 인해 변화한다는 것을 확인하였다.

'비판단적 수용' 매개효과 분석 결과, 1단계인 양육죄책감 감소 프로그램이 양육죄책감에 미치는 사후-사전과 추후-사전 효과 모두 통계적으로 유의한 것으로 나타났다. 2단계인 양육죄책감 감소 프로그램이 비판단적 수용에 미치는 사후-사전(EF=.81, p<.01)과 추후-사전(EF=.43, p<.05) 효과는 모두 통계적으로 유의한 것으로 나타나 '비판단적 수용'에 대한 양육죄책감 감소 프로그램의 효과는 단기뿐만 아니라 장기적으로 지속한다는 것을 확인하였다. 3단계에서 양육죄책감에 대한 양육죄책감 감소 프로그램의 간접효과는 사후-사전(EF=-.46, p<.05) 효과는 통계적으로 유의하지만, 추후-사전 효과는 유의하지 않아 '비판단적 수용'의 사후-사전 매개효과를 확인하였다. 따라서 양육죄책감은 단기적으로 양육죄책감 감소 프로그램과 '비판단적 수용'으로 인해 변화하지만, 장기적으로는 양육죄책감 감소 프로그램으로 인해 변화한다는 것을 확인하였다.

'탈중심주의'의 매개효과 분석 결과, 1단계인 양육죄책감 감소 프로그램이 양육죄책감에 미치는 사후-사전과 추후-사전 효과 모두 통계적으로 유의한 것으로 나타났다. 2단계인 양육죄책감 감소 프로그램이 '탈중심주의'에 미치는 사후-사전(EF=.77, p<.001)과 추후-사전(EF=.82, p<.001) 효과는 모두 통계적으로 유의한 것으로 나타나 '탈중심주의'에 대한 양육죄책감 감소 프로그램의 효과는 단기뿐만 아니라 장기적으로 지속한다는 것을 확인하였다. 3단계인 양육죄책감에 대한 양육죄책감 감소 프로그램의 간접효과는 사후-사전(EF=-.37, p<.05)과 추후-사전(EF=-.40, p<.05) 모두 통계적으로 유의한 것으로 나타나 '탈중심주의'의 매개효과를 확인하였다. 따라서 양육죄책감은 장단기 모두 양육죄책감 감소 프로그램과 '탈중심주의'로 인해 변화한다는 것을 확인하였다.

다음으로 자기자비의 매개효과 분석 결과, 1단계인 양육죄책감 감소 프로그램이 양육죄책감에 미치는 사후-사전과 추후-사전 효과 모두 통계적으로 유의한 것으로 나타났다. 2단계인 양육죄책감 감소 프로그램이 자기자비에 미치는 사후-사전(EF=.79, p<.001)과 추후-사전(EF=.58, p<.001) 효과는 모두 통계적으로 유의한 것으로 나타나 자기자비에 대한 양육죄책감 감소 프로그램의 효과는 단기뿐만 아니라 장기적으

로 지속한다는 것을 확인하였다. 3단계인 양육죄책감에 대한 양육죄책감 감소 프로그램의 간접효과는 사후-사전(EF=-.78, p<.001)만 통계적으로 유의한 것으로 나타나 자기자비의 사후-사전 매개효과를 확인하였다. 따라서 양육죄책감은 단기적으로 양육죄책감 감소 프로그램과 자기자비로 인해 변화하지만, 장기적으로는 양육죄책감 감소 프로그램으로 인해 변화한다는 것을 확인하였다.

자기자비의 하위요인인 '자기친절', '자기비판', '자기고립', '마음챙김'의 매개효과 분석 결과, 1단계인 양육죄책감 감소 프로그램이 양육죄책감에 미치는 사후-사전과 추후-사전 효과 모두 통계적으로 유의한 것으로 나타났다. 2단계인 양육죄책감 감소 프로그램이 '자기친절'에 미치는 사후-사전(EF=.79, p<.001)와 추후-사전(EF=.61, p<.001) 효과는 모두 통계적으로 유의한 것으로 나타나 '자기친절'에 대한 양육죄책감 감소 프로그램의 효과는 단기뿐만 아니라 장기적으로 지속한다는 것을 확인하였다. 3단계인 양육죄책감에 대한 양육죄책감 감소 프로그램의 간접효과는 사후-사전(EF=-.36, p<.05)만 통계적으로 유의한 것으로 나타나 '자기친절'의 사후-사전 매개효과를 확인하였다. 따라서 양육죄책감은 단기적으로 양육죄책감 감소 프로그램과 '자기친절'로 인해 변화하지만, 장기적으로는 양육죄책감 감소 프로그램으로 인해 변화한다는 것을 확인하였다.

'보편적 인간성'의 매개효과 분석 결과, 1단계인 양육죄책감 감소 프로그램이 양육죄책감에 미치는 사후-사전과 추후-사전 효과 모두 통계적으로 유의한 것으로 나타났다. 2단계인 양육죄책감 감소 프로그램이 '보편적 인간성'에 미치는 사후-사전(EF=.74, p<.001) 효과는 통계적으로 유의하지만, 추후-사전 효과는 유의하지 않은 것으로 나타나 '보편적 인간성'에 대한 양육죄책감 감소 프로그램의 효과는 단기적으로 존재한다는 것을 확인하였다. 3단계인 양육죄책감에 대한 양육죄책감 감소 프로그램의 간접효과는 사후-사전(EF=-.37, p<.05)만 통계적으로 유의한 것으로 나타나 양육죄책감에 대한 '보편적 인간성'의 사후-사전 매개효과를 확인하였다. 따라서 양육죄책감은 단기적으로 양육죄책감 감소 프로그램과 '보편적 인간성'으로 인해 변화하지만, 장기적으로는 양육죄책감 감소 프로그램으로 인해 변화한다는 것을 확인하였다.

'과잉동일시'의 매개효과 분석 결과, 1단계인 양육죄책감 감소 프로그램이 양육죄책감에 미치는 사후-사전과 추후-사전 효과 모두 통계적으로 유의한 것으로 나타났다. 2단계인 양육죄책감 감소 프로그램이 '과잉동일시'에 미치는 사후-사전(EF=.74, p<.001)과 추후-사전(EF=.93, p<.001) 효과는 모두 통계적으로 유의한 것으로 나타나 '과잉동일시'에 대한 양육죄책감 감소 프로그램의 효과는 단기뿐만 아니라 장기적으로 지속한다는 것을 확인하였다. 3단계인 양육죄책감에 대한 양육죄책감 감소 프로그램의 간접효과는 사후-사전(EF=-.56, p<.01)과 추후-사전(EF=-.57, p<.05) 모두 통계적으로 유의한 것으로 나타나 양육죄책감에 대한 '과잉동일시'의 매개효과를 확인하였다. 따라서 양육죄책감은 장단기 모두 양육죄책감 감소 프로그램과 '과잉동일시'로 인해 변화한다는 것을 확인하였다.

양육죄책감 감소 프로그램의 매개효과 기제를 분석한 결과 심리적 안녕감은 단기적으로 양육죄책감 감소 프로그램에 의해 직접적으로 높아지며, 마음챙김의 '현재자각', '주의집중'과, 자기자비의 '자기친절'과 '자기비판', '보편적 인간성', '자기고립', '마음챙김'을 통해 높아졌다. 또한, 장기적으로 양육죄책감 감소 프로그램에 의해 직접적으로 높아지며, 마음챙김의 '탈중심주의', 자기자비의 '과잉동일시'에 의해 높아졌다.

이상의 분석 결과를 종합한 양육죄책감과 마음챙김, 자기자비의 변화기제를 장단기적으로 요약하면 [그림 5]와 같다.

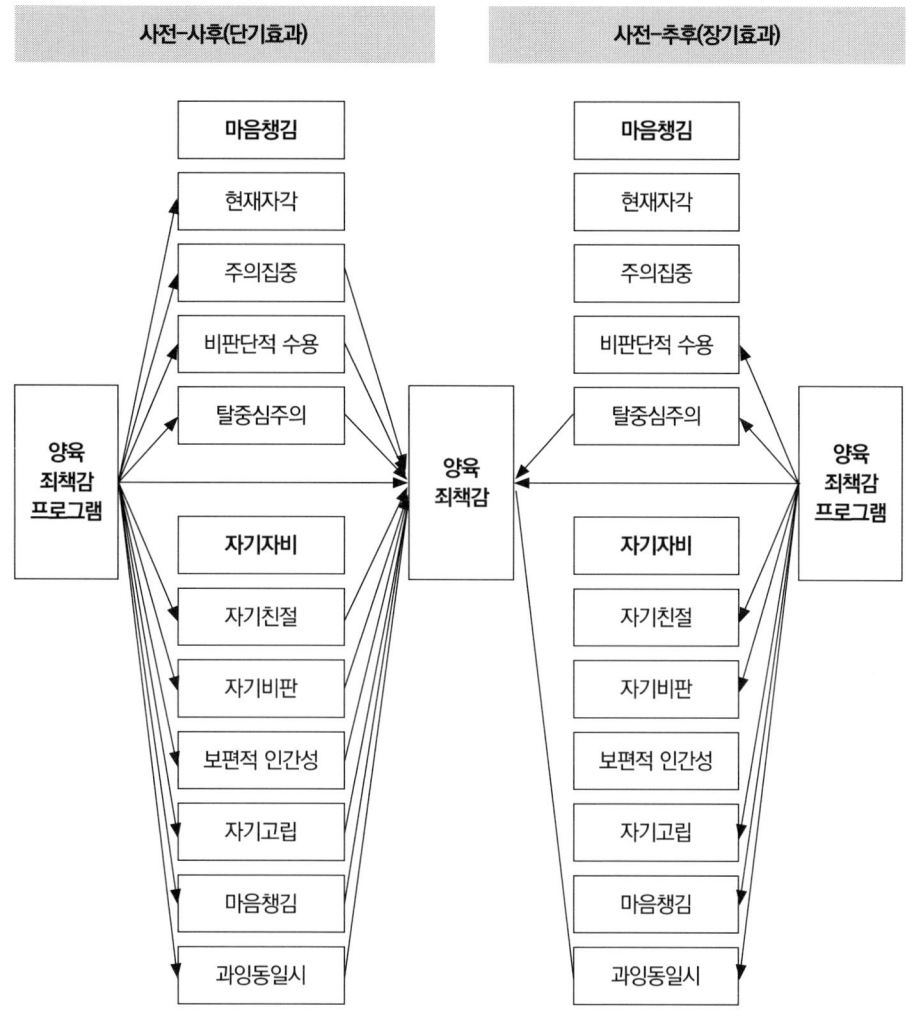

[그림 5] 양육죄책감의 장단기 변화기제

질적 효과

질적 평가를 위해 참여자들에게 회기별 프로그램 내용 평가와 회기별 참여자들의 경험을 조사하였다. 조사 시기는 매 회기가 끝날 때마다, 모든 8회기 종료 후 그리고 추후 만남에서이다.

회기별 프로그램 내용 평가는 모든 8회기 종료 후와 추후 만남에서 실시하였다. 내용 평가를 위해 참여한 프로그램 중에 가장 기억에 남는 것, 가장 도움이 되었던 것,

앞으로 활용하고 싶은 것을 세부 내용으로 조직하여 표를 만들었다. 참여자들은 그 표에 가장 기억에 남는 것 5가지, 가장 도움이 되었던 것 5가지를 골라 순위를 매기고, 앞으로도 활용해 보고 싶은 것을 모두 체크(√) 표시하게 하였다. 매 회기별 프로그램 내용에 대한 평가를 정리하면 다음 [표 8]과 같다.

[표 8] 회기별 프로그램 내용 평가

프로그램 회기	세부 내용	가장 기억에 남는 것	가장 도움이 된 것	앞으로 활용하고 싶은 것
1회 마음챙김과 자기자비	자기자비 3요소	3	3	1
	위로의 손길	2	4	3
	일상의 자기자비 활동 (신체·정신·감정·관계·영적 돌봄)	1	1	3
2회 애정 어린 마음챙김	자녀의 일상 알아차리기 명상	3	2	3
	오감을 통한 마음챙김(발바닥 마음챙김)			2
	역류 다루기(돌멩이 마음챙김)	5	3	2
3회 자애명상과 자애메시지	자기 안의 자애심과 자비심 발견하기	1	1	2
	나와 자녀를 위한 자애명상	2	2	3
	나와 자녀를 위한 자애메시지	2	3	3
4회 자기비난과 자기자비 목소리	마음챙김_자기자비 중간 점검	2	3	
	자기비난과 자기자비 목소리 발견하기	1	2	
	나를 위한 자애명상	2	1	3
	자비편지			1
5회 양육가치와 자비로운 경청	참된 양육가치 발견하기	4	5	5
	자비로운 경청	1		3
	자비 주고받기 호흡 명상	1	2	4
6회 힘겨운 감정과 화	힘겨운 감정을 만나는 방법	2	4	4
	화를 만나는 방법	4	2	2
7회 양육죄책감과 양육피로	양육죄책감을 만나는 방법	1	4	3
	양육피로를 만나는 방법	3	2	3
	자비로운 친구 만나기(명상)			1
8회 자기감사와 돌아보기	긍정적 경험 자각(음미하기, 감사하기)	4	2	3
	자기감사 실습	3	2	1

다음으로 매 회기별 참여자들의 경험을 분석하였다. 회기별 참여자들의 경험 분석은 매 회기가 끝날 때마다 실시하였다. 참여자들의 경험을 분석하기 위해 '프로그램에 참여하는 동안 깨달은 것, 특별한 감각경험, 감동으로 다가온 것', '자신과 다른 사람에 대한 생각이나, 행동에서 달라진 점', '양육에 대한 가치관, 양육태도에서 변화된 점', '프로그램과 관련하여 지도자에게 하고 싶은 말이나 전체적 소감'을 서술형 문장으로 작성하게 하였다. 매 회기별 참여자들의 경험을 정리한 결과는 [표 9]와 같다.

[표 9] 매 회기별 참여자 경험

프로그램 회기	회기별 주제	주요 반응
1회 마음챙김과 자기자비	원리 이해	■ 같이 공감할 수 있어서 편안하였다. ■ 자기 자비가 왜 필요한지 알려 주어서 좋았다. ■ 나를 발견하는 계기가 되었다. ■ 자기자비를 통해서 이기적인 나를 돌아보게 되었다.
2회 애정 어린 마음챙김	마음챙김과 자기자비 수행 및 역류 대처	■ 마음챙김으로 편안해져서 좋았다. ■ 명상에 대해 알게 되었다. ■ 마음챙김과 자기자비에 대해 알게 되었다. ■ 나를 알고 위로하는 법을 알게 되어 기쁘다.
3회 자애명상과 자애메시지	자애 이해와 자애메시지 발견하기	■ 서로 공감되는 나에 대한 자애메시지가 좋았다. ■ 자비와 자애심이 있음으로 인해 편안함을 느꼈다. ■ 자기 자애의 장점과 필요성을 느꼈다.
4회 자기비난과 자기자비 목소리	자기비난의 이해와 자기자비 목소리 발견하기	■ 나의 마음의 소리 중에 자기비난에 대해 알 수 있었다. ■ 자기비난에 대해 지각할 수 있었다. ■ 정적으로 나를 돌아보게 되어 새로운 발견을 하였다. ■ 자기비난을 격려와 위로를 통해 치유할 수 있었다.
5회 양육가치와 자비로운 경청	참된 양육가치 발견과 자비로운 경청 체득	■ 자비 경청을 통해 편안함을 느낄 수 있었다. ■ 나의 양육가치를 발견하였다. ■ 양육가치와 경청을 배우고, 실제에 적용하니 좋았다. ■ 나의 욕구만 생각하는 것이 아니라 자녀의 욕구도 알아차려야 한다는 것을 알게 되었다.
6회 힘겨운 감정과 화	힘겨운 감정(화) 이해 및 대처	■ 화를 들여다보고 수용할 수 있어서 좋았다. ■ 화를 다스리는 방법을 알게 되었다. ■ 내 안의 욕구에 대해 생각해 볼 수 있어 좋았다. ■ 상처받는 것도 상대방이 주는 것이 아니라 결국은 나 자신의 문제라는 것을 알게 되었다.

7회 양육죄책감과 양육피로	양육죄책감 및 양육피로 이해와 대처	■ 양육피로 죄책감에 대해 알게 되는 법을 알아차렸다. ■ 양육에 피로감을 느낄 때도 마음챙김과 자기자비를 통해 개선될 수 있음을 알았다. ■ 나를 알게 되고, 나를 돌아보고, 가정에 빛을 보고 한층 밝아지겠다는 생각이 든다.
8회 자기감사와 돌아보기	음미하기 및 자기감사	■ 조금씩 변화하는 모습을 발견할 수 있었다. ■ 내가 화에 둘러싸일 때, 그 기분에 빠져 버리는 것이 아니라 마음챙김과 자기자비를 통해 그 상황에서 벗어날 수 있고 나를 지킬 수 있다는 것을 알게 되었다. ■ 나 자신을 긍정적인 시각으로 바라보게 되었다.

회기별 프로그램 내용 평가를 통해 프로그램 참여 전 참여자들의 힘겨운 감정 경험의 원인을 요약하였다. 프로그램 참여 후와 추후에 참여자들의 마음챙김(현재자각/주의집중, 비판단적 수용, 탈중심주의)과 자기자비(자기친절-자기비판, 보편적 인간성-자기고립, 마음챙김-과잉동일시)의 하위요인에서 참여자들의 변화를 정리한 것은 표 10과 같다.

[표 10] 참여 전, 참여 후, 추후 마음챙김과 자기자비의 참여자 변화

단계	요인 및 하위요인		참여자 반응
참여 전	힘겨운 감정 경험의 원인		■ 아이들을 통해 느껴지는 감정을 그대로 표현하였다. ■ 자신을 비난하는 경향이 많았다. ■ 타인(자녀)에게 그냥 하고 싶은 말을 그대로 하였다. ■ 내가 느끼는 감정에 따라 아이를 훈육하였다. ■ 내가 느끼는 감정들을 정리하지 못했다. ■ 자녀에게 "무조건 안 돼"라고만 하였다. ■ 자녀들이 내가 하는 말에 따르지 않았을 때 무조건 화가 났다. ■ 순간순간 내 자신의 감정을 모르고 지나쳤다. ■ 내가 마음에 안 드는 것이 있으면 짜증이나 화가 났다. ■ 나의 가치관만 중요시하였다. ■ 모든 양육가치관이 내 생각 위주였다. ■ 구체적인 양육가치에 대해 막연하게만 생각했다. ■ 내 욕구에 현실을 맞추려고 하였다. ■ 아이들의 사고가 잘못되었고, 나의 사고가 옳다고 생각했다.
참여 후	마음 챙김	현재자각/주의집중	■ 그 순간 그 감정을 알아차리는 훈련이 된 것 같다. ■ 아이의 마음을 읽게 되었다. ■ 알아차리면 조절이 되는 것 같고 관계유지에 도움이 되었다. ■ 화가 스멀스멀 올라오는 것을 몸 감각을 통해 알았다. ■ 직장이나 남편에게 난 짜증과 화를 자녀에게 쏟아 내고 있었다는 것을 알아차리게 되었다.

단계	요인 및 하위요인		참여자 반응
참여 후	마음챙김	비판단적 수용	■ 아이의 있는 그대로를 인정해 주고, 독려해 준다. ■ 아이를 내 뜻대로 키워야 한다는 생각을 내려놓고 자녀의 욕구를 수용한다. ■ 아이의 마음을 읽어 주니까 나 자신에게 감사했던 것 같다. ■ 아이의 말에 반응하기보다 감정을 보려고 노력하고 있다.
		탈중심주의	■ 스트레스 상황이 생기면 "화가 났구나" 하고 생각을 멈추게 된다. ■ 한 발자국 떨어져서 볼 수 있었다. ■ 마음의 공간이 생겨 자기조절이 가능해졌다. ■ 화가 나면 마음의 공간이 생긴다. ■ 당장의 상황을 객관적으로 보게 된다.
	자기자비	자기친절-자기비판	■ 늘 자기비난을 했던 나에게 자기친절로 대하는 시간이 증가했다. ■ 나를 비난하더라도 말 한 마디 "~하고 있구나", "~할 수도 있지"라는 문장이 죄책감과 끝없는 자기비난에서 벗어나게 도와주었다. ■ 나에게 친절로 대하는 것이 어색했는데 고통을 느낄 때 내 자신에게 하는 것을 보며 좀 놀랐다. ■ 타인비난을 하지 않게 되고 이해하는 경우가 많아졌다. ■ 아이가 원하는 것에 좀 더 귀를 기울이게 되었다. ■ 아이의 성향을 있는 그대로 인정하려 노력하였다.
		보편적 인간성-자기고립	■ 나만 그런 것이 아니고 나의 사고도 왜곡되었다는 것을 알게 되었다. ■ 사람 사는 게 다 비슷하다는 인간적 보편성을 알고, 큰 위로가 되었다.
		마음챙김-과잉동일시	■ 버럭 화내고 죄책감에 시달리는 게 아니라, 화가 났을 때 한 발자국 떨어져서 상황을 바라볼 수 있었다. ■ '이러이러해서 안 했으면 좋겠다'는 마음이 되었다.
추후	마음챙김		■ 마음챙김을 통하여 나의 마음챙김을 하다 보니 화도 잘 일어나지 않지만 2~3일에 한 번 작은 소리를 하는 나를 발견하였다. ■ 아이들의 말을 좀 더 이해하고 잘 들어 주려 할 때 매우 좋았다. ■ 어느 순간 위로의 손길로 자기자비 활동을 하고 있는 나를 알아차렸다. ■ 경험했던 감정들을 순간 알아차렸음을 깨달았다. 그로 인해, 나 자신이 가지는 감정에 대해 잘 알게 되어서 양육피로, 양육죄책감도 줄고, 양육효능감도 상승한 것 같다.
	자기자비		■ 어느 순간 위로의 손길로 자기자비 활동을 하고 있는 나를 알아차렸다. ■ '자기비난'보다는 '자기자비'로 나를 수용하는 것 같다. ■ 인간적 보편성의 개념을 알게 되어 제일 기쁘다.

[표 6]에 의하면 참여자들이 힘겨운 감정을 경험하게 된 원인은 자신의 감정이나 상황에 대해 알아차리지 못한 채 상황에 대한 무조건적 반응으로 경험을 하게 된 것이다. 자녀에게 화를 내거나 부정적 양육행동이 나타난 원인은 자녀를 이해하고자 하는 마음보다는 자신의 기준에 의해 자녀를 평가하고자 하는 마음 때문이다. 즉 자녀에 대한 이해와 자비부족으로 인하여 힘겨운 감정을 경험한 것이다.

양육죄책감 감소 프로그램에 참여한 후 참가자들은 자신의 감정을 알아차림으로써 힘겨운 경험을 극복하기 위한 기초를 다지게 되었다. 참여자들은 양육죄책감 감소 프로그램을 통해 힘겨운 감정을 경험하는 순간 자신이 그러한 감정을 경험하고 있다는 것을 자각하고 그 감정에 주의를 기울이게 되었다.

참여자들은 양육죄책감 감소 프로그램을 통하여 힘겨운 감정을 발생시키는 사건을 자신의 경험이나 가치, 신념 등을 기준으로 판단하여 수용하는 것이 아니라 발생한 사건을 있는 그대로 받아들이고 허용하는 비판단적 수용의 태도가 증진되었다. 참여자들은 스트레스 상황이 생기면 자신의 가치나 신념보다는 자녀를 인정하고 수용하는 기제를 작동시킴으로써 힘겨운 감정에서 벗어날 수 있었던 것으로 분석되었다. 즉, 참여자들은 프로그램을 통해 힘겨운 감정 상태에 있는 자신에서 벗어나 제3자의 관점에서 조망함으로써 힘겨운 감정에 휩싸이지 않았다.

또한, 프로그램 참여자들은 힘겨운 감정을 알아차리고 자신을 비난하기보다는 위로하고, 타인에 대한 자애심으로 극복하고자 하였다. 자기비난보다 자기자비, 타인비난보다는 타인자비를 통해 극복하고자 하였다. 힘겨운 감정의 극복과정에서 참여자들은 자기자비와 타인자비를 통해 힘겨운 감정에 대해 위로를 하고, 보편적 인간성과 마음챙김을 통해 극복하였다.

마음챙김과 자기자비 프로그램은 양육죄책감 감소뿐 아니라 화라는 힘겨운 정서에서 벗어나 심리적 안녕감 역시 증진되었다는 것을 알 수 있었다. 참여자들은 자신의 감정이나 상황을 이해하지 못한 채 상황에 대한 무조건적 반응으로 힘겨운 감정을 경험하였다. 이때 자녀를 이해하고자 하는 마음보다는 자신의 기준에 의해 자녀를 평가하려 함에 따라 부정적 양육행동이 외현화되었다는 것을 알아차리게 되었다. 이러한 알아차림은 힘겨운 감정을 발생시키는 사건을 자신의 경험이나 가치, 신념 등을 기준으로 판단하여 수용하는 것이 아니라 발생한 사건을 있는 그대로 받아들이고 허용하는 비판단적 수용의 태도로 이어지게 되었다.

비판단적 수용 태도는 자녀에 대해 자신의 가치나 신념보다는 자녀를 인정하고 수용하는 기제로 작용함으로써 힘겨운 감정에서 벗어나도록 도와주는 것으로 확인되었다. 이처럼 힘겨운 감정을 극복하는 과정에서 자기자비는 매우 중요한 역할을 하였다. 참여자들은 힘겨운 감정에 대해 자신을 비난하기보다는 위로하고, 타인에 대한 자애심을 바탕으로 알아차림과 비판단적 수용을 하였으며, 보편적 인간성을 이해하고 객관적으로 자기 자신을 볼 수 있게 되었다. 이와 같은 양육죄책감 감소와 심리적 안녕감의 증진을 위해 마음챙김과 자기자비는 서로 상호작용하여 그 효과를 높이는 것이 확인되었다.

프로그램이 종료된 3주 후 추후 면담을 통해 프로그램 참여자들이 지속해서 마음챙김과 자기자비를 실천하고 있으며, 그 효과가 장기적으로 지속된다는 것을 확인하였다. 프로그램 참여자들은 마음챙김과 자기자비 증진으로 정서적 성장을 체험하고 있으며, 화가 나는 상황에서도 마음챙김을 통해 자신의 내면을 관찰하는 여유를 가졌기 때문에 자녀는 물론 가족과의 관계도 긍정적인 방향으로 더 좋아졌다고 하였다. 이러한 결과는 마음챙김과 자기자비 실천이 자녀뿐 아니라 가족 및 주변 사람들에게도 광범위하게 적용될 수 있는 가능성을 시사한다.

아래에 프로그램에 참여한 한 어머니의 인터뷰를 제시하였다. 어머니의 진술은 양육죄책감 감소 프로그램을 통해 자신과 자녀에 대한 자비와 화와 같은 힘겨운 감정에 대처할 수 있는 역량이 증진되었다는 것을 알 수 있다.

저는 1회기에 자기자비가 필요함을 받아들이고 요즈음의 나를 발견하게 되었습니다. 2회기에서 마음챙김과 자기자비의 효과를 직접 체험함으로써 나에게 정말 마음챙김과 자기자비가 매우 필요하다는 것을 알아차렸습니다. 3회기에는 함께 참여한 어머니들과 함께 자애란 무엇인지에 대해 이야기를 나눌 수 있었고, 자애를 직접 연습해 봄으로써 자기자비 역량의 기반을 다지게 되었습니다. 4회기에 저는 제 아이를 제대로 양육하지 못하고 있다며 스스로를 비하하는 자기비난에 빠져 있다는 것을 알게 되었습니다. 이 회기에서 저는 저에게 말하는 자기자비 목소리를 발견하고 위로하는 방법을 알게 되었습니다. 5회기에서 저는 자녀를 양육하는 어머니로서 자신의 참된 양육가치를 발견하고 우리 아이가 자기표현을 잘 못한다는 것을 이해하고 자녀를 더 깊이 공감하게 되었습니다. 이 회기에 자녀에 대한 이해의 폭을 더 넓힐 수 있었습니다. 6회기를 통해 제가 급한 마음을 참지 못하고 자녀가 빨리빨리 지시를 따르지 않으면 자녀에게 화를 자주 내는 순간을 알아차렸습니다. 자녀를 비판단적으로 수용하고 자녀의 행동을 객관적 시각에서 바라봄으로써 화를 대처하는 방법을 습득할 수 있었습니다. 7회기는 양육죄책감에 대처하는 역량을 증진하는 시간이었습니다. 저는 지금까지 이어 온 마음챙김과 자기자비 수행을 통해 자신과 타인에 대한 자비와 자애, 양육가치의 이해, 화의 이해와 대처하는 역량을 바탕으로 양육죄책감이 많이 줄어들었음을 느꼈습니다. 마지막 8회기에서는 마음챙김과 자기자비를 통해 변화된 저의 모습을 발견하는 시간으로 제가 화가 나는 상황에 처했을 때 화를 내는 것이 아니라 마음챙김과 자기자비를 통해 그 상황에서 벗어날 수 있고 나를 지킬 수 있다는 것을 알고 마음이 편안해지고 행복감이 상승했습니다.

9장

논의 및 결론

본 장에서는 마음챙김_자기자비 프로그램의 효과에 대한 논의 및 결론을 제시하였다.

논의

본 연구에서 개발한 양육죄책감 감소 프로그램은 양적·질적 효과가 있었음이 검증되었다. 양적 효과를 분석한 결과, 실험집단에서 마음챙김, 자기자비, 양육죄책감, 심리적 안녕감의 사전-사후-추후 점수는 시기에 따라 통계적으로 유의미한 변화를 보였지만, 통제집단에서는 유의미한 변화를 보이지 않았다. 이러한 연구 결과에 대한 논의를 다음과 같이 하였다.

첫째, 실험집단은 통제집단에 비해 마음챙김 수준이 유의미하게 향상되었고, 시간에 따른 마음챙김 수준에 대한 차이는 사전-사후, 사전-추후 모두 유의하게 증가한 것으로 나타났다. 효과 크기도 중간효과부터 매우 큰 효과 크기가 있는 것으로 확인되었다. 마음챙김의 4가지 하위요인에 대한 분석 결과, '현재자각'을 제외한 '주의집중'과 '비판단적 수용', '탈중심주의' 모두 실험집단이 통제집단에 비해 수준이 향상되었다. 4가지 하위요인에 대한 시간에 따른 수준의 변화는 '비판단적 수용'과 '탈중심주의'에서 유의한 차이를 보였다. 사전-사후, 사후-추후 효과에서도 중간 이상부터 큰 효과를 보여 양육죄책감 감소 프로그램이 마음챙김의 증진에 효과가 있음을 확인하였다.

이러한 결과는 마음챙김을 중심으로 한 프로그램이 마음챙김에 효과가 있다는 선행연구들(Shapiro et al., 2006; Gratz & Tull, 2010; 김교헌, 2008), 마음챙김_자기자비 기반의 프로그램이 마음챙김에 효과가 있다는 선행연구들(Neff & Germer,

2013; Bluth et al., 2016; 강재연, 장재홍, 2017)과 일치한다. 따라서 양육죄책감 감소 프로그램은 현재 자신이 경험하는 상황이나 감정, 사고에 대한 세밀한 관찰과 비판단적 수용의 능력을 높이고, 탈중심화를 통해 객관적인 자세로 냉철하게 판단할 수 있는 능력을 높임으로써 양육죄책감을 조절할 수 있는 역량을 증진하는 데 효과가 있음이 증명되었다. 집단 참여자들이 양육죄책감 경험으로 인해 부정적 정서를 경험할 때 자기비판보다는 긍정적으로 수용하고 친절하게 대함으로써 자녀 및 타인의 취약성과 고통에 대해서도 수용하고 자비롭게 자신을 대할 수 있는 심리적 공간이 확보되었음이 입증되었다. 이러한 결과는 마음챙김과 자기수용, 자기자비가 서로 보완되고 강화되면서 심리적 어려움을 겪고 있는 어머니들에게 도움이 된다는 것을 입증하는 것이다.

마음챙김의 수준이 높은 사람들은 즐거운 느낌이나 괴로운 느낌에 집착하지 않고(신진욱, 2008), 현재 자신이 경험하는 상황이나 감정, 사고에 대한 세밀한 관찰을 통해 자신의 현재 상태를 인지하여 부정적인 생각에서 벗어날 수 있다(박성현, 2006). 현재의 상황을 있는 그대로 받아들이는 비판단적 수용을 통해 고통스러운 감정에서 안정을 회복하는 능력이 뛰어나고(신진욱, 2009), 탈중심화를 통해 객관적인 자세로 냉철하게 판단할 수 있는 능력이 우수하다. 이러한 능력은 양육 과정에서 어머니들이 겪게 되는 대리 양육에 대한 죄책감이나 자녀에 대한 막연한 환상이나 기대, 어머니로서 완전한 양육에 대한 욕망 등 양육죄책감을 유발할 수 있는 원인에 대해 세밀한 관찰과 비판단적 수용, 탈중심화를 통해 심리적 안정을 찾을 수 있게 한다.

심리적으로 불안한 어머니들은 자녀에게 과도한 반응을 보이거나, 무관심, 자녀의 의견을 무시하는 등 자녀양육에 부정적인 행동을 보일 가능성이 높다(Bogels, 2014). 이와는 반대로 마음챙김이 높은 부모는 자녀와 양육에 대해 주의를 기울이고(Salzberg & Kabat-Zinn, 1997), 양육의 유연성, 대응성, 일관성, 목표와 가치에 일치하는 양육의 개선을 일으키며, 이는 부모들의 자동적이고 파괴적인 반복 행동을 중단시키고 보다 긍정적인 양육행동을 선택하게 된다(Bogels, Lehtonen, & Restifo, 2010). 이러한 양육행동을 통해 부모는 양육죄책감으로부터 벗어날 수 있다.

양육죄책감 감소 집단상담 프로그램에 참여한 어머니들의 마음챙김이 향상된 이유는 마음챙김에 대한 기본적인 이해와 마음챙김을 위한 명상과 실습을 통해 자연스럽게 마음챙김의 방법을 실천하였기 때문이다. 마음챙김 실습을 통한 마음챙김의 효과를 체험한 경우, 자신은 물론 자녀에게도 이를 실천하고자 하는 동기가 강하게 나타났다는 측면에서, 양육죄책감 감소 집단상담 프로그램은 양육자들로 하여금 자연스럽게 마음챙김을 경험함으로써 나타나는 효과로 봐야 할 것이다. 이러한 효과는 양육의 관점을 변화시키는 촉매제가 되어 더욱 긍정적인 양육행동의 기제로 작용했을 것이다.

둘째, 실험집단은 통제집단에 비해 자기자비 수준이 유의미하게 향상되었고, 시간에 따른 자기자비 수준에 대한 차이는 사전-사후, 사전-추후 모두 유의하게 증가한 것으로 나타났다. 효과 크기도 큰 효과부터 매우 큰 효과가 크기가 있는 것으로 확인되었다. 자기자비 5가지 하위요인에 대한 분석 결과, '자기친절', '자기비판', '보편적 인간성', '자기고립', '과잉동일시' 모두 실험집단이 통제집단에 비해 수준이 향상되었다. 시간에 따른 하위요인에 대한 수준의 변화는 5가지 모두 유의한 차이가 있는 것으로 확인되었다. 사전-사후 수준의 차이는 모든 하위요인에서 유의하게 증가한 것으로 나타났다. 사전-추후 수준의 차이는 '자기친절', '자기비판', '자기고립', '과잉동일시'에서만 유의하게 증가한 것으로 나타났다. 수준차이에 대한 효과 크기도 대부분 큰 효과 이상으로 양육죄책감 감소 프로그램이 자기자비 수준을 향상시키는 데 큰 기여를 하는 것으로 밝혀졌다.

이러한 결과는 마음챙김_자기자비 명상에 기반한 프로그램이 자기자비를 높인다는 선행연구들(Neff & Germer, 2011; 2013; 허정, 2017; 이종수, 2019)과 동일한 결과이다. 자기자비가 높은 사람들은 실패 경험 이후에도 긍정적 재해석, 수용, 행복, 낙관성 등에서 높은 관련성을 나타낸다(Neff, Hseih, & Dejitthirat, 2005). 따라서 양육죄책감 감소 프로그램이 자기자비에 유의한 효과를 보인 것은 어머니들이 자녀양육 과정에서의 부정적 경험이나 고통 등에 대해 자신을 비판하기보다는 긍정적으로 수용하고 친절하게 대함으로써 자녀 및 타인의 취약성과 고통에 대해서도 수용하고 자비롭게 할 수 있는 심리적 공간을 확보할 수 있다는 것을 시사한다.

이처럼 자기자비의 증진은 단순히 부정적인 정서를 제거하는 역할을 넘어서서 양육죄책감 완화 및 심리적 건강에 긍정적 영향을 미치므로(박세란, 이훈진, 2015), 부모들의 양육죄책감 감소에 긍정적 영향을 준다. 자비가 마음챙김에 기반한 인지행동 치료 및 수용전념 치료 등의 '마음챙김'과 '수용'을 기반으로 한 치료적 접근과 맥을 같이하면서, 자비의 배양이 치료기제로 언급된다는 측면을 고려하면(Hofmann, Sawyer, Witt, & Oh, 2010), 본 연구에서 자기자비 증가는 자녀양육에 있어 어머니들이 겪고 있는 다양한 어려움에 대한 심리치료적 효과를 증명한 것이다.

마음챙김과 수용, 자비는 서로 보완되고 강화되면서 심리적 어려움을 겪고 있는 사람들에게 도움이 되고 있다(Germer & Siegel, 2010). 이는 부모들이 겪고 있는 부족함이나 실수, 실패 등의 부정적 경험에도 효과가 있음을 반영한다. 자비 중에서 자신을 대상으로 하는 자기자비는 자녀나 가족 중심으로 살아온 부모들에게 낯설고 생소하지만, 그래도 친한 친구가 힘든 자신을 위로하듯이 어려움을 겪고 있는 자신을 또다른 자신이 친절하게 위로하는(Germer, 2010) 다소 색다른 경험으로 작용하였다.

자기자비의 보편적 인간성에 대한 효과가 지속되지는 않았던 이유는 다음과 같다. 집단상담에 참여자들은 보편적 인간성이 비슷한 환경에 처한 어머니들 간의 양육에 대한 문제를 가지고 있다. 집단상담을 통해 경험하는 이러한 어려움에 대한 공감과 상호 위로와 격려는 양육죄책감이 자신만의 고립된 경험이 아니라 누구나 양육의 과정에서 겪을 수 있다는 것을 알아차리게 한 것이다. 그 결과 양육죄책감으로 인한 부정적 정서를 감소시키는 효과를 낼 수 있었던 것이다. 보편적 인간성은 타인과의 관계가 연결된 경우에 그 효과가 발현될 수 있다. 프로그램 참여과정에서 어머니들 간의 관계가 지속적으로 연결된 상태에서 보편적 인간성의 효과가 나타났다. 그러나 프로그램 종료 후 참여자 간 관계의 단절로 보편적 인간성을 통해 위로를 받지 못하는 환경에서 그 효과가 급속히 감소했을 것이라고 해석해 볼 수 있다.

셋째, 심리적 안녕감 수준은 실험집단에서 유의한 변화를 보였으나 통제집단은 유의하지 않은 것으로 나타났다. 시간에 따른 심리적 안녕감 수준의 변화는 집단 간 유의한 차이가 있는 것으로 확인되었다. 또한, 사전-사후와 사전-추후 간의 심리적 안녕감 수준은 모두 증가하였으나, 사전-사후의 변화만 통계적으로 유의한 것으로 나타났다. 효과 크기는 중간효과 이상으로 나타나 양육죄책감 감소 프로그램이 어머니들의 심리적 안녕감을 높이는 데 기여한 것으로 확인되었다.

연구 결과는 프로그램 처치가 심리적 안녕감을 높이며, 그 효과도 지속된다는 것을 보여 준다. 이는 마음챙김이나 자기자비 프로그램이 심리적 안녕감을 증진시킨다는 선행연구들(김연수, 조성호, 2014; 노상선, 조용래, 2013)과도 일치한다. 마음챙김과 자기자비의 증진이 부모의 심리적 안녕감에 영향을 미치는 것은 마음챙김이나 자기자비가 부정적 사건에 대한 사람들의 반응에서 수용, 긍정적 재해석 및 성장 중심 대처 전략과 유의한 정적 상관을 보고한 연구(Neff et al., 2005), 긍정적 심리적 기능과 심리적 강점을 예측한다는 연구(Neff et al., 2007), 자비의 계발이 부정적 특질의 개선보다 개인의 긍정적인 삶, 즉 행복과 안녕감에 영향을 미친다는 연구(이성준, 2014)와 맥을 같이한다.

심리적 안녕감은 부모로서 부족했거나 현재 자녀와의 갈등으로 힘든 순간을 살펴봄으로써 후회스러운 일, 부끄러운 일 등에 대해 자애메시지를 작성함으로써 자기를 보듬는 자기친절 의식을 수행하고 과제를 통해 일상에서도 실천함으로써 자아수용력이 증진한다. 이와 같은 자아수용의 증가는 자신의 부정적인 부분에 대해 판단하지 않고 받아들임으로써, 자신을 거부하지 않고 위로하는 가운데 심리적 여유를 높여 주게 되고, 자녀의 부족함에 대해서도 너그럽게 수용하게 되어 자녀와의 관계에도 긍정적 영향을 미친다.

넷째, 양육죄책감 수준은 실험집단에서 유의한 변화가 있었으나 통제집단은 유의하지 않은 것으로 나타났다. 시간에 따른 양육죄책감 수준의 변화는 집단 간 유의한 차이가 있는 것을 확인하였다. 또한, 사전-사후와 사전-추후 간의 양육죄책감 수준은 모두 유의하게 감소하는 것으로 나타났으며, 효과 크기도 매우 큰 효과로 확인되었다. 양육죄책감 하위요인인 '돌봄부족으로 인한 죄책감', '부정적 양육행동'으로 인한 죄책감, '미숙한 부모역할'로 인한 죄책감 수준 모두 실험집단의 측정 시기에 따라 유의미한 변화를 보였다. 또한, 사전-사후, 사전-추후 간의 수준은 모두 유의하게 감소하는 것으로 나타났으며, 효과 크기도 대부분 매우 큰 것을 확인하였다.

이는 프로그램 처치가 양육죄책감 감소에 유의미한 효과가 있으며, 그 효과는 지속된다는 것을 보여 주는 결과로 마음챙김과 자기자비 명상이 부모들의 양육죄책감을 감소시켰다는 선행연구들(Moreira et al., 2016; Gilbert, 2013; Moreira et al, 2015; Meff & Faso, 2015)과 일치한다. 양육죄책감 감소 프로그램은 어머니들로 하여금 자녀를 양육하는 과정에서 발생하는 화를 대처하는 능력을 향상시키며, 자신이 처한 양육환경을 있는 그대로 수용하고, 이 상황에서 최선의 양육 전략을 취하도록 동기를 부여하며, 자신이 생각하는 양육의 가치와 목표를 현재의 상황에 맞도록 변화를 유도하는 역할을 한다. 양육 과정에서 실패와 좌절을 경험하는 부모들에게 있어 마음챙김과 자기자비 모두 필수적인 기능들이다(Gouveia et al, 2016). 또한, 어머니로 하여금 자녀에 대한 관심을 높여 자녀를 보다 많이 이해하려는 노력을 하도록 한다. 이는 자녀와 어머니 간의 관계의 질을 높여 자녀로 인한 스트레스 상황을 미연에 방지하는 효과가 있으므로 양육죄책감에서 벗어날 수 있는 기제가 된다.

본 프로그램에 참여한 어머니들은 대부분 본 프로그램을 통하여 자녀에 대한 이해의 폭을 넓혔으며, 자녀의 의견을 경청하게 되었다고 하였다. 더불어 양육가치를 새롭게 설정하는 계기가 되었다고 하였다. 이는 본 프로그램이 어머니들로 하여금 양육에 대한 목표가 자녀에 대한 기대와 이해를 개선하는 데 큰 역할을 한다는 것을 의미하는 결과이다.

다섯째, 양육죄책감 감소 프로그램의 효과 지속성 및 효과 기제를 분석한 결과 양육죄책감 감소 프로그램은 장단기적으로 심리적 안녕감, 마음챙김, 자기자비 증진에 효과가 있는 것으로 확인되었다. 하위요인에 대한 효과로서 마음챙김의 '현재자각'과 '주의집중'은 단기적인 효과가 확인되었고, 비판단적 수용과 탈중심주의는 장단기적인 효과가 확인되었다. 자기자비의 경우 '자기친절', '자기비난', '자기고립', '마음챙김', '과잉동일시'는 장단기적인 효과를 확인하였으나, 보편적 인간성은 단기적 효과를 확인하였다. 심리적 안녕감의 변화는 단기적으로 양육죄책감 감소 프로그램, 마음챙김의 탈중심주의, 자기자비의 '자기친절', 자기비난, 보편적 인간성, '자기고립', 마음챙김, '과잉동일시'에 의해 변화되는 것으로 나타났다. 그러나 장기적으로는 양육죄책감 감소 프로그램, 마음챙김의 탈중심주의, 자기자비의 '자기친절'과 '과잉동일시'에 의해 변화되는 것으로 나타나 장단기에 따른 변화 기제의 차이를 확인하였다. 양육죄책감에 대한 효과는 장단기적으로 지속되는 것으로 나타났으며, 변화 기제는 단기적으로 양육죄책감 감소 프로그램, 마음챙김의 '주의집중', 비판단적 수용, 탈중심주의와 자기자비의 '자기친절', '자기비난', 보편적 인간성, '자기고립', '마음챙김', '과잉동일시'인 것으로 확인되었다. 그러나 장기적으로는 양육죄책감 감소 프로그램, 마음챙김의 '탈중심주의', 자기자비의 '과잉동일시'인 것으로 확인되어 장단기에 따른 변화 기제의 차이를 확인하였다.

다음으로 본 연구에서는 프로그램 참여자에게 각 회기와 프로그램 종료 그리고 추후 만남에서 프로그램 내용에 대한 평가와 자신이 변화된 느낌과 소감 등에 대한 조사를 하였다. 이를 바탕으로 양육죄책감 감소 프로그램의 질적 평가를 통해 효과를 분석하였다.

첫째, 프로그램 내용에 대한 참여자들의 평가를 위해 프로그램의 각 회기의 내용 중 '가장 기억에 남는 것', '가장 도움이 된 내용' 그리고 '향후 지속적으로 활용하고 싶은 것'에 대해 조사한 결과, 자기자비 관련 구성 내용 중 자기자비의 3요소, 자애명상과 자애메시지, 힘겨운 감정(양육죄책감 포함)을 만나는 방법이 가장 기억에 남는다고 하였다. 이는 프로그램 참여자들이 평소에 어렵고 힘든 정서에 대처할 수 있는 능력이 부족하다는 것을 의미하는 결과이다. 일반적으로 어려운 정서에 직면하면 인간은 이를 회피하거나 오히려 공격적인 행동으로 자신을 방어하려 한다. 자녀 양육상황에서 이러한 현상은 자녀에게 화를 내거나 방치하는 부정적 양육행동으로 이어질 가능성이 크다. 그러나 참여자들은 마음챙김과 자기자비를 통해 어렵고 힘든 정서에 올바르게 대처하는 방법을 훈련함으로써 이를 극복하는 역량이 증진되었음을 알 수 있다.

둘째, 회기별 참여자들의 경험을 분석한 결과는 다음과 같이 정리할 수 있다. 1회기에서는 자기자비의 필요성을 이해하고, 이를 통해 이기적인 자신을 발견하게 되었으며, 2회기에서는 마음챙김과 자기자비의 효과를 직접 체험함으로써 자신에게 마음챙김과 자기자비가 매우 필요하다는 것을 느끼게 되었다. 3회기에서는 참여자들이 자애에 대한 이해와 자애명상을 직접 수행하는 방법을 배움으로써 자기자비 역량의 기반을 다지게 되었으며, 4회기를 통해 참여자들은 스스로 자기비난에 빠져 있다는 것을 느끼게 되었고, 자기자비 목소리를 발견하고 위로하는 방법을 알게 되었다. 5회기에서 참여자들은 자녀를 양육하는 어머니로서 자신의 참된 양육가치를 발견하고 자녀에 대한 깊은 이해를 통해 자녀를 공감하게 되었다. 그리고 이를 통해 자녀에 대한 이해의 폭을 넓히게 되었다. 6회기를 통해 참여자들은 자신이 화를 내는 순간을 알아차리고 비판단적 수용과 이를 객관적 시각에서 바라봄으로써 화를 대처하는 방법을 습득하였다. 7회기는 양육죄책감에 대처하는 역량을 증진하는 시간으로 참여자들은 6회기까지 마음챙김과 자기자비 수행을 통해 자신과 타인에 대한 자비와 자애, 양육가치의 이해, 화의 이해와 대처하는 역량을 바탕으로 양육죄책감에 대처할 수 있는 역량을 증진하였다. 마지막 8회기는 마음챙김과 자기자비를 통해 변화된 자신의 모습을 발견하는 시간으로 참여자들은 이 회기를 통해 자신이 화가 나는 상황에 처했을 때 화를 내는 것이 아니라 마음챙김과 자기자비를 통해 그 상황에서 벗어날 수 있고 나를 지킬 수 있다는 것을 알게 되었다. 이는 양육죄책감 감소 프로그램을 통해 참여자들이 자신과 자녀에 대한 자비와 화와 같은 힘겨운 감정에 대처할 수 있는 역량이 증진되었다는 것을 알 수 있다.

셋째, 양육죄책감 감소 프로그램을 통해 참여자들이 마음챙김과 자기자비의 역량을 증진하고, 이를 통해 힘겨운 정서에서 벗어나 심리적 안녕감 증진과 양육죄책감을 조절할 수 있는 역량이 증진되는 효과를 확인하였다. 참여자들은 양육죄책감 감소 프로그램을 통해 자신의 감정이나 상황을 이해하지 못한 채 상황에 대한 무조건적 반응으로 힘겨운 감정을 경험하면서 자녀를 이해하고자 하는 마음보다는 자신의 기준에 의해 자녀를 평가하려 함에 따라 부정적 양육행동이 외현화되었다는 것을 알아차리게 되었다. 이러한 알아차림은 힘겨운 감정을 발생시키는 사건을 자신의 경험이나 가치, 신념 등을 기준으로 판단하여 수용하는 것이 아니라 발생한 사건을 있는 그대로 받아들이고 허용하는 비판단적 수용의 태도로 이어지게 되었다. 비판단적 수용 태도는 자녀에 대해 자신의 가치나 신념보다는 자녀를 인정하고 수용하는 기제로 작용함으로써 힘겨운 감정에서 벗어나도록 도와주는 것으로 확인되었다. 이처럼 힘겨운 감정을 극복하는 과정에서 자기자비는 매우 중요한 역할을 하였다. 참여자들은 힘겨운 감정에 대해 자신을 비난하기보다는 위로하고, 타인에 대한 자애심을 바탕으로 알아차림과 비판단적 수용을 하였으며, 보편적 인간성을 이해하고 객관적으로 자기 자신을 볼 수 있게 되었다. 이와 같은 양육죄책감 감소와 심리적 안녕감의 증진을 위해 마음챙김과 자기자비는 서로 상호작용 하여 그 효과를 높이는 것이 확인되었다.

넷째, 프로그램 종료 후 참여자들은 지속해서 마음챙김과 자기자비를 실천하고 있으며, 그 효과는 장기적으로 지속된다는 것을 확인하였다. 프로그램 참여자들은 프로그램이 종료된 3주 후까지도 마음챙김과 자기자비 증진으로 정서적 성장을 체험하고 있으며, 화가 나는 상황에서도 마음챙김을 통해 자신의 내면을 관찰하는 여유를 가지게 되었고, 자녀는 물론 가족과의 관계도 긍정적인 방향으로 더 좋아졌다고 하였다. 이러한 결과는 마음챙김과 자기자비 훈련이 개인적으로도 가능하며, 이러한 훈련을 통해 그 효과를 지속적으로 경험할 수 있다는 것을 의미한다. 또한, 마음챙김과 자기자비 실천을 통해 주변 사람들과의 관계가 개선되었다는 점을 밝힘으로써 양육죄책감 감소 프로그램이 광범위하게 적용될 수 있음을 확인하였다.

결론

최근 효과적인 자기조절능력 향상을 위한 새로운 접근으로 마음챙김과 자기자비가 주목을 받고 있다. 마음챙김은 사고, 정서, 신체감각을 모두 아우르는 자기조절 전략이며(Shapiro et al., 2006), 자기자비는 고통의 순간에 자기를 돌볼 수 있는 자기위안과 진정능력이자 부정적 정서조절 전략으로 타인과의 연결성을 강화시킨다(Neff, 2003). 이러한 측면에서 마음챙김과 자기자비는 정서적인 알아차림과 자기조절능력을 향상시킨다. 특히, 양육 상황에서 부모의 양육죄책감을 줄이고 부모-자녀 관계의 질을 높이는 효과가 있다(Beer, Ward, & Moar, 2013).

Neff와 Germer(2013)는 마음챙김과 자기자비의 요소를 통합하여 마음챙김_자기자비 프로그램(mindful self-compassion program: MSC)을 구안하였다. 이 프로그램은 마음챙김 훈련에 기반한 자기자비 능력을 향상시키고자 하는 목적으로 개발되었으며 선행연구(강재연, 장재홍, 2017; 이종수, 2019; 허정, 2017; Bluth et al., 2016; Neff & Germer, 2011; Neff & Germer, 2013)에서 효과가 검증되었다. 한국에서 번안된 MSC 프로그램은 청소년과 성인을 대상으로 한 자기조절능력 향상 훈련 프로그램으로 활용되었다.

자녀 양육상황에서 많은 부모들이 정서조절 곤란과 양육죄책감으로 힘들어한다. 이에 대한 해결책으로 마음챙김과 자기자비 요소를 통합한 프로그램을 개발하였다. 본 프로그램에서 양육죄책감 조절의 핵심기제는 마음챙김과 자기자비이다. 마음챙김의 심리치료적 기제는 Shapiro 등(2006) 정의에 포함된 세 가지 원칙인 의도, 주의, 태도 모형(Intention, Attention, and Attitude model: IAA model)을 기반으로 하였다. 자기자비의 심리치료적 기제는 Gilbert(2009)의 자비중심치료(Compassion Focused Therapy: CFT) 모델을 적용하였다.

프로그램의 목표를 설정하기 위해 양육죄책감 조절을 위해 적응적 정서조절 전략과 이를 활성화하기 위한 마음챙김과 자기자비의 심리치료적 기제와의 관련성을 분석하였다. 그 결과, 양육죄책감 조절을 위해서는 현재 양육에 관한 문제의 정확한 관찰과 이를 수용하는 자세의 함양이 요구됨을 확인할 수 있었다. 이는 자녀에 대한 불완전한 양육환경 제공에 대한 양육자의 불안과 자녀에 대한 미안한 감정이 긍정적인 감정으로 초점이 변경되는 보호 시스템의 활성화가 필요하다는 의미와 연결된다. 궁극적으로 자녀의 문제점을 이해하고, 자녀에 대한 자비심을 바탕으로, 자녀를 바라보는 비판단적인 시각과 함께, 참된 양육가치를 발견하고 실천할 수 있는 방안을 모색하는 태도와 방법의 훈련이 요구되었다.

프로그램의 목표 설정 결과를 바탕으로 Neff와 Germer(2013)의 프로그램을 기본으로 하여 예비프로그램을 구안하였다. 예비프로그램은 8회기로 구안되었으며, 프로그램의 타당도와 신뢰도를 확보하기 위해 리더용 지침서와 참여자 워크북을 함께 개발하였다. 예비프로그램의 시행(2018년 8월 10일부터 31일까지 총 4주간, 1주 2회기)과 참여자, 운영자, 전문가에 대한 평가를 바탕으로 수정, 보완하여 최종 프로그램을 구성하였다.

최종 프로그램의 회기 주제는 1회기 마음챙김과 자기자비, 2회기 애정 어린 마음챙김, 3회기 자애명상과 자애메시지, 4회기 자기비난과 자기자비 목소리, 5회기 양육가치와 자비로운 경청, 6회기 힘겨운 감정과 화, 7회기 양육죄책감과 양육피로, 8회기 자기감사와 돌아보기로 구성하였다. 최종 프로그램 운영은 2019년 9월 5일부터 11월 9일까지 실험집단 60명과 통제집단 20명을 대상으로 하였다. 연구자 변인을 통제하기 위해 실험집단 60명을 A, B조로 나누어 심리전문가와 저자가 동일한 프로그램을 각각 실시하였고, 통제집단은 무처치하였다.

프로그램 효과 검증은 실험집단 19명과 통제집단 18명을 대상으로 사전, 사후, 추후 양적검사(양육죄책감, 마음챙김, 자기자비, 심리적 안정감)와 질적검사(내용분석)를 하였다. 양적 효과를 검증한 결과 양육죄책감 감소 프로그램은 마음챙김과 자기자비 수준을 높여 심리적 안녕감을 높이고 양육죄책감은 감소시키는 효과를 입증하였다.

연구 결과, 첫째, 양육죄책감 감소 프로그램은 어머니의 마음챙김과 자기자비 수준을 높이고, 양육죄책감 감소와 심리적 안녕감을 높이는 효과가 있음을 규명하였다. 이와 같은 결과는 본 연구에서 개발한 프로그램이 마음챙김과 자기자비의 심리치료적 기제가 작용하여 적응적 정서조절 역량을 증진하는 데 매우 유용하다는 것을 입증하고 있다. 마음챙김과 자기자비의 이해와 경험을 통해 어렵고 고통스러운 정서를 있는 그대로 수용함으로써 그 본질을 이해하고, 정서적 위협에 대처할 수 있는 능력과 자신을 위로하고 긍정적으로 초점을 변화시키는 능력을 증진함으로써 심리적 안정을 찾는 데 도움이 된다는 것이다.

둘째, 양육죄책감 감소 프로그램은 어머니 자신은 물론 자녀와의 관계, 가족과의 관계 등 타인과의 관계를 개선하는 효과가 있음을 규명하였다. 참여자들은 마음챙김을 통해 수용하는 방법을 익힌다. 이는 자신과 타인 간의 관계에서 발생할 수 있는 부정적 정서를 있는 그대로 수용하여 이해의 폭을 넓히며, 긍정적으로 초점을 변화시키는 역량을 증진하는 효과가 있다. 또한, 참여자들은 자기자비를 통해 타인에 대한 자비의 방법을 훈련함으로써 자녀에 대한 이해와 수용의 역량을 증진할 수 있다.

셋째, 양육죄책감 감소 프로그램의 효과는 종료 후에도 지속된다는 것을 확인하였다. 참여자들은 프로그램 종료 후에도 마음챙김과 자기자비를 지속적으로 실천하고 있었으며, 이로 인하여 자신의 삶이 더욱 가치 있는 삶으로 변화하고, 이는 자녀와 가족의 삶에도 긍정적인 영향을 미치는 것으로 확인되었다. 이는 양육죄책감 감소 프로그램이 명상을 중심으로 구성되어 있으며, 실습을 통해 프로그램을 경험한 참여자들이 일상생활에서도 쉽게 실천할 수 있다는 것을 보여 주는 결과이다.

넷째, 심리적 안녕감을 높이고 양육죄책감을 감소시키는 치료기제로서, 장단기적으로 마음챙김의 탈중심주의와 자기자비의 과잉동일시가 매우 중요한 기제로 밝혀졌다. 이는 자녀를 양육하는 과정에서 자녀에 대한 과잉기대나 과도한 애착 등으로 인한 분노 등의 감정을 경험하는 경우, 탈중심화를 통한 조망의 변화와 재인식이 부정적 감정에 대한 감내력을 증가시켰기 때문이다. 그 결과 심리적 안녕감을 높이고, 양육죄책감이 감소하는 것으로 나타났다. 또한, 부모로서 자녀에게 충분한 양육의 환경과 질을 제공하지 못하고 있다고 생각하는 등 자녀의 미래에 대한 불안 같은 부정적 정서가 과잉동일시를 통해 감소되고 궁극적으로 양육죄책감 감소로 이어진다는 것을 확인하였다.

이상의 결과를 종합하면, 양육죄책감 감소 프로그램은 어머니에게 마음챙김과 자기자비를 증진시킴으로써 자녀양육 과정에서 경험하는 불안과 죄책감을 감소시키고 어머니의 심리적 안녕감을 증진하여 양육에 대한 가치를 새롭게 이해하고, 자녀에 대한 이해와 자애를 통해 긍정적인 양육 실천에 기여한다는 것을 규명하였다. 또한, 프로그램 종료 후에도 효과가 지속되면서 자녀뿐만 아니라 주변 가족에 대한 이해와 자애의 실천으로 더욱 화목한 가정을 이끌어 갈 수 있는 역량을 제공하는 것으로 밝혀졌다.

내용분석을 통한 질적효과는 다음과 같다. 참여자들은 자기자비의 3요소인 자애명상과 자애메시지, 양육죄책감을 포함한 힘겨운 감정을 만나는 방법이 가장 기억에 남는다고 하였다. 이것은 양육자들이 평소에 어렵고 힘든 정서에 대처할 수 있는 능력이 부족하다는 것을 입증하고 있다. 참여자들은 프로그램 참여를 통해 자기자비의 필요성과 이기적인 자신을 발견하였으며, 마음챙김과 자기자비의 효과를 직접 경험하였다. 또한, 자애에 대한 이해와 수행방법을 통해 자기자비 역량의 기반을 다지게 되었으며, 자기비난에 대처하는 방법을 알게 되었다. 참여자들은 자녀를 양육하는 어머니로서 자신의 참된 양육가치를 발견하였고, 비판단적 수용과 탈중심주의를 배움으로써 힘겨운 감정에 대처하는 능력을 높여 양육죄책감에 효과적으로 대처하는 역량을 증진하였다.

종합적으로 양육죄책감 감소 프로그램을 통해 참여자들이 마음챙김과 자기자비의 역량을 증진하고, 이를 통해 힘겨운 정서에서 벗어나 심리적 안녕감 증진과 양육죄책감을 조절할 수 있는 역량이 증진된 효과를 확인하였다. 프로그램 종료 후 추후 만남에서도 참여자들은 마음챙김과 자기자비 증진으로 정서적 성장을 지속적으로 체험하고 있었으며, 화가 나는 상황에서도 마음챙김을 통해 자신의 내면을 관찰하는 여유를 가지게 되었다. 이러한 변화는 자녀는 물론 가족과의 관계에도 긍정적인 영향으로 확산되고 있었음을 확인하였다.

양육죄책감 감소 프로그램의 개발과 효과를 검증한 본 연구의 의의는 다음과 같다. 첫째, 자녀를 양육하는 어머니들의 양육죄책감 완화에 대한 효과를 검증하였다는 점이다. MSC 프로그램이 본격적으로 소개된 것은 최근의 일이라 지금까지의 연구들은 주로 대학생이나 일반 성인, 여성, 청소년들을 대상으로 프로그램을 적용한 연구들이 대부분이다. 그러나 마음챙김과 자기자비가 서로 관련성이 높으면서 더 좋은 효과를 위해 보완된다는 Neff와 Germer(2013)의 주장을 바탕으로 어머니를 대상으로 한 양육죄책감 감소 프로그램 개발은 매우 의미가 있는 연구이다. 특히, 본 프로그램에서 부모들은 양육죄책감의 세 가지 하위요인, 즉 돌봄부족으로 인한 죄책감, 부정적 양육행동으로 인한 죄책감, 미숙한 부모역할로 인한 죄책감 감소에 유의한 효과를 보여줌으로써 앞으로 다양한 분야에서의 MSC 프로그램의 활용 가능성을 열어 주었다.

둘째, 본 연구는 마음챙김_자기자비를 기반으로 하되 자녀양육과 관련된 구체적 활동 형태로 개발함으로써, 부모들이 실제적 경험을 통해 각자 자신에게 적합한 마음챙김과 자기자비 명상을 수행할 수 있는 역량을 높였다는 점에서 의의가 있다. 지금까지 마음챙김과 자기자비 관련 프로그램들은 전통적인 순서에 따라 단계적으로 확대해 가고, 구체적 내용 구성은 가능하면 마음챙김이나 자기자비의 하위영역에 맞추려는 경향이 있었다. 그러나 본 프로그램은 이러한 경향에서 탈피하여 어머니들이 쉽게 이해하고, 그 효과를 체험할 수 있도록 정서조절 역량 강화를 위한 마음챙김과 자기자비의 심리치료적 기제를 활용하여 프로그램의 내용을 구성하였다는 점에서 의의가 있다.

셋째, 본 연구는 부모 자신이나 자녀, 부모-자녀 관계 문제를 중심으로 탐색하고 해결하는 과정에서 다른 어머니들과의 교류를 통해 스스로 자신의 상황이나 상태를 인식하고 자기자비의 경험을 유도하고자 하였다. 자녀양육에 있어 부모들은 자칫 자신이나 자녀의 이익에만 초점을 맞추기 쉬운데, 실제 우리 모두는 그물망같이 연결된 타인과의 상호 유기적 관계 속에서 존재한다는 점을 체험함으로써, 타인에 대한 감사를 통해 집단원, 이웃, 유아기관, 부모, 남편, 자녀 관계를 돌아볼 수 있었다는 점에 의의가 있다.

넷째, 본 연구에서는 프로그램 개발과 함께 프로그램 참여자와 운영자를 위한 지침서를 개발함으로써 프로그램 운영의 표준화를 통해 프로그램 효과의 동질성을 확보한다. 특히, 참여자를 위한 활동자료는 프로그램의 목적과 내용을 쉽게 이해할 수 있고, 프로그램 종료 후에도 활동자료를 통해 혼자서도 프로그램을 실천할 수 있도록 구성하여 지속성을 유지할 수 있도록 하였다는 점에서 의의가 있다.

다섯째, 본 연구는 부모대상 프로그램의 한계점 중의 하나로 제기되는 효과의 일시성을 다양한 과제수행을 통해 혼자서도 수행할 수 있는 역량으로 향상시켰다. 또한, SNS를 통해 수시로 의사소통하면서 어머니들의 적극적인 참여를 유도하였다는 점에서 의의가 있다. 부모대상 프로그램의 효과가 일시적이고 유효기간이 짧아 금방 원래대로 돌아가서 오히려 죄책감이 더 커지기도 한다는 선행연구들은 부모교육 효과의 지속적 유지가 중요함을 보여 준다. 이런 맥락에서 본 연구의 프로그램이 혼자서도 수행할 수 있는 역량을 마련하였다는 의의가 있다.

마지막으로 본 연구의 제한점을 검토하면서 후속연구를 위한 몇 가지 고려사항을 제언하고자 한다. 첫째, 본 연구에서는 양육죄책감 감소 집단상담 프로그램의 내용 구성을 통해 선행연구에서 개발한 마음챙김_자기자비 관련 프로그램을 자녀양육의 관점에서 재해석하여 구성하였다. 이는 양육죄책감과 관련된 선행연구가 없기 때문이다. 따라서 프로그램 내용에 대한 타당성 측면에서 한계가 있다. 이에 다양한 전문가의 의견과 예비프로그램의 충분한 시행과정을 통해 타당성이 확보된 프로그램 개발에 관한 연구의 필요성이 제기된다.

둘째, 본 연구의 참여자는 전업주부와 취업모로 구성되어 있다. 양육죄책감에 대한 연구들을 보면, 취업모가 자녀에게 충분한 양육환경을 제공하지 못하기 때문에 양육죄책감이 전업주부에 비해 상대적으로 높다는 결과를 보고하고 있어 이들 집단의 분리가 필요하지만, 본 연구에서는 참여자 확보에 어려움이 많아 통합하여 프로그램을 운영하고 효과를 분석하였다. 따라서 향후 연구에서는 전업주부와 취업모의 특성을 고려하여 취업모와 전업주부 간의 효과 차이를 분석하는 연구의 필요성이 제기된다.

셋째, 본 연구에서는 양육죄책감에 중점을 두고 프로그램의 효과를 검증하였다. 그러나 자녀를 양육하는 부모들의 심적 고통은 양육죄책감도 있지만 양육 스트레스 등 다양한 요인이 존재한다. 따라서 향후 연구에서는 더욱 다양한 측면에서 프로그램의 효과를 검증한 연구의 필요성이 제기된다.

넷째, 본 연구는 진행자 2명이 최종 프로그램을 각각 실험집단 A와 B로 구분하여 진행하였다. 진행자로 인한 프로그램의 효과 차이를 사전에 방지하기 위해 진행자용 지침서를 개발하고, 지침서에 의해 프로그램을 진행하였다. 그러나 진행자에 따른 프로그램 효과의 차이를 완전히 배제할 수 없다. 따라서 향후 연구에서는 진행자가 2명 이상이며 진행자에 따라 실험집단을 분리하였다면, 진행자 간의 프로그램 효과 차이 분석을 통하여 진행자에 따른 효과 차이의 우려를 해소해야 할 것이다.

참고 문헌

각묵 (2003). 금강경 역해-금강경 산스끄리뜨 원전 분석 및 주해. 서울: 불광출판부.

강재연, 장재홍 (2017). 마음챙김_자기자비 집단프로그램의 효과: 자기비판 성향을 지닌 대학생을 대상으로. 한국심리학회지: 상담 및 심리치료, 29(2), 335-356.

고현석, 민경환, 김민희 (2012). 자존감, 자존감 안정성, 자기개념 명료성과 심리적 적응과의 관계 탐색. 한국심리학회지: 일반, 31(3), 825-846.

권석만 (2003). 현대이상심리학. 서울: 학지사.

김기현, 강희경 (1997). 양육스트레스 척도의 개발. 대한가정학회35(5), 141-150.

김계현 (2000). 상담심리학 연구: 주제론과 방법론. 서울: 학지사.

김경의, 이금단, 조용래, 채숙희, 이우경 (2008). 한국판 자기-자비 척도의 타당화 연구: 대학생을 중심으로. 한국심리학지: 건강, 13(4), 1023-1044.

김경자 (2016). 한국 청소년과 부모의 스트레스에 대한 토착심리 분석. 인하대학교 박사학위논문.

김교헌 (2008). 마음챙김과 자기조절 그리고 지혜. 한국심리학회지: 건강, 13(2), 285-306.

김나현, 이은주, 곽수영, 박미라 (2013). 어린 아동을 둔 취업모의 양육부담감 경험에 대한 현상학적 연구. KJWHN (여성건강간호학회지), 19(3), 188-200.

김나희 (2011). 부모의 보육시설만족도가 양육죄책감에 미치는 영향-취업모와 비취업모의 차이를 중심으로-. 동국대학교 행정대학원 석사학위 논문.

김명소, 김혜원, 차경호 (2001). 심리적 안녕감의 구성개념분석: 한국 성인 남녀를 대상으로. 한국심리학회지: 사회 및 성격, 15(2), 19-39.

김명회, 한세영 (2012). 어머니의 취업유무에 따른 격리불안과 양육죄책감이 양육행동에 미치는 영향. 인간발달연구, 19, 99-115.

김선미 (2004). 전업주부의자식 키우기 경험에 관한 질적 연구. 한국생활과학회지, 13(4), 537-553.

김수지, 송승민, 도현심, 신나나, 김민정, 김은혜 (2015). 학령기 전환 자녀의 어머니 역할 경험에 대한 질적 연구. Korean J. of Child Studies, 36(2), 111-130.

김승민, 박경 (2017). 양육 프로그램에서 마음챙김과 자기자비 통합의 임상적함의. 한국심리치료학회지, 9, 89-109.

김은영, 이주연 (2014). 영유아 어머니의 양육행동에 대한 양육죄책감과 아버지 양육지원의 상호작용 효과. 한국가정관리학회지, 32(1), 167-180.

김완석, 이성준, 유연재 (2013). 자기연민과 심리적안녕감간의 관계에서 수용의 매개효과검증. 한국심리학회, 18(1), 219-238.

김정아, 한세영, 김연화 (2008). 어머니의 격리불안과 양육죄책감 및 양육효능감이 유아의 사회적 유능감에 미치는 영향. 한국생활과학회 학술대회논문집, 183-184.

김정원 (1999). 부모교육 프로그램의 개발과정에 관한 연구. 이화여자대학교 대학원 박사학위논문.

김정임 (2009). 맞벌이 가정의 양육죄책감과 가족기능에 관한 연구: 사회적 지지 네트워크 활용도를 중심으로. 진주산업대학교 벤처창업대학원 석사학위논문.

김정호 (2004). 마음챙김이란 무엇인가: 마음챙김의 임상적 및 일상적 적용을 위한 제언. 한국심리학회지: 건강, 9(2), 511-538.

김진화, 정지웅 (1997). 사회교육프로그램 개발의 이해와 실제. 서울: 교육과학사.

김창대 (2002). 대상관계이론의 인성교육에 대한 시사점. 아시아교육연구, 3, 109-130.

김창대, 김형수, 신을진, 이상희, 최한나 (2011). 상담 및 심리교육 프로그램 개발과 평가. 서울: 학지사.

김현옥, 김경호 (2009). 맞벌이 가정의 보육지원서비스 활용이 양육죄책감과 가족기능에 미치는 영향연구: 진주시를 중심으로. 한국영유아보육학, 59, 305-328.

김희경 (2012). 탈북 여성과 남한 여성의 우울감, 양육 죄책감 및 양육 스트레스가 양육 행동에 미치는 영향력의 차이. 한국심리학회지: 여성, 17(4), 535-558.

김형태, 백유미 (2007). 집단상담: 자기성장 집단상담의 효과연구에 대한 메타분석, 상담학연구.8(3). 965-978.

조용래, 노상선 (2011). 자기 자비 대 주의분산 처치와 특질 자기 자비가 불쾌한 자기관련 사건에 대한 정서반응에 미치는 효과. 한국심리학회지: 일반, 30(3), 707-726.

문정순 (2017). 마음챙김 자비훈련 프로그램이 심리적 안녕감에 미치는 영향. 인문사회 21, 8(5), 357-372.

문현미 (2006). 심리적 수용 촉진 프로그램의 개발과 효과: 수용-전념 치료 모형을 중심으로. 가톨릭대학교 대학원 박사학위청구논문.

박성옥 (1994). 탁아 및 취업관련 변인에 따른 어머니의 격리불안. 한국심리학회지: 발달, 7(2), 24-37.

박성현 (2006). 마음챙김 척도 개발. 가톨릭대학교 대학원 박사학위논문.

박성현, 민희정 (2019). 명상의 심리치료적 작용 기제에 관한 고찰. 한국문화융합학회41(3), 1055-1090.

박세란, 이훈진 (2015). 자기자비 증진 프로그램 개발 및 효과 검증. 한국심리학회지: 상담 및 심리치료, 27(3), 583-611.

박인우 (1996). 학교교육에 있어서 구성주의 교수원리의 실현 매체로서 인터넷 고찰. 교육공학연구, 12(2), 81-99.

박은혜 (2014). 특수교육에서의 AAC. 보완대체의사소통연구, 2(2), 131-138.

박희진, 문혁준. (2012). 어머니의 양육죄책감 및 양육스트레스가 양육태도에 미치는 영향: 종일제 어린이집을 이용하는 어머니를 대상으로. 한국보육지원학회지, 8, 121-137.

백지혜, 조복희 (2010). 타인양육 유형과 다중애착안정성 유형에 따른 영아의 순응성 연구. 아동학회지, 31(1), 147-162.

변창진 (1994). 프로그램 개발. 대구: 홍익출판사.

설정훈 박수현. (2015). 해군 장병의 스트레스와 인지적 정서조절전략이정신건강 문제에 미치는 영향: 지각된 사회적 지지의 조절된 매개효과. 한국심리학회지: 임상, 34(2), 553-578.

성정원, 박성연 (2011). 어머니의 취업여부 및 자녀 연령에 따른 어머니의 양육죄책감에 영향을 미치는 변인에 관한 연구. 한국보육학회지, 11(2), 123-145.

성정원 (2011). 보육기관에 다니는 자녀를 둔 어머니의 양육죄책감과 관련된 변인: 어머니 취업여부와 자녀발달단계에 따른 비교. 이화여자대학교 대학원 석사학위논문.

송길원 (1994). 가정교육/부모교육을 위한 프로그램 개발에 관한 연구. 교육교회, 217, 40-50.

송수민 (2008). 수치심경향성과 죄책감경향성의 심리적 특성 비교. 한국심리학회지: 상담 및 심리치료, 20(1), 125-144.

송진숙, 조복희 (1997). 탁아의 질과 어머니 자아존중감에 따른 어머니 격리불안. Family and Environment Research, 35(2), 309-319.

신진욱 (2008). Mindfulness-Based 심리치료의 위빠사나 원리에 관한 비판적 연구. 동국대학교 대학원 박사학위논문.

안혜원 (2017). 자비명상에 기반한 부모교육프로그램 개발과 효과. 경성대학교 대학원 박사학위논문.

양은호, 최혜순 (2011). 영유아기 자녀를 둔 어머니의 심리적 안녕감과 양육효능감의 관계 연구. 열린유아교육연구, 16(6), 211-230.

오연주 (2009). 죄책감과 그 치유에 대한 연구: 죄책감의 심리학적 이해와 심리학적 이해의 상관성을 중심으로. 이화여자대학교 대학원 석사학위논문.

용홍출 (2012). 마음챙김명상에 기반한 인지치료가 장애아동 어머니의 양육스트레스와 상위인지 자각에 미치는 영향. 재활심리연구, 19(1), 103-128.

위키백과 (2019). https://ko.wikipedia.org/wiki/.

이기웅 (2002). 부모-자녀관계의 갈등해결을 위한 집단상담 프로그램 모형 개발. 호남신학대학교 대학원 석사학위논문.

이복순 (2010). 놀이명상 프로그램이 유아 어머니의 마음챙김과 정서안정 및 대인애착에 미치는 효과. 목포대학교 대학원 박사학위논문.

이숙영, 이윤주, 정혜선 (2002). 메타분석을 통한 부모교육 프로그램의 효과연구. 한국심리학회지: 상담 및 심리치료, 14(3), 637-653.

이숙영 (2003). 국내 집단상담 프로그램 개발의 현황 및 효과적인 프로그램 개발관련요인. 상담학연구. 4(1). 53-67.

이우경 (2012). 주의력 결핍 과잉행동 장애 아동의 부모를 대상으로 한 마음챙김-자기자애 기반 양육 프로그램 효과: 예비 연구. 발달지원연구, 1, 73-90.

이인용 (2002). ADDIE 모형에 기초한 웹기반 부모교육 프로그램 개발. 이화여자대학교 교육대학원 석사학위논문.

이종수 (2019). 수치심성향 여성을 위한 마음챙김_자기자비 프로그램과 수용-전념 치료프로그램의 효과 비교. 덕성여자대학교 대학원 박사학위논문.

이주연 (2011). 사적 자의식과 심리적 안녕감 간의 관계에서 자기자비의 조절효과. 가톨릭대학교 대학원 석사학위논문.

이지영, 권석만 (2006). 정서조절과 정신병리의 관계: 연구 현황과 과제. 한국심리학회지: 상담 및 심리치료, 18(3), 461-493.

임전옥, 장성숙 (2003). 정서인식의 명확성, 정서조절양식과 심리적 안녕의 관계. 한국심리학회지: 상담 및 심리치료, 15(2), 259-275.

장인숙 (2001). 자녀양육에 대한 죄책감, 격리불안 및 양육스트레스가 양육태도에 미치는 영향: 취업모와 비취업모를 대상으로. 한양대학교 교육대학원 석사학위논문.

장현갑 (1996). 명상의 심리학적 개관: 명상의 유형과 정신생리학적 특징. 한국심리학회지: 건강, 1(1), 15-33.

정나래, 김희수, 안선희 (2017). 영아기 자녀를 둔 어머니의 양육죄책감에 대한 남편의 협력 및 어린이집 만족도의 영향. 한국가정관리학회지, 35(4), 141-155.

정문경 (2014). 청소년기 정서조절과 삶의 만족도간의 관계에서 지각된 사회적지지와 사회적 유능성의 매개효과. 청소년학연구, 21(12), 49-72.

정순중, 김유숙 (2006). 학부모 정서관리훈련 프로그램의 개발 및 효과. 한국심리학회지: 건강, 11(4), 817-838.

정은영 (2008). 과보호 척도 개발 및 타당화 연구. 가톨릭 대학교 대학원 박사학위논문.

정성란 (2013). 집단상담. 서울: 학지사.

정승진 (1999). 완벽성 감소를 위한 인지행동 집단상담 프로그램 개발. 연세대학교대학원 박사학위청구논문.

천성문, 김미옥, 박명숙, 차명정, 함경애 (2017). 집단상담. 서울: 학지사.

한경님 (2013). 다문화가정 유아기 부모역할 프로그램 개발. 한국아동복지학, 43, 125-155.

허정 (2017). 마음챙김_자기자비 집단 프로그램의 효과: 대인관계문제 개선을 중심으로. 서강대학교 대학원 석사학위논문.

Arendell, T. (2000). Conceiving and investigating motherhood: The decade's scholarship. Journal of marriage and family, 62(4), 1192-1207.

Baer, R. A. (2003). Mindfulness training as a clinical intervention: A conceptual and empirical review. Clinical psychology: Science and practice, 10(2), 125-143.

Baldwin, E. N. (2014). Recognizing guilt and shame: Therapeutic ruptures with parents of children in psychotherapy. Psychoanalytic social work, 21(1-2), 2-18.

Bardacke, N. (2012). Mindful birthing: training the mind, body, and heart for childbirth and beyond. Harper Collins.

Barnard, L. K., & Curry, J. F. (2011). Self-compassion: Conceptualizations, correlates, & interventions. Review of general psychology, 15(4), 289-303.

Barrett, J., & Fleming, A. S. (2011). Annual research review: All mothers are not created equal: Neural and psychobiological perspectives on mothering and the importance of individual differences. Journal of Child Psychology and Psychiatry, 52(4), 368-397.

Barrett, J., Wonch, K. E., Gonzalez, A., Ali, N., Steiner, M., Hall, G. B., & Fleming, A. S. (2012). Maternal affect and quality of parenting experiences are related to amygdala response to infant faces. Social neuroscience, 7(3), 252-268.

Basil, D. Z., Ridgway, N. M., & Basil, M. D. (2008). Guilt and giving: A process model of empathy and efficacy. Psychology & Marketing, 25(1), 1-23.

Baumeister, R. F., Heatherton, T. F., & Diane, M. Tice (1994), Losing control: How and why people fail at self-regulation.

Baumeister, R. F., Vohs, K. D., & Tice, D. M. (2007). The strength model of self-control. Current directions in psychological science, 16(6), 351-355.

Beer, M., Ward, L., & Moar, K. (2013). The relationship between mindful parenting and distress in parents of children with an autism spectrum disorder. Mindfulness, 4(2), 102-112.

Berking, M., & Lukas, C. A. (2015). The Affect Regulation Training (ART): a transdiagnostic approach to the prevention and treatment of mental disorders. Current Opinion in Psychology, 3, 64-69.

Birnie, K., Speca, M., & Carlson, L. E. (2010). Exploring self-compassion and empathy in the context of mindfulness-based stress reduction (MBSR). Stress and Health, 26(5), 359-371.

Bishop, S. J., Duncan, J., & Lawrence, A. D. (2004). State anxiety modulation of the amygdala response to unattended threat-related stimuli. Journal of Neuroscience, 24(46), 10364-10368.

Bluth, K., Campo, R. A., Pruteanu-Malinici, S., Reams, A., Mullarkey, M., & Broderick, P. C. (2016). A school-based mindfulness pilot study for ethnically diverse at-risk adolescents. Mindfulness, 7(1), 90-104.

Bögels, S. M., Hellemans, J., van Deursen, S., Römer, M., & van der Meulen, R. (2014). Mindful parenting in mental health care: effects on parental and child psychopathology, parental stress, parenting, coparenting, and marital functioning. Mindfulness, 5(5), 536-551.

Bögels, S. M., Lehtonen, A., & Restifo, K. (2010). Mindful parenting in mental health care. Mindfulness, 1(2), 107-120.

Bowen, S., Witkiewitz, K., Dillworth, T. M., & Marlatt, G. A. (2007). The role of thought suppression in the relationship between mindfulness meditation and alcohol use. Addictive behaviors, 32(10), 2324-2328.

Bozinoff, L., & Ghingold, M. (1983). Evaluating guilt arousing marketing communications. Journal of business Research, 11(2), 243-255.

Brody, J. L., Scherer, D. G., Turner, C. W., Annett, R. D., & Dalen, J. (2018). A conceptual model and clinical framework for integrating mindfulness into family therapy with adolescents. Family process, 57(2), 510-524.

Brown, K. W., & Ryan, R. M. (2003). The Benefits of Being Present: Mindfulness and Its Role in Psychological Well-Being. Journal of Personality and Social Psychology, 84(4), 822-848.

Brown, K. W., & Ryan, R. M. (2004). Perils and promise in defining and measuring mindfulness: Observations from experience. Clinical Psychology: Science and Practice, 11(3), 242-248.

Brown, R., 1999. Imago Relationship Therapy: An Introduction to Theory and Practice. John Wiley & Sons, New York.

Carmody, J. (2009). Evolving Conceptions of Mindfulness in Clinical Settings. Journal of Cognitive Psychotherapy, 23(3), 270-280.

Carver, C. S., Scheier, M. F., & Weintraub, J. K. (1989). Assessing coping strategies: a theoretically based approach. Journal of personality and social psychology, 56(2), 267.

Choi, Y. M., Lee, D. G., & Lee, H. K. (2014). The effect of self-compassion on emotions when experiencing a sense of inferiority across comparison situations. Procedia-Social and Behavioral Sciences, 114, 949-953.

Clark, A. (2012). Working with guilt and shame. Advances in psychiatric treatment, 18(2), 137-143.

Coatsworth, J. D., Duncan, L. G., Greenberg, M. T., & Nix, R. L. (2010). Changing parent's mindfulness, child management skills and relationship quality with their youth: Results from a randomized pilot intervention trial. Journal of child and family studies, 19(2), 203-217.

Collins, W. A., Maccoby, E. E., Steinberg, L., Hetherington, E. M., & Bornstein, M. H. (2000). Contemporary research on parenting: The case for nature and nurture. American psychologist, 55(2), 218.

Compas, B. E., Connor-Smith, J., & Jaser, S. S. (2004). Temperament, stress reactivity, and coping: Implications for depression in childhood and adolescence. Journal of Clinical Child and Adolescent Psychology, 33(1), 21-31.

Cooklin, A. R., Giallo, R., D'Esposito, F., Crawford, S., & Nicholson, J. M. (2013). Postpartum maternal separation anxiety, overprotective parenting, and children's social-emotional well-being: longitudinal evidence from an Australian cohort. Journal of family psychology: JFP: Journal of the Division of Family Psychology of the American Psychological Association (Division 43), 27(4), 618-628.

Craig, L. (2006). Does father care mean fathers share? A comparison of how mothers and fathers in intact families spend time with children. Gender & society, 20(2), 259-281.

Crandall, A., Deater-Deckard, K., & Riley, A. W. (2015). Maternal emotion and cognitive control capacities and parenting: A conceptual framework. Developmental review, 36, 105-126.

Creswell, J. D., Way, B. M., Eisenberger, N. I., & Lieberman, M. D. (2007). Neural correlates of dispositional mindfulness during affect labeling. Psychosomatic medicine, 69(6), 560-565.

Dick, W., Carey, L., & Carey, J. O. (2005). The systematic design of instruction.

Diedrich, A., Hofmann, S. G., Cuijpers, P., & Berking, M. (2016). Self-compassion enhances the efficacy of explicit cognitive reappraisal as an emotion regulation strategy in individuals with major depressive disorder. Behaviour research and therapy, 82, 1-10.

Diener, E. (1984). Subjective Well-Being. Psychological Bulletin, 95(3), 542-575.

Douglas, S. J., & Michaels, M. W. (2004). The idealization of motherhood and how it has undermined all women: The mommy myth, New York: Free Press.

Dumas, J. E. (2005). Mindfulness-based parent training: Strategies to lessen the grip of automaticity in families with disruptive children. Journal of Clinical Child and Adolescent Psychology, 34(4), 779-791.

Duncan, L. G., Coatsworth, J. D., & Greenberg, M. T. (2009). A model of mindful parenting: Implications for parent-child relationships and prevention research. Clinical child and family psychology review, 12(3), 255-270.

Ehrensaft, D. (1985). Dual parenting and the duel of intimacy. The psychosocial interior of the family, 323-337.

English, H. B. & Macker, A. C. (1976), A Comprehensive Dictionary of Psychology and Psychoanalytical Terms, NY: David McKay Company.

Elvin-Nowak(1999). The meaning of guilt: A phenomenological description of employed mothers' experiences of guilt. Scandinavian Journal of Psychology 40(1):73-83.

Fischer, K. W., & Tangney, J. P. (1995). Self-conscious emotions and the affect revolution: Framework and overview. Self-conscious emotions: The psychology of shame, guilt, embarrassment, and pride, 3-22.

Freedman, J. L., Wallington, S. A., & Bless, E. (1967). Compliance without pressure: The effect of guilt. Journal of Personality and Social Psychology, 7(2p1), 117-124.

Freud, S. (1961). Some psychical consequences of the anatomical distinction between the sexes. In The Standard Edition of the Complete Psychological Works of Sigmund Freud, Volume XIX (1923-1925): The Ego and the Id and Other Works (pp. 241-258).

Garnefski, N., Van Den Kommer, T., Kraaij, V., Teerds, J., Legerstee, J., & Onstein, E. (2002). The relationship between cognitive emotion regulation strategies and emotional problems: comparison between a clinical and a non-clinical sample. European journal of personality, 16(5), 403-420.

Germer, C. K. (2005). Teaching mindfulness in therapy. In C. K. Germer, R. D. Siegel, & P. R. Fulton (Eds.). Mindfulness and psychotherapy (pp. 113-129). New York: Guilford Press.

Germer, C. K. (2009). The mindful path to self-compassion. New York: Guilford.

Germer, C. K., & Neff, K. (2011). Mindful self-compassion training. Presentation at the Max Plank Institute, Berlin, Germany.

Germer, C. K., & Neff, K. D. (2013). Self-compassion in clinical practice. Journal of clinical psychology, 69(8), 856-867.

Germer, C. K., & Neff, K. D. (2013). Self-compassion in clinical practice. Journal of clinical psychology, 69(8), 856-867.

Germer, C. K., & Siegel, R. D. (Eds.). (2012). Wisdom and compassion in psychotherapy: Deepening mindfulness in clinical practice. Guilford Press.

Geurtzen, N., Scholte, R. H., Engels, R. C., Tak, Y. R., & van Zundert, R. M. (2015). Association between mindful parenting and adolescents' internalizing problems: non-judgmental acceptance of parenting as core element. Journal of Child and Family Studies, 24(4), 1117-1128.

Gilbert, P. (2013). Mindful compassion: Using the power of mindfulness and compassion to transform our lives. Hachette UK.

Gilbert, P. (Ed.). (2005). Compassion: Conceptualisations, research and use in psychotherapy. Routledge.

Gilbert, P., & Irons, C. (2009). Shame, self-criticism, and self-compassion in adolescence. Adolescent emotional development and the emergence of depressive disorders, 1, 195-214.

Gilbert, P., & Procter, S. (2006). Compassionate mind training for people with high shame and self-criticism: Overview and pilot study of a group therapy approach. Clinical Psychology & Psychotherapy: An International Journal of Theory & Practice, 13(6), 353-379.

Gilbert, P., & Tirch, D. (2009). Emotional memory, mindfulness and compassion. In Clinical handbook of mindfulness (pp. 99-110). Springer, New York, NY.

Gilbert, p.(2010). Compassion focused therapy. London & NY: Routlege.(조현주, 박성현 역. 〈자비중심치료〉. 서울: 학지사, 2014)

Glenn, E. N. (1994). Social constructions of mothering: A thematic overview. In E. N. Glenn, G. Chang, & L. R. Forcey (Eds.), Mothering: Ideology, experience and agency (pp. 1-29). New York: Routledge.

Goldstein, J., & Kornfield, J. (1987). Seeking the Heart of Wisdom. Boston, MA: Shambala.

Goleman, D. (2001). An EI-based theory of performance. The emotionally intelligent workplace: How to select for, measure, and improve emotional intelligence in individuals, groups, and organizations, 1, 27-44.

Gouveia, M. J., Carona, C., Canavarro, M. C., & Moreira, H. (2016). Self-compassion and dispositional mindfulness are associated with parenting styles and parenting stress: The mediating role of mindful parenting. Mindfulness, 7(3), 700-712.

Gratz, K. L., & Tull, M. T. (2010). Emotion regulation as a mechanism of change in acceptance-and mindfulness-based treatments. Assessing mindfulness and acceptance processes in clients: Illuminating the theory and practice of change, 107-133.

Greco, L., Baer, R., & Smith, G. (2011). Assessing Mindfulness in Children and Adolescents: Development and Validation of the Child and Adolescent Mindfulness Measure (CAMM). Psychological Assessment, 23(3), 606-614.

Gross, J. J. (1999). Emotion regulation: Past, present, future. Cognition & emotion, 13(5), 551-573.

Gross, J. J., & John, O. P. (2003). Individual Differences in Two Emotion Regulation Processes: Implications for Affect, Relationships, and Well-Being. Journal of Personality and Social Psychology, 85(2), 348-362.

Hanh, T. N. (1976). The miracle of mindfulness: A manual of meditation. Boston: Beacon Press.

Hayes, S. C., Follette, V. M., & Linehan, M. (Eds.). (2004). Mindfulness and acceptance: Expanding the cognitive-behavioral tradition. Guilford Press.

Hays, S. (1996) The cultural contradictions of motherhood, New Haven, CT: Yale University Press.

Higgins, E. T. (1987). Self-discrepancy: a theory relating self and affect. Psychological review, 94(3), 319-340.

Hock, E., & Lutz, W. J. (1998). Psychological meaning of separation anxiety in mothers and fathers. Journal of Family Psychology, 12(1), 41-55.

Hofmann, S. G., Sawyer, A. T., Witt, A. A., & Oh, D. (2010). The effect of mindfulnessbased therapy on anxiety and depression: A meta-analytic review. Journal of Consulting and Clinical Psychology, 78(2), 169-183.

Hölzel, B. K., Lazar, S. W., Gard, T., Schuman-Olivier, Z., Vago, D. R., & Ott, U. (2011). How does mindfulness meditation work? Proposing mechanisms of action from a conceptual and neural perspective. Perspectives on psychological science, 6(6), 537-559.

Johnson, E. A., & O'Brien, K. (2010). Self-compassion treatment for shame-prone persons experiences shame: A randomized controlled trial. In 44th Annual convention of the association for behavioral and cognitive therapies, San Francisco, California.

Judd, C. M., Kdnny, D. A., & McClelland, G. H.(2001). Estimation and moderation in within-subject design. Psychological Method, 6(2), 115-134.

Kabat-Zinn, J. (2003). Mindfulness-based interventions in context: past, present, and future. Clinical psychology: Science and practice, 10(2), 144-156.

Karakasidou, E., & Stalikas, A. (2017). Empowering the Battered Women: The Effectiveness of a Self-Compassion Program. Psychology, 8(13), 2200.

Kirby, J. N. (2016). The role of mindfulness and compassion in enhancing nurturing family environments. Clinical Psychology: Science and Practice, 23(2), 142-157.

Klimecki, O. M., Leiberg, S., Ricard, M., & Singer, T. (2013). Differential pattern of functional brain plasticity after compassion and empathy training. Social cognitive and affective neuroscience, 9(6), 873-879.

Koole, S. L. (2009). The psychology of emotion regulation: An integrative review. Cognition and emotion, 23(1), 4-41.

Kuyken, W., Watkins, E., Holden, E., White, K., Taylor, R. S., Byford, S., & Dalgleish, T. (2010). How does mindfulness-based cognitive therapy work?. Behaviour research and therapy, 48(11), 1105-1112.

Laurent, H. K., & Ablow, J. C. (2012). The missing link: mothers' neural response to infant cry related to infant attachment behaviors. Infant Behavior and Development, 35(4), 761-772.

Lazarus, R. S. (1993). Coping theory and research: Past, present, and future. Fifty years of the research and theory of RS Lazarus: An analysis of historical and perennial issues, 366-388.

Leary, M. R., Adams, C. E., & Tate, E. B. (2006). Hypo-egoic self-regulation: Exercising self-control by diminishing the influence of the self. Journal of personality, 74(6), 1803-1832.

LeBeau, C. S. (2013). Maternal guilt: An existential phenomenological study of the early experiences of first-time mothers. Doctoral dissertation, Duquesne University.

Leith, K. P., & Baumeister, R. F. (1998). Empathy, shame, guilt, and narratives of interpersonal conflicts: Guilt-prone people are better at perspective taking. Journal of personality, 66(1), 1-37.

Lewis, M. (2003). The role of the self in shame. Social Research: An International Quarterly, 70(4), 1181-1204.

Lewis, M., Alessandri, S. M., & Sullivan, M. W. (1992). Differences in shame and pride as a function of children's gender and task difficulty. Child development, 63(3), 630-638.

Lippold, M. A., Duncan, L. G., Coatsworth, J. D., Nix, R. L., & Greenberg, M. T. (2015). Understanding how mindful parenting may be linked to mother-adolescent communication. Journal of youth and adolescence, 44(9), 1663-1673.

Luoma, J. B., & Platt, M. G. (2015). Shame, self-criticism, self-stigma, and compassion in Acceptance and Commitment Therapy. Current opinion in Psychology, 2, 97-101.

Mann, M. B., & Thornburg✽, K. R. (1987). Guilt of working women with infants and toddlers in day care. Early Child Development and Care, 27(3), 451-464.

Martin, R. C., & Dahlen, E. R. (2005). Cognitive emotion regulation in the prediction of depression, anxiety, stress, and anger. Personality and individual differences, 39(7), 1249-1260.

McBride, S., & Belsky, J. (1988). Characteristics, Determinants, and Consequences of Maternal Separation Anxiety. Developmental Psychology, 24(3), 407-414.

McDonald, P. K., Bradley, L. M., & Guthrie, D. (2005). Good mothers, bad mothers: Exploring the relationship between attitudes towards nonmaternal childcare and mother's labour force participation. Journal of Family Studies, 11(1), 62-82.

McGrath, P. (2001). Trained volunteers for families coping with a child with a life-limiting condition. Child & Family Social Work, 6(1), 23-29.

Mikulincer, M., & Shaver, P. R. (2007). Boosting attachment security to promote mental health, prosocial values, and inter-group tolerance. Psychological inquiry, 18(3), 139-156.

Mitchell, A. E., Whittingham, K., Steindl, S., & Kirby, J. (2018). Feasibility and acceptability of a brief online self-compassion intervention for mothers of infants. Archives of women's mental health, 21(5), 553-561.

Montoya, A. K., & Hayes, A. F.(2017). Two condition within-participant statistical mediation analysis: A path-analytic framework, Psychological Methods, 22(1), 6-27.

Moreira, H., & Canavarro, M. C. (2015). Individual and gender differences in mindful parenting: The role of attachment and caregiving representations. Personality and Individual Differences, 87, 13-19.

Neff, K. (2003a). Self-compassion: An alternative conceptualization of a healthy attitude toward oneself. Self and identity, 2(2), 85-101.

Neff, K. D. (2003b). The development and validation of a scale to measure self-compassion. Self and identity, 2(3), 223-250.

Neff, K. D., Hsieh, Y. P., & Dejitthirat, K. (2005). Self-Compassion, achievement goals, and coping with academic failure. Self and Identity, 4(3), 263-287.

Neff, K. D. (2011). Self-compassion, self-esteem, and well-being. Social and personality psychology compass, 5(1), 1-12.

Neff, K. D., & Faso, D. J. (2015). Self-compassion and well-being in parents of children with autism. Mindfulness, 6(4), 938-947.

Neff, K. D., & Germer, C. K. (2013). A pilot study and randomized controlled trial of the mindful self-compassion program. Journal of clinical psychology, 69(1), 28-44.

Neff, K. D., & McGehee, P. (2010). Self-compassion and psychological resilience among adolescents and young adults. Self and identity, 9(3), 225-240.

Neff, K. D., & Vonk, R. (2009). Self-compassion versus global self-esteem: Two different ways of relating to oneself. Journal of personality, 77(1), 23-50.

Neff, K. D., Kirkpatrick, K. L., & Rude, S. S. (2007). Self-compassion and adaptive psychological functioning. Journal of research in personality, 41(1), 139-154.

O'Connor, L. E., Berry, J. W., Weiss, J., & Gilbert, P. (2002). Guilt, fear, submission, and empathy in depression. Journal of affective disorders, 71(1-3), 19-27.

Orenstein, P. (2000). Flux. Women on Sex, Work, Love, Kids, and Life in a Half-Changed World. New York: Double-day.

Parent, J., McKee, L. G., Rough, J. N., & Forehand, R. (2016). The association of parent mindfulness with parenting and youth psychopathology across three developmental stages. Journal of abnormal child psychology, 44(1), 191-202.

Parker, J. D., & Endler, N. S. (1992). Coping with coping assessment: A critical review. European Journal of personality, 6(5), 321-344.

Pepping, C. A., Davis, P. J., O'Donovan, A., & Pal, J. (2015). Individual differences in self-compassion: The role of attachment and experiences of parenting in childhood. Self and Identity, 14(1), 104-117.

Phillips, K. F. V., & Power, M. J. (2007). A new self-report measure of emotion regulation in adolescents: The Regulation of Emotions Questionnaire. Clinical Psychology & Psychotherapy: An International Journal of Theory & Practice, 14(2), 145-156.

Piers, G., & Singer, M. B. (1971). Guilt and Shame: A Psychoanalytic and Cultural Study, New York: Norton.

Pines, M. (1995). The universality of shame: A psychoanalytic approach. British Journal of Psychotherapy, 11(3), 346-357.

Ranson, G. (2004). Paid Work, Family Work and the Discourse of the Full-Time Mother. pp. 87-97 in Mother Matters: Motherhood as Discourse and Practice, edited by Andrea O'Reilly. Toronto, Ontario: Association for Research on Mothering.

Raque-Bogdan, T. L., Ericson, S. K., Jackson, J., Martin, H. M., & Bryan, N. A. (2011). Attachment and mental and physical health: Self-compassion and mattering as mediators. Journal of Counseling Psychology, 58(2), 272.

Rotkirch, A., & Janhunen, K. (2010). Maternal guilt. Evolutionary psychology: an international journal of evolutionary approaches to psychology and behavior, 8(1), 90-106.

Rotkirch, A. & Janhunen, K. (2009). Maternal Guilt. Evolutionary Psychology, Vol. 8(1). Retrieved from http://www.epjournal.net.

Royse, D., Thyer, B. A., Padgett, D. K., & Logan, T. K. (2006). Program evaluation: An introduction (4 th eds.). Belmont, CA: Brooks-Cole.

Rutherford, H. J., Wallace, N. S., Laurent, H. K., & Mayes, L. C. (2015). Emotion regulation in parenthood. Developmental Review, 36, 1-14.

Ryff, C. D. (1989). Happiness Is Everything, or Is It? Explorations on the Meaning of Psychological Well-Being. Journal of Personality and Social Psychology, 57(6), 1069-1081.

Ryff, C., & Keyes, C. (1995). The Structure of Psychological Well-Being Revisited. Journal of Personality and Social Psychology, 69(4), 719-727.

Salovey, P., & Mayer, J. D. (1990). Emotional intelligence. Imagination, cognition and personality, 9(3), 185-211.

Salzberg, S., & Kabat-Zinn, J. (1997). Mindfulness as medicine. Healing Emotions: Conversations with the Dalai Lama on Mindfulness, Emotions and Health (ed. D. Goleman), Boston, MA: Shambhala, 107-44.

Sanders, M. R., & Mazzucchelli, T. G. (2013). The promotion of self-regulation through parenting interventions. Clinical child and family psychology review, 16(1), 1-17.

Shapiro, S. L., Carlson, L. E., Astin, J. A., & Freedman, B. (2006). Mechanisms of mindfulness. Journal of clinical psychology, 62(3), 373-386.

Siegel, D. J. (2007). The mindful brain: Reflection and attunement in the cultivation of well-being. WW Norton & Co.

Siegel, D. J., & Hartzell, M. (2003). Parenting from the inside out. New York: Jeremy P. Tarcher.

Segal, Z. V., Williams. J. G., & Teasdale. J. D.(2002) Mindfulness-Based Cognitive Therapy for Depression. NY: Guilford Press.(이우경, 조선미, 황태연(2006). 마음챙김 명상에 기초한 인지치료. 서울: 학지사).

Sirois, F. M., Bögels, S., & Emerson, L. M. (2019). Self-compassion improves parental well-being in response to challenging parenting events. The Journal of psychology, 153(3), 327-341.

Stanton, A. L., Danoff-Burg, S., Cameron, C. L., & Ellis, A. P. (1994). Coping through emotional approach: problems of conceptualization and confounding. Journal of personality and social psychology, 66(2), 350-362.

Stein, L. A. R. R. Y. (1968). Chemistry of reward and punishment. Psychopharmacology. A review of progress, 105-123.

Sussman, S. (2001). Handbook of program development for health behavior research and practice. Thousand Oaks, CA: Sage publication.

Sutherland, J. A. (2010). Mothering, guilt and shame. Sociology Compass, 4(5), 310-321.

Tanaka, M., Wekerle, C., Schmuck, M. L., Paglia-Boak, A., & MAP Research Team. (2011). The linkages among childhood maltreatment, adolescent mental health, and self-compassion in child welfare adolescents. Child Abuse & Neglect, 35(10), 887-898.

Teasdale, J. D., Segal, Z., & Williams, J. M. G. (1995). How does cognitive therapy prevent depressive relapse and why should attentional control (mindfulness) training help?. Behaviour Research and therapy, 33(1), 25-39.

Tennen, H., & Affleck, G. (1990). Blaming others for threatening events. Psychological Bulletin, 108(2), 209.

Terry, M. L., & Leary, M. R. (2011). Self-compassion, self-regulation, and health. Self and Identity, 10(3), 352-362.

Thera, N. (1972). Time and Consciousness. Main Currents, 28, 131-135.

Thompson, R. A. (1994). Emotion regulation: A theme in search of definition. Monographs of the society for research in child development, 59(2-3), 25-52.

Townshend, K. (2016). Conceptualizing the key processes of Mindful Parenting and its application to youth mental health. Australasian Psychiatry, 24(6), 575-577.

Van Dam, N. T., Sheppard, S. C., Forsyth, J. P., & Earleywine, M. (2011). Self-compassion is a better predictor than mindfulness of symptom severity and quality of life in mixed anxiety and depression. Journal of anxiety disorders, 25(1), 123-130.

Vaus, D, A.(1992). Surveys in social research (2nd ed.).Sydney, Australia: Allen & Unwin.

Weinfield, N. S., Ogawa, J. R., & Egeland, B. (2002). Predictability of observed mother-child interaction from preschool to middle childhood in a high-risk sample. Child development, 73(2), 528-543.

Whelton, W. J., & Greenberg, L. S. (2005). Emotion in self-criticism. Personality and individual differences, 38(7), 1583-1595.

청림심리상담센터 홈페이지

홈페이지에 접속해 '부모프로그램 ppt'를 누르시면
ppt 자료를 사용하실 수 있습니다.

APPENDIX

부록

부록 1. 마음챙김 척도

부록 2. 자기자비 척도

부록 3. 양육죄책감 척도

부록 4. 심리적 안녕감 척도

부록 1. 마음챙김 척도

※ 다음 문항들은 일상생활에서 누구에게나 나타날 수 있는 생각이나 행동을 기술한 것입니다. 각 문항에 대해서 자신에게 가장 적합하다고 생각되는 정도에 따라 해당되는 곳을 체크해 주세요

No.	문항	전혀 그렇지 않다	대체로 그렇지 않다	보통 이다	대체로 그렇다	매우 그렇다
1	한 가지 과제나 일에 정신을 집중하기가 어렵다.	1	2	3	4	5
2	내가 어떤 감정을 갖는다는 것을 알면, 다른 사람들이 나를 이상하게 볼 것이라는 생각이 든다.	1	2	3	4	5
3	나는 현재 내 주변에 무슨 일이 일어나고 있는지를 놓치는 경우가 많다.	1	2	3	4	5
4	나는 미래에 대한 걱정 혹은 과거의 일에 몰두해 있는 때가 많다.	1	2	3	4	5
5	어디다 물건을 두었는지 기억하지 못해서 괴로운 경우가 많다.	1	2	3	4	5
6	나는 스스로에게 "내가 이런 것을 원해서는 안 되지"라고 말하는 경우가 많다.	1	2	3	4	5
7	나는 순간순간 내 기분의 변화를 잘 알아차리지 못한다.	1	2	3	4	5
8	미래에 대한 걱정이 떠올랐을 때 불안에 휩싸이게 된다.	1	2	3	4	5
9	책(혹은 신문)을 읽거나, TV를 봐도 무슨 내용이었는지를 잊어버릴 때가 많다.	1	2	3	4	5
10	어떤 감정을 느낄 때, 내가 가져서는 안 되는 감정이라고 판단하는 경향이 있다.	1	2	3	4	5
11	서운하거나 화나는 감정을 느껴도, 어느 정도 시간이 지나기 전까지는 그것을 알아차리지 못한다.	1	2	3	4	5
12	닥칠지도 모르는 불행에 대해서 걱정에 빠져 있는 경우가 많다.	1	2	3	4	5
13	다른 사람과 이야기할 때, 사람들이 내게 한 말을 금방 잊어버리는 경우가 많다.	1	2	3	4	5
14	내가 이런 생각 혹은 감정을 갖는다는 것에 대해 스스로에게 실망하는 경우가 많다.	1	2	3	4	5
15	나는 순간순간 내가 바라는 것이 무엇인지 알 수 없는 때가 많다.	1	2	3	4	5

No.	문항	전혀 그렇지 않다	대체로 그렇지 않다	보통 이다	대체로 그렇다	매우 그렇다
16	고민을 털어 버리지 못하고 계속 집착한다.	1	2	3	4	5
17	나는 내가 하고 있는 것에 대한 주의집중 없이 멍한 상태로 일하는 경우가 많다.	1	2	3	4	5
18	어떤 생각이나 감정이 떠오를 때, 옳지 못한 것 같아 부끄러울 때가 많다.	1	2	3	4	5
19	때때로 나는 내 느낌이나 감정이 무엇인지 구별할 수 없다.	1	2	3	4	5
20	실망하면 그 타격이 너무 커서 그것을 떨쳐 버릴 수가 없다.	1	2	3	4	5

부록 2. 자기자비 척도

※ 다음 문항들은 일상생활에서 누구에게나 나타날 수 있는 생각이나 행동을 기술한 것입니다. 각 문항에 대해서 자신에게 가장 적합하다고 생각되는 정도에 따라 해당되는 곳을 체크해 주세요.

No.	문항	전혀 그렇지 않다	대체로 그렇지 않다	보통 이다	대체로 그렇다	매우 그렇다
1	나는 내 자신의 결점과 부족한 부분을 못마땅하게 여기고 비난하는 편이다.	1	2	3	4	5
2	나는 기분이 처질 때 잘못된 모든 일을 강박적으로 떠올리며 집착하는 경향이 있다.	1	2	3	4	5
3	나는 상황이 나에게 좋지 않게 돌아갈 때, 그러한 어려움은 누구나 겪을 수 있는 인생의 한 부분이라고 여긴다.	1	2	3	4	5
4	나는 내 부족한 점을 생각하면 스스로 세상과 단절되고 동떨어지는 기분이 든다.	1	2	3	4	5
5	나는 감정적으로 힘들어질 때 내 자신을 사랑하려고 애를 쓴다.	1	2	3	4	5
6	나는 나에게 중요한 어떤 일에서 실패를 하면 내 능력이 부족하다는 느낌에 사로잡힌다.	1	2	3	4	5
7	나는 기분이 축 처지고 마음이 갈팡질팡할 때 세상에는 나처럼 느끼는 사람들이 많다고 생각한다.	1	2	3	4	5
8	나는 정말로 힘들 때는 내 자신을 더욱 모질게 대하는 경향이 있다.	1	2	3	4	5
9	나는 어떤 일 때문에 마음이 상하고 화가 날 때는 감정의 평정을 유지하려고 노력한다.	1	2	3	4	5
10	나는 나 자신에 대해 뭔가 부족하다는 느낌이 들면 대부분의 다른 사람들도 그러한 부족감을 느낄 거라고 생각한다.	1	2	3	4	5
11	나는 내 성격 중에서 마음에 들지 않는 점을 견디거나 참기 어렵다.	1	2	3	4	5
12	나는 정말로 힘든 시기를 겪을 때 내게 필요한 돌봄과 부드러움으로 나를 대한다.	1	2	3	4	5
13	나는 기분이 처져 있을 때 대부분의 다른 사람들은 나보다 더 행복할 거라고 느끼는 경향이 있다.	1	2	3	4	5

No.	문항	전혀 그렇지 않다	대체로 그렇지 않다	보통 이다	대체로 그렇다	매우 그렇다
14	나는 뭔가 고통스러운 일이 생기면 그 상황에 대해 균형 잡힌 시각을 가지려고 노력한다.	1	2	3	4	5
15	나는 내가 겪은 실패들에 대해서 사람이라면 누구나 겪을 수 있는 일로 보려고 노력한다.	1	2	3	4	5
16	나는 마음에 들지 않는 나 자신의 어떤 면들을 보면 스스로 비난하는 경향이 있다.	1	2	3	4	5
17	나는 나에게 중요한 어떤 일에서 실패하면 그 상황을 가급적 여러 가지 각도로 보려고 한다.	1	2	3	4	5
18	내가 정말로 힘들게 애를 쓰고 있을 때 다른 사람들은 틀림없이 나보다 더 마음 편하게 보내고 있을 것 같은 느낌이 든다.	1	2	3	4	5
19	나는 고통을 겪고 있을 때 나 자신에게 친절하게 대하려고 한다.	1	2	3	4	5
20	나는 어떤 일로 기분이 상할 때 내 감정에 휩싸이는 경향이 있다.	1	2	3	4	5
21	나는 고통을 겪을 때는 나 자신에게 약간 냉담하게 대하는 경향이 있다.	1	2	3	4	5
22	나는 기분이 처질 때면 호기심과 열린 마음을 갖고 내 감정에 다가가려고 노력한다.	1	2	3	4	5
23	나는 내 자신의 결점과 부족함에 대해 관대하다.	1	2	3	4	5
24	나는 고통스러운 일이 생기면 그 일을 크게 부풀려서(확대해서) 생각하는 경향이 있다.	1	2	3	4	5
25	나는 중요한 어떤 일에서 실패하면 나 혼자만 실패한 기분이 든다.	1	2	3	4	5
26	내 성격 중에서 마음에 들지 않는 부분에 대해 이해하고 견디어 내려고 한다.	1	2	3	4	5

부록 3. 양육죄책감 척도

※ 다음 문항들은 일상생활에서 누구에게나 나타날 수 있는 생각이나 행동을 기술한 것입니다. 각 문항에 대해서 자신에게 가장 적합하다고 생각되는 정도에 따라 해당되는 곳을 체크해 주세요.

No.	문항	전혀 그렇지 않다	대체로 그렇지 않다	보통이다	대체로 그렇다	매우 그렇다
1	내 양육방식에 확신이 서지 않을 때 아이에게 죄책감을 느낀다.	1	2	3	4	5
2	나에게 번거롭지 않은 놀이로 아이를 유도할 때(예: 책 읽기, 색연필로 그림 그리기) 아이에게 죄책감을 느낀다.	1	2	3	4	5
3	아이에게 벌을 주거나 체벌했을 때 아이에게 죄책감을 느낀다.	1	2	3	4	5
4	양육지식이 부족하여 아이의 발달에 적합한 교육적 자극을 주지 못할 때 아이에게 죄책감을 느낀다.	1	2	3	4	5
5	아이가 어린이집이나 유치원 생활을 즐거워하지 않을 때 아이에게 죄책감을 느낀다.	1	2	3	4	5
6	긍정적인 양육방법을 알고 있으나 감정이 앞서 아이에게 화를 냈을 때 아이에게 죄책감을 느낀다.	1	2	3	4	5
7	아이와 함께 있을 때 나 스스로가 어머니 역할에 서투르다는 생각이 들 때 아이에게 죄책감을 느낀다.	1	2	3	4	5
8	아이의 호기심을 충족시켜 주지 못할 때(예: 계속되는 질문에 대답을 해 주지 못함) 아이에게 죄책감을 느낀다.	1	2	3	4	5
9	아이 앞에서 내가 힘든 것을 표현할 때(예: 엄마 힘들어, 너무 피곤해) 아이에게 죄책감을 느낀다.	1	2	3	4	5
10	아이가 어린이집이나 유치원에서 다쳤거나 상처가 났을 때 아이에게 죄책감을 느낀다.	1	2	3	4	5
11	항상 엄마가 만든 정성스러운 영양식을 먹는 주변 아이를 알고 있을 때 아이에게 죄책감을 느낀다.	1	2	3	4	5
12	아이가 많이 아플 때 아이에게 죄책감을 느낀다.	1	2	3	4	5
13	아이 탓을 하며 짜증을 냈을 때(예: "너 때문에 엄마가 늦었잖니.") 아이에게 죄책감을 느낀다.	1	2	3	4	5
14	아이의 이야기를 잘 듣지 않고 화를 냈을 때 아이에게 죄책감을 느낀다.	1	2	3	4	5

No.	문항	전혀 그렇지 않다	대체로 그렇지 않다	보통 이다	대체로 그렇다	매우 그렇다
15	아이와 함께하는 시간이 부족함을 느낄 때 아이에게 죄책감을 느낀다.	1	2	3	4	5
16	아이의 기분 또는 상태를 고려하지 않고 내 계획대로 아이를 생활하게 했을 때 아이에게 죄책감을 느낀다.	1	2	3	4	5
17	우는 아이를 어린이집이나 유치원에 맡기고 나올 때 아이에게 죄책감을 느낀다.	1	2	3	4	5
18	다른 일에 집중하는 동안 아이가 다쳤을 때 아이에게 죄책감을 느낀다.	1	2	3	4	5
19	책 읽어 달라는 아이를 귀찮다고 느낄 때 아이에게 죄책감을 느낀다.	1	2	3	4	5

부록 4. 심리적 안녕감 척도

※ 다음 문항들은 일상생활에서 누구에게나 나타날 수 있는 생각이나 행동을 기술한 것입니다. 각 문항에 대해서 자신에게 가장 적합하다고 생각되는 정도에 따라 해당되는 곳을 체크해 주세요.

No.	문항	전혀 그렇지 않다	대체로 그렇지 않다	보통이다	대체로 그렇다	매우 그렇다
1	나에게 주어진 상황은 내게 책임이 있다고 생각한다.	1	2	3	4	5
2	현재의 내 활동반경(생활영역)을 넓힐 생각이 없다.	1	2	3	4	5
3	살아온 내 인생을 돌이켜 볼 때 현재의 결과에 만족한다.	1	2	3	4	5
4	남들과 친밀한 인간관계를 유지하는 것이 어렵고 힘들다.	1	2	3	4	5
5	대다수의 사람들과 의견이 다를 경우에도, 내 의견을 분명히 말하는 편이다.	1	2	3	4	5
6	매일매일 해야 하는 일들이 힘겹다.	1	2	3	4	5
7	그저 하루하루를 살아가고 있을 뿐 장래에 대해서는 별로 생각하지 않는다.	1	2	3	4	5
8	나 자신에 대해 자부심과 자신감을 갖고 있다.	1	2	3	4	5
9	나의 고민을 털어놓을 만한 가까운 친구가 별로 없어 가끔 외로움을 느낀다.	1	2	3	4	5
10	나는 무슨 일을 결정하는 데 있어 다른 사람들의 영향을 받지 않는 편이다.	1	2	3	4	5
11	과거에는 나 자신이 혼자 목표를 세우곤 했으나 돌이켜 보면 그것이 시간 낭비였던 것 같다.	1	2	3	4	5
12	내가 아는 많은 사람들은 인생에서 나보다 더 많은 것을 성취하는 것 같다.	1	2	3	4	5
13	가족이나 친구들과 친밀한 대화를 나누는 것을 즐긴다.	1	2	3	4	5
14	매일의 상황에서 내가 해야 할 책임들을 잘 해내고 있다.	1	2	3	4	5
15	현재 나의 삶이 만족스럽기 때문에 새로운 생활방식을 시도할 생각이 없다.	1	2	3	4	5
16	내가 해야 할 일들이 힘겹게 느껴질 때가 있다.	1	2	3	4	5
17	나 자신과 인생살이에 자극을 줄 만한 새로운 경험을 하는 것이 중요하다고 생각한다.	1	2	3	4	5
18	가끔 매일 하는 일들이 사소하고 중요하지 않은 것처럼 느껴진다.	1	2	3	4	5

No.	문항	전혀 그렇지 않다	대체로 그렇지 않다	보통이다	대체로 그렇다	매우 그렇다
19	내 성격의 거의 모든 면을 좋아한다.	1	2	3	4	5
20	정말 필요할 때 내 말에 귀를 기울여 줄 사람은 많지 않다.	1	2	3	4	5
21	나는 강한 의견을 가진 사람으로부터 영향을 받는 편이다.	1	2	3	4	5
22	지난 세월을 되돌아보면, 내 자신이 크게 발전하지 못했다고 생각된다.	1	2	3	4	5
23	내 인생에서 무엇을 성취하려고 하는지 잘 모르겠다.	1	2	3	4	5
24	과거에 실수를 저지르기도 했지만, 전체적으로는 모든 일이 매우 잘되었다고 생각한다.	1	2	3	4	5
25	나는 일반적으로 나의 개인 문제나 돈 문제를 잘 관리하고 있다.	1	2	3	4	5
26	많은 면에서 내가 성취한 것에 대해 실망을 느낀다.	1	2	3	4	5
27	대부분의 사람들이 나보다 친구를 더 많이 갖고 있는 것 같다.	1	2	3	4	5
28	미래의 계획을 짜고 그 계획을 실현시키려고 노력하는 것을 즐긴다.	1	2	3	4	5
29	내 의견이 비록 다른 여러 사람들의 의견과 반대되는 경우에도, 내 의견이 옳다고 확신한다.	1	2	3	4	5
30	나는 시간을 잘 활용하여 해야 할 일을 제때에 잘 처리해 나갈 수 있다.	1	2	3	4	5
31	그동안 한 개인으로서 크게 발전해 왔다고 생각한다.	1	2	3	4	5
32	내가 세운 계획을 어떻게 해서라도 실천하려고 노력한다.	1	2	3	4	5
33	논쟁의 여지가 있는 문제들에 대해서 내 자신의 의견을 내세우지 못한다.	1	2	3	4	5
34	현재의 생활 방식을 바꿔야 할 새로운 상황에 처하는 것을 싫어한다.	1	2	3	4	5
35	나는 인생목표를 가지고 살아간다.	1	2	3	4	5

No.	문항	전혀 그렇지 않다	대체로 그렇지 않다	보통이다	대체로 그렇다	매우 그렇다
36	친구와 가족이 반대하는 경우에는 내 결정을 쉽게 바꾸는 편이다.	1	2	3	4	5
37	나에게 있어서 삶은 끊임없이 배우고 변화하고 성장하는 과정이다.	1	2	3	4	5
38	내 친구들은 믿을 수 있고 그들도 나를 믿을 수 있다고 생각한다.	1	2	3	4	5
39	과거를 돌이켜 보면 좋았던 때도 있었고, 힘들었던 때도 있었지만 대체로 만족한다.	1	2	3	4	5
40	생활을 만족스럽게 꾸려 나가는 것이 쉽지 않다.	1	2	3	4	5
41	내 인생을 크게 개선하거나 바꾸겠다는 생각은 오래전에 버렸다.	1	2	3	4	5
42	내 자신을 친구나 친지들과 비교할 때면 나 자신에 대해 흐뭇하게 느껴진다.	1	2	3	4	5
43	내 스스로 정한 기준에 의해 내 자신을 평가하지, 남들의 기준에 의해 평가하지 않는다.	1	2	3	4	5
44	내 가정과 생활방식을 내 맘에 들도록 꾸려 올 수 있었다.	1	2	3	4	5
45	이제껏 살아온 삶의 방식을 뒤늦게 바꿀 수는 없다고 생각한다.	1	2	3	4	5
46	다른 사람들과 다정하고 신뢰 깊은 관계를 별로 경험하지 못했다.	1	2	3	4	5